AFKA HOOYO WAA HODAN

AFKA HOOYO WAA HODAN

MAXAMED BAASHE X. XASAN

GARANUUG

Garanuug

Daabacaaddii Koowaad 2017,
Asal, Hargeysa, Somaliland.

Daabacaadda Labaad, Garanuug 2019.

Xuquuqda © Maxamed Baashe X. Xasan 2019
Xuquuqda oo dhan way dhowran tahay. Buuggan ama qayb ka mid ah lama daabaci karo, lamana tarjuman karo la'aanta idan qoran oo laga helo qoraha iyo faafiyaha.

Dhigaalka, naqshadaynta, iyo qaabeynta jaldiga: Muxammad Yuusuf.

Copyright © Mohamed Bashe H. Hassan 2019. All rights reserved. No part of this publication may be reproduced, stored in any retrieval system, or transmitted in any form or by any means, including photocopying, recording, or other electronic or mechanical methods, without the prior written permission of the author and publisher.

Typesetting and cover design by Mohammed Yusuf.

Printed and bound by TJ International Ltd, Padstow, Cornwall
www.garanuug.com
info@garanuug.com

ISBN: 978-0-9957533-6-5

"Haddii ummad la dilayo afkeedaa lagu horreeyaa!"

HIBEYN

Buuggan *Afka Hooyo Waa Hodan*, daabacaddiisan labaad, waxa aan u hibeynayaa guddidii qoraalka afka Soomaaliga iyo dhallinyarada u harraaddan, una goolmoon ee gaajadu u hayso ka-haqabbeelka afka hooyadood, dhaqanka, taariikhda, iyo suugaantiisa ee u jeellan in ay bartaan, waxna ka ogaadaan hodantinnimadiisa iyo haybaddiisa, si ay u sii uurbaadhaan, daryeelaan, una ilaaliyaan, uguna simi karaan jiilasha dambe ee jiifa dhabarka inammada iyo kalxamaha hablaha maanta, oo ah magoolkii ummaddan indhokuusha u ahaa, noqonna doona aabbayaashii iyo hooyooyinkii berrito iyo madaxdii mustaqbalka ummadda hoggaanka u noqon lahaa.

Alif macallin baa dhigay
Iyo Awgi weynaa
Keenadiidna aashii
Aragtiyo far buu qoray
Galaal aynigiisii
Ummadduu wax uga tegey
Shire-gaab ammaan iyo
Ubax baa dulsaarnaa
Kaddaraa ogaalkay
Qoraal loogu iman jirey
Afrax inuu dedaaliyo
Weli orodki muu deyn
Gaarriyana astaamaha
Afka waa macnayn jirey
Arbayaasha qaar iyo
Akhyaartii badh baa maqan
Abaal lagu xasuustiyo
Tixdu waa abbaartood
Inta iilka jiiftana
Alle hawgu samafalo
Amiintu aamiin!

—Yuusuf Shaacir.

FIIRO GAAR AH

Buuggan *Afka Hooyo Waa Hodan* waxa ay isku magac noqdeen buug kale oo ka horreeyey. Axmed Maxamuud Dhicisow (Axmed Yaanyo) oo Muqdisho jooga ayaa buuggaas isla Muqdisho ka soo saaray 2002. Aniga oo aan wax dooc iyo dareen ah ka hayn buuggaas iyo jiritaankiisa ayaan u bixiyey magaca buuggan oo aan daabacaddiisii 1-aad Hargeysa ka soo saaray Abril 2017— 15 sannadood ka dib buuggaas hore.

Markii, haddaba, aan ogaadey in buuggaasi jiro ayaan jeclaystay in aan xidhiidh la sameeyo Axmed Yaanyo, maadaama aynu nahay ummad dhaqanka qoraalku uu hadda uun socod-barad ku yahay, waayo dunida kale laba buug iyo ka badaniba isku magac way noqdaan, waxse reebban in shaqada gudaha ee labada buug ee isku magaca noqonaya ay isu ekaato.

Alle mahaddii, abwaan Yuusuf Shaacir oo labadayada qoraaba aqoon midba gaarkiisa ula leh ayaa isna dhiniciisa iska xilqaamay, uga dambayntiina suurtageliyey in aannu

AFKA HOOYO WAA HODAN XII

wada xidhiidhno. Fiidnimadkii hore ee 07.12.2018, ayaannu ka wada hadallay, aniga iyo Axmed Maxamuud Dhicisow (Axmed Yaanyo), khadka telefoonka ee xidhiidhiya London - Muqdisho, waxana na dhex martay sheekadan:

Salaan ka dib, markii aannu istoyanney, waxa uu ii sheegay in Axmed Yaanyo loo yaqaan oo yaanyo lagu soo koriyey, aabbihiina isaga oo yar, AHN, uu geeriyoodey. Nimaanad saacad ku baran sannad kuma baratide, Axmed Yaanyo waxa uu ii ballaqay qalbigiisa oo dhan. Waxa uu iiga warramay, isbarasho ahaan, waayo nololeedkiisa oo dhan. Si kal iyo laabba furan ayuu ii qaabbilay. Waxa uu ii sheegay in uu buuggiisii koowaad oo uu qoray 1981, uu ka dhistay guriga uu hadda ku jiro.

Afka Hooyo Waa Hodan waxa uu soo saaray 2002. Waxa kale oo uu ii sheegay in uu hayo oo uu akhriyey buuggayga buuggiisa la magaca ah ee *Afka Hooyo Waa Hodan* daabacaaddiisii 1-aad.

Sida (habeenkaas aan la hadlayey Axmed) habeenkii ka horreeyey uu Yuusuf Shaacir ii soo sheegay, Axmed oo ay wada hadleenna ka soo qaaday, si la mid ah, waxa uu Axmed Maxamuud Dhicisow (Axmed Yaanyo) ii sheegay in uu magacaas ii hibeeyey oo aanu waxba daba sidin, isaga oo igu dhiirrigeliyey in buuggaygu magacaas u qalmo, waayo buu yidhi, "kayga oo beri hore ahaa oo aan hadda suuqa oollini waxa uu ahaa buug yar oo 24 bog ka koobnaa, halka kaagu 206 bog ka kooban yahay."

Axmed Yaanyo, gobannimadiisa iyo dadnimadiisu waxa ay iigu dhadhantay in uu yahay "Soomaaligii hore". Soomaaligii lahaa qaayo-soorrada milgeed iyo wax-isu-quudhidda. Waxa uu yidhi "wax kasta iyo wararka meelahaas

FIIRO GAAR AH XIII

dadka qaar wadwadaan ee labadan buug magacooda ku saabsan iska illow oo dabacaaddaada 2-aad hore ugu soco oo magaca qaado, waan kuu hibeeyey oo adigaa yeelanaya'e."

  Gobannimaan idhi oo anna waan ka guddoomey si gacaltooyo ku dheehan tahay. Sidaas awgeed, waxa aan daabacaaddan 2-aad ee *Afka Hooyo Waa Hodan*, si maamuus iyo milge leh, ugu mahadnaqayaa qoraaga Axmed Maxamuud Dhicisow (Axmed Yaanyo), abwaan Yuusuf Shaacir iyo inta kale ee talooyinka wax-ku-oolka ila soo wadaagtey xilligii dooddani soo ifbaxday ee lahaa qoraayada iyo inta kale ee wanaagga u xilataba. Daacadina ma hungowdo.

Qoraaga.

AFKA HOOYO WAA HODAN XIV

TUSMO

Hibeyn	ix
Fiiro gaar ah	xi
Mahadnaq	xvi
Hordhac	1
Qiimaha Iyo Ahmiyadda Afka	5
Isirrada Afka Hodaneeya	17
Afka Hooyo	27
Sheekada Iyo Maadeysiga	45
Kaftanka, Haasaawaha, Iyo Hal-Xidhaalaha	71
Suugaanta Iyo Kaalinteeda	101
Qoraal, Qabyo, Iyo Saamaynta Qalaad	187
Sooyaalka Qoraalka Farta Soomaaliga	211
Sir-Afeed Ogaaleed	243
Raadadka Afafka Qalaad Iyo Af Soomaaliga	265
Af Soomaaligu Ma Badbaadi Karaa?	283
Ilaha Xigashada Buugga	299

MAHADNAQ

Mahadda madhaafan ee Alle ka dib, waxa aan halkan uga mahadnaqayaa intii sida tooska ah iyo sida dadbanba iigala qayb qaadatay in buuggan dhaayaha akhristaha hor yimaaddo. Dadka aan xogta badan ka helay ee aan mahadda gaarka u hayo waxa ka mid ah: Axmednuur Xasan (Copenhagen), Mukhtaar Siciid Ibraahim (Vaxjo/Sweden), Rashiid Sh. Cabdillaahi Xaaji Axmed (Gadhweyne), Sheffield, Jaamac Cumar Dubbe (London), Xasan Macallin Maxamuud Cige (London), Xasan Daahir Weedhsame (Hargeysa), Yuusuf Cismaan Cabdalle (Shaacir), Hargeysa, Faysal Aw Cabdi Cambalaash, Hargeysa Maxamed-dayib Jaamac (Faroole), Bristol, Saleebaan Aadan Carrablow (London), Siciid Jaamac Xuseen, (London), Cabdishakuur Saleebaan Siciid, (London), Cabdi Aadan Cabdalla "Ceelow", (London), Cabdixakiim Ismaaciil (Oslo), Cumar Cali Cabdi (Oslo), Maxamed Aadan "Koodhaadhi" (Hargeysa), Farax Ayaanle Cabdillaahi "Dayaxweerar", (Hargeysa), Xaaji Hoos (Birmingham), Mukhtaar Cabdi Xasan (Hargeysa), Maxamuud Cabdi Jaamac 'Dacar'

MAHADNAQ XVII

(Hargeysa) iyo inta kale ee uu si uun magacoodu iiga hoos baxay ee ama talo ama xog wax-ku-ool ah iigu biiriyey intii aan buuggan qoraalkiisa ku raad joogey.

Waxa kale oo aan abaal iyo mahad maguuraan ah u hayaa Muxammad Yuusuf oo wakhti geliyey in uu buugga daabacaaddiisan 2-aad tafaftir ku soo sameeyo dhinaca hab-dhigaalka ama qoraalka ah, isla markaana ku darsaday talooyin wax-ku-ool ah oo la'aantood daabacaaddani aanay waafi ahaateen. Mahad taas la mid ah waxa iska leh shirkadda Garanuug oo suuragelisey in buuggan daabacaddiisan 2-aad u gudubto kaalintii soo saarista.

Maxamed Baashe Xaaji Xasan.
Qoraaga.

AFKA HOOYO WAA HODAN XVIII

HORDHAC

In muddo ah waxa maankayga xoqayey in aan meel isugu keeno tusmooyin qoraaleed ama barnaamij afeed oo ku saabsan afka Soomaaliga iyo waayihiisa. Qaar waxa aan ku daabacay wargeysyo ama mareego kala duwan, qaarna waxa aan ka sii daayey idaacado ama TV-yo xilliyo kala dambeeyey. Shaqadaasi idilkeed waxa ay ku biyo-shubanaysaa hodantinnimada afka iyo sida uu uga soo doogey hayaankii dheeraa iyo noloshii adkayd ee reerguuraannimada ee dadka ku hadlaa ee Soomaalidu ku soo sugnaayeen. Inta buuggan ku urursan ayaa shaqadan u laangooyo ah.

Waayahaasi waxa ku ladhnaa, goor iyo goob kasta, abaaro daba-dheerada oo soo noqnoqda, cuddurro baaha oo jiitama, iyo colaado sokeeye iyo shisheeyeba lahaa oo qaarkood riiq dheeraan jireen. Geeddi iyo hayaan ayaa intaas u dheeraa, haddana waxaas oo taws iyo tacluus ah afku wuu ka soo badbaadey, waxa aanu soo gaadhey isaga oo is-haysta oo neefsanaya in uu qoraal galo 1972, lana hirgeliyo 1973 oo uu ka dhex adeego xafiisyadii maamulka dawladda, dugsiyadii waxbarashada, warfaafinta, iyo xidhiidhkii dadka gebi ahaanba.

Buuggani, haddaba, waxa uu isku deyayaa, in uu ka tibaax bixiyo sababaha keenay in afka oo aan qornayni uu ka soo gudbo waxaas oo hirrig iyo haydaarooyin ah ee dadkiisu ku soo sugnaa. Ma jirin dugsiyo afka lagu barto, laguna daryeelo. Dadkiisa waxa uu dhaqankiisu ahaa "*hadlaa*" aan waxna qorin, waxna akhriyin, marka laga reebo wadaaddo faro-ku-tiris ahaa oo af Carabiga wax ka bawsadey.

Isirrada afka kaydin jirey ee ka ilaalin jirey in baylahi ku timaaddo ama uu dayac la kulmo, waxa uu buuggani ku tirinayaa suugaanta laamaheeda kala geddisan oo gabaygu ugu boqranaan jirey. Aqoonleyda shisheeyaha ah ee la dhaqma Soomaalida ee taariikhda, dhaqanka iyo suugaanteeda uur-baadhaa waxa ay ugu yeedhaan Soomaalida *Quruuntii Gabayga* ama *Maansada*. Saamaynta weyn ee suugaantu nolosha Soomaaliga ku lahayd ayaa keeni jirtey hodantinnimo afku yeesho oo nolosha si ballaadhan ugu milanta dhinac kasta. Markii uu afku qoraal galayna waxa sii xoogaystey awoodda ereyga qoran, iyada oo nolosha uu mar kale iska dhex cabbiray si baahsan. Waxa uu afku awood u yeeshay in uu samaysto ereybixin aqooneed, sida ta sayniska iyo laamihiisa, xisaabta, taariikhda iyo juqraafiga, maamulka iyo warfaafinta, iwm.

Hase yeeshee, wixii ka dambeeyey burburkii qarannimada Soomaalida iyo dagaalladii sokeeye, waxa afka soo foodsaartay halis weyn oo uu maanta la gebi-dhaclaynayo. Waxa istaagey ama gaabis noqday hawlihii kobcinta, daryeelidda, iyo ilaalintiisa. Rajaynimo iyo agoonnimo ayuu isla mar qudha dareemay oo dul hawaarsadey. Teknoolojida casriga ah, carro-edegaynta dunida ku sii baahaysa ee aan teellada la isu dhiganayn, gaar ahaan afafka iyo dhaqammada ismuquuninaya iyo taag darrida dadkiisa ayaa hiil la'aan ugu baaqday oo welwel iyo welbahaar gelinaysa. In uu ka mid yahay afafka looga baqayo in ay dhintaan qarnigan dabayaaqadiisa ayaa la sheegay.

Sidaas awgeed, waxa uu mar labaadka, buuggani isku deyayaa in uu dareen kiciyo, isna weydiiyo oo jawaab u helo sababahaas keenaya in afkii oo qoraal galay oo dadkiisu intii hore ka aqoon bateen, magaaloobeen oo ka ilbaxnimo roonaadeen, haddana looga welwelsan yahay in afka Soomaaligu dunida ka guuro oo iilka iyo luxudka jiifsado.

Biyo-culusta buuggan daabacaaddiisa 2-aad waa dhawr qodob oo iskaashanaya ama isbuuxinaya oo kala ah: Qiimaha afka iyo ahmiyaddiisa, heerarkii sooyaalka qoraalka farta Soomaaligu soo martay, isirro afka madhxintiisa u taagnaa xilligii aanu qornayn, hodantinnimadiisa ka marag kacaya oo dhinaca tarminta iyo tayada ereyadiisa qaabbilayey, meerisyo gabay oo sidii maahmaahda u dhaqan galay, gabay-ku-maahmaahyo beyd ama beydad aynu u bixinnay, maanso-ku-sheekaynta suugaaneed, doorarka iyo xaaladaha shibbaneyaasha labanlaabma, isrogrogga iyo macneyaal kala duwan oo ay sameeyaan ereyada il iyo far, qabyada qoraalka afka Soomaaliga iyo raadadka afafka qalaadi ku yeesheen afka Soomaaliga, gaar ahaan Carabida, Ingiriisida, Talyaaniga, iyo kuwo kale. Ugu dambayntii waxa uu buuggu isweydiinayaa in af Soomaaligu badbaadi karo!

AFKA HOOYO WAA HODAN 4

QIIMAHA IYO AHMIYADDA AFKA

Afku waxa uu aadmiga u ahaa muhiim iyo madhaafaan ilaa bilowgii dalandalka socotada hannaan nololeedkiisa la kala dhaxlayo ee jiilba jiilka kale sii ambaqaadkiisa uu ku simayo, kuna wareejinayo. Waa qalabka iyo aaladda ugu weyn ee lama huraanka u ah wada xidhiidhkiisa iyo horumarinta noloshiisa. Gundhigyada diinta Islaamka iyo kuwa aqoonta maaddiga ahina iskuma diiddana qiimaha iyo ahmiyadda afku uu aadmiga ugu fadhiyo.

Ugu horrayn sida ay caddaynayaan aayado Qur'aanka ka mid ahi, afku waxa uu ka mid yahay nimcooyinka iyo deeqda ugu weyn ee uu Alle aadmiga ugu manna sheegtay ee uu ku galladay in uu hibo u siiyey, si ka duwan noolayaasha kale ee uu kawnka kula abuuray. Aqoontii Nebi Aadan la siiyey ee lagu karaameeyey waxa ka mid ah in uu baray magacyada oo dhan markii la tusayey malaa'igta sharaftida Aadan ee u sujuuda Alle ku lahaa. Magacyadu waa lafdharta af kasta ku taagan yahay, waayo afka waaxihiisa kale jirriddoodu waa magacyada. Sidaas awgeed ayaa "markii Aadan la karaameeyey waxa lagu galladay in af la baray (Suuradda al-Baqarah)". Waxa kale oo Alle Qur'aanka inoogu sheegay oo inoogu manna sheegtay "in la ina abuuray, in Qur'aanka la ina baray iyo isla markaas in la ina baray bayaanka, caddaynta ama odhaahda oo ah afka (Suuradda ar-Raxmaan)".

Mar kale waxa uu Alle inoogu manna sheegtay suuradda al-Balad "in uu ina siiyey labo indhood, carrab iyo labo dibnood". Intaniba waa aaladdii hadalka. Carrabka iyo bishmaha oo ka mid ah xubnaha afku waa isirrada ugu qiimaha badan ee hadalka. Inta badan ummaduhu waxa ay luqadda u adeegsadaan magac ahaan ereyada afka ama carrabka. Suuradda ar-Ruum iyadana waxa lagu tilmaamay in afku uu ka mid yahay aayaadka waaweyn ee Alle lagu garto: abuuridda samooyinka iyo dhulka oo ka mid ah waxyaalaha ugu waaweyn ee jiritaanka Alle lagu yiqiinsado, waxa la barbardhigay kala duwaanaanta afafka iyo midabbada aadmiga. "Dadka aqoonyahanka ah ayuun baa qiimaha ay intan leedahay garta". Mar kalena waxa Alle suuradda Ibraahiim ku sheegay: "Nebi kasta waxa aannu ku soo dirnay afka uu tolkiisu ku hadlo".

Dhinaca kale, xeeldheerayaasha aqoontu marka ay ka hadlayaan abla-ablaynta noolayaasha waxa ay tilmaamaan in aadmigu yahay xayawaan hadlaya. Noole oo idil waxa ay geliyeen rugtaas xayawaannimada, hase yeeshee aadmiga waxay u gaar yeelan hadalka. "Aadmigu waa xawayaan fekerana" waa la yidhaahdaa. Halkan waxa soo gelaya caqligii, fekerkii, fahamkii, garashadii, iwm., oo intuba hormuudkiisu uu afka yahay.

Sidaas awgeed, marka dhinaca diinta Islaamka laga eego, af waxa uu noqday aayad ka mid ah aayaad Alle

QIIMAHA IYO AHMIYADDA AFKA

aadmigiisa uu ku nimceeyey ee Isaga lagu aqoonsado, waxa aanu Alle aadmiga ka yeelay bulshaawi is-afgarasho iyo isfaham ka dhaxeeyo oo wada noolaan kara, afkuna waxa uu noqday aalad uu qofku isku cabbiro, ku fekero, ku soo bandhigo waxa madaxa iyo maankiisa ku jira, kuna dano sheegto, sida uu wax u arko, waxa uu dareemayo, ku soo gudbiyo tabashooyinkiisa, rabitaannadiisa, farxaddiisa iyo murugadiisa, kuna soo bandhigo aqoontiisa diimeed iyo maaddiba.

Afku waxa uu ka mid yahay badhaadhaha iyo nimcada haddii la waayo aadmiga agtiisa ugu qaalisan. Waxa la yidhaahdaa haddii afka la waayo, dhegahana waa la beelaa. Qofku markaas waxa uu noqdaa ammuume (ma hadle), waxna aan maqli karin oo dhegoole ah. Qofka waxa uurkiisa ku jira ee uu rabo aan kuu sheegan karin, isna cabbiri karin, isla markaana aan ku maqli karin ee dheguhu awdan yihiin ayaa dareemi kara nimcada ka maqani inta ay le'eg tahay iyo qiimaha uu afku u leeyahay.

Waxa la tilmaamaa in afku yahay xabagta isku xidha aadmiga iyo is-afgarashadiisa, isu soo hilowgiisa, wax wada gorfayntiisa, war iyo wacaal iswaydaarsigiisa, xallinta mushkiladihiisa iyo wadaagga nolashiisa. Af la'aantu waa xabsiga ugu weyn ee nolosha aadmiga. Dadka magaca bulshada ku dhex leh ee maamullada siyaasadda ee kelitaliska ahi ay xidhaan, waxa inta badan la geeyaa jeelka weyn qol yar oo ka mid ah oo lagu karantiimeeyo. Waxa qofkaas laga faquuqaa dadka kale ee xabsiga kula jira la hadlkooda. Hadalka ayaa laga xidhayaa si uu isu la hadlo ama u waasho marka ay baahida hadalku ka tan badiso ee cid uu la hadlo muddo dheer waayo. Runtiina dadka qaar ayay sidaasi ku dhacdaa oo aamusa ama is dhaafa.

Marka la eego kala duwanaanta aadmiga ee noloshiisa, asalka duntiisa, dhaqamadiisa, hiddihiisa, afkiisa, taariikhdiisa, iwm., waxa uu afku noqdaa ahaansha iyo aqoonsiga qofka u ah baadisoocda ummadeed ee hiddo-sidaha ugu awoodda badan ee ka soocaya cid kale oo kastaba. Xadhigga isku xidha qawmiyaddu waa afka sida dad badani isku raacsan yihiin. Sida aynu meelo kale oo buuggan ah ugu tegi doonno, waxa la yidhaahdaa: afku waa halka lagu kaydiyo ee weelaysa dhaqanka, hiddaha, taariikhda, qabitaannada, qaayo-soorka, gumarada, iyo nolosha ummadda, waxana xambaara oo kaydiya suugaanta laamaheeda kala duwan ee gabayga, maahmaahda, heesaha kala duwan iyo sheekooyinka oo intuba ah isirrada afkeenna hodaneeya tarmin iyo tiro ahaanba.

Tusaale ahaan, Soomaalida afkeeda ayaa ka sooca dadka la midabka ah ee Afrikaanka ah, gaar ahaan kuwa gobolka Geeska Afrika kula nool ee ay isku muuqaalka dhow yihiin sawrac ahaan, sida Oromada, Xabashida, Canfarta, Tigreega, Eriterida, Suudaanta qaarkeed, iwm. Sidaas oo kale Muslimiinta caalamka Soomaalida waxa ka soocaa waa isla afkeeda. Sidaas darteed, haddii uu afku lumo waxa ay ummaddaasi lumisaa qawmiyadnimadeeda, waxana la yidhaahdaa haddii la doonayo in ummad la dilo afkeedaa lagu horreeya, taas oo macnaheedu yahay inta afkeedu neefsanayo ummaddaasi waa tu nool, haddiise afku dhinto ummadduna kama dambayso oo waxa ay u raacdaa dhusinka hoose ee iilka iyo luxudka xabaasha.

Dhinac kale marka la leeyahay *Afka Hooyo*, waxa la tilmaamaa in uu yahay afka guriga laga barto ee aan

QIIMAHA IYO AHMIYADDA AFKA 9

dugsiga loo tegin. Waxa kale oo la yidhaahdaa waa afka lagu hantiyo dhaqankii, hiddihii, iyo taariikhdii aabbayaasha iyo awoowayaashii iyo ummaddii uu ka soo jeedey, laguna gudbiyo aqoonta iyo waaya-aragnimada ay ummadi leedahay, isla markaana lagu kaydiyo aqoonta iyo waaya-aragnimadaas dhaxal iyo dhito ahaan. Dugsiyada marka la tago ee guriga iyo gosha hooyo la dhaafo ama laga baxo waxa loo baahdaa in afka iyo qaab dhismeedkiisa loo barto si aqoonaysan, lana xoojiyo la qabsiga sida toolmoon ee loo akhriyo, waxna loogu qori karo, iyada oo ku hadalkiisii lagu soo kacaamay oo la sito.

Dadka qaar ayaa aaminsan in af Soomaaligu ka liito afafka kale ee Carabida iyo Ingiriisidu ka mid yihiin. Dadkaasi ahmiyad ma siiyaan af Soomaaliga barashadiisa iyo baadhitaankiisa af ahaaneed. Marka laga tago doojinta hunguriga oo ah sababta dad badani afafka qalaad u bartaan si ay shaqo ugu helaan, waxa iyana jirta aqoonta af Soomaaliga ku qoran oo aan badnayd marka ay timaaddo waxbarasho iyo baadhitaanno cilmiyeed. Hase yeeshe, af Soomaaligu ma aha af liita ee waxa la odhan karaa dadkiisa ayaa huray oo ka gaabiyey kaalin-galkiisii.

UNESCO oo Qarammada Midoobey u qaabbilsan arrimaha waxbarashada iyo dhaqanku, iyada oo dhiirrigelinaysa ahmiyadda iyo qiimaha afafka ummaduhu, waxa ay u qoondaysay maalinta xuska afka 21 February sannad kasta. Warbixin hay'addaaasi ay soo saartay 2013, waxa ay ku talinaysaa in ilmaha yar afkiisa hooyo si wanaagsan loo baro, si ay ugu fududaato barashada afaf kale ee qalaad. Arrintan waxa hore ugu baraarugey waddamada Nordiga ee ay ka mid yihiin Iswiidhan iyo Finland oo manhajka waxbarashadooda ku daray in carruurta dadka soogaleytiga ah dugsiyada lagu baro afafkooda hooyo, si ubadkaasi ay hore ugu bartaan afaf kale oo afka waddamadoodu ugu horreeyo, si ay u soo baxaan dad afaf badan yaqaan. Waa wax wanaagsan in afaf badan la bartaa, weliba taasi ubadka waa ay u sahlan tahay. Hase yeeshee mudnaanta koowaad waxa la siiyaa afka hooyo.

Taas ka horjeedkeeda, waxa la la kulmaa dad Soomaali ah, aqoonyahannana ku jiraan oo aaminsan in manhajka waxbarashada laga saaro af Soomaaliga ama ugu yaraan lagu koobo dugsiga hoose oo qudha. Waddamada reer Galbeedku waxa ay garwaaqsadeen aqoonsi ahaan in ilmaha afka hooyadii si wanaagsan u soo bartaa uu kaga fiican yahay ilmaha kale ee aan soo baran afka hooyadii marka ay af kale baranayaan. Arrinta meelo kale ayaynu kaga sii hadli doonnaa, hase yeeshe, muxaadiro uu Sheekh Mustafe Xaaji Ismaaciil Haaruun Nayroobi ka jeediyey 2017 oo mawduuca ahmiyadda afka ku saabsan, cutubkanna aan wax badan kaga soo qaatay, ayaa Sheekhu, isaga oo arrintan ka hadlaya waxa uu iswaydiinayaa, "Haddii uu afka hooyo qiimahaas weyn leeyahay, maxaynu u baahan nahay, si aynu afkeenna u ilaashanno?"

Sheekh Mustafe, isaga oo taas ka hadlaya, waxa uu yidhi, "Ma af cilmi ah baa jira, mise af aan cilmi ahayn. Dadka badh baa u haysta in haddii uu qofku af Ingiriisi bartay in uu cilmi bartay, af Soomaaliga haddiise uu bartay in uu meel cidla' ah joogo, hase yeeshee, afafku waa ay siman yihiin af ahaan marka sida guud loo eego. Maxaase dhaca? Afna waxa lagu qoraa wixii cilmi ah, afna wixii jahli ah! Ummadda afka lihi haddii ay cilmi ku qortana afkeedu wuu ballaadhaa, ummadda afka lihi haddii ay jahliga ku qortana afkeedu wuu yaraadaa."

Sheekh Mustafe waxa uu tilmaamayaa si afkeedu u ballaadho in ummad weliba ay afkeeda wax ku barato, isagana horumariso oo kobciso af ahaantiisa. Ummadda, haddaba, awoodi kari weyda in ay afkeeda wax ku barato, waxna ku qorato oo ay ku shaqayso, ummad kale ayaa afkeeda wax ugu qorta oo ku ballaadhsata. Taasi waa ta maanta aynu aayaheeda aragno ee xafiisyada maamullada Soomaalida af Ingiriisi aan weliba si wacan loo baran oo la gawlgawlayo lagaga shaqeeyo ee labada mas'uul ee Soomaalida ahi ku wada xidhiidhaan, ama boodhadhka meheradaheenna iyo jaamacadaheenna afafka qalaad inoogu qoran yihiin, iyada oo inta fahmi kartaaba yar tahay.

Sheekh Mustafe waxa kale oo uu muxaadiradiisa ku tilmaamay in waxyaalaha afka ballaadhiya ay ereybixintu ka mid tahay, dhawr qolona ay arrintaas dhinaca afkeenna dedaallo ka sameeyeen, sida culimadii hore ee isku dayday in culuuntii ay dhigi jireen oo dhan ay af Soomaali ku bixiyaan. Waxa ay culimadaasi gudo ballaadhiyeen afkii Soomaaliyeed. Qolada labaad ee dedaashey ee afka wax ku soo kordhisey waa dadkii ka shaqayn jirey warfaafintii hore; ma aha kuwa cusub ee hadda ka hawlgala. Waxa kale oo ballaadhinta afka dedaal ka sameeyey macallimiintii wasaaradda waxbarashada ee turjumey, ereybixintana u sameeyey maaddooyinkii aqoonta sayniska xilligii far Soomaalida la hirgeliyey iyo ballaadhinta ereyada maamulka dawladda (meel kale ayaynu arrintan kaga sii hadli doonnaa).

Sheekh Mustafe oo muxaadiradiisa sii ambaqaadaya:

"In afka aqoonta lagu qoraa waa ay kobcisaa oo afna isaga oo ballaadhan iskama dhalan ee waa laga shaqeeyey oo aqoon iyo dedaal baa la geliyey, si uu wax kasta isaga dhex cabbiri karo. Waxa furan iyana dhinaca ergiska/ amaahashada haddii afku gudihiisa ka waayo erey cusub bixintiisa, waxana u xilsaaran dal kasta guddiyo gaar ah oo ka shaqeeya oo cilmibaadha. Carabida iyo Ingiriisiduba waxa ay af Soomaaliga ka amaahdeen ereyga 'garanuug' oo ah mid ka mid ah ugaadha dhulka Soomaalida ku nool." Sidaas si la mid ayuu Sheekh Mustafe leeyahay waxa aynu soo amaahan karnaa ereyo cusub oo u baahan guddi shaandhaysa oo marisa habraaca qaab-dhismeedka afka.

Waxa la tilmaamaa 19-ka waddan ee adduunka teknoolojiyada ugu horreeyaa in ay afafkooda wax ku barteen oo jaamacadahooda iyo baadhitaannada cilmiyeed lagaga shaqeeyo, kuna horumareen. Shanta boqol ee jaamacadood ee adduunka ugu sarreeyaa oo ku kala yaalla 35 waddan waxa wax lagu bartaa afafkooda, iyaga oo afafkooda wax ku dhigana ay horumar gaadheen. Waddamo badan oo horumaray waxa ay ku gaadheen waa afafkooda bari iyo galbeedba. Shiinaha, Jabbaan, labada Kuuriya, Ruushka, Indoniisiya, Singabuur, Jarmalka, Iswiidhan, Finland, Norway, iyo qaar kale oo badani waxa ay ku horumareen waa afafkooda. Sidaas awgeed, Sheekh Mustafe waxa uu muxaadiradiisa ku nuuxnuuxsaday in afafku dhintaan haddii dadkoodu nolosha u diidaan, ayna weydoobaan haddii ay dadkoodu naaxin waayaan. Waa ay koraan oo naaxaan, kuna weynaadaan haddii dadkoodu aqoonyahan noqdaan.

Oggoli oo waxbarashadu way egtahee
Afqalaad ayaynu addoon u nahee,
Afqalaad aqoontu miyaa maahee
Waa intuu qofba Eebbe geshaa
Ayay nala tahay annagee maa og tahay
Dib looma abuuro dadkee!

—Cali Sugulle Cigaal (Duncarbeed), AHN.

Abwaankii Maxamed Xaashi Dhamac Gaarriye (1950 – 2012), AHN, maansadiisa ka sokow, wax badan waxa uu u huray afka Soomaaliga iyo soo bandhigidda ahmiyaddiisa. Waxa uu ahaana bare sare oo loo daba fadhiisto aqoonta afka iyo kala dhalinta suugaantiisa. Haddaba isaga oo ka hadlaya qiimaha af Soomaaliga muxaadiro lagu qabtay Oslo, Norway, ka hor geeridiisii, waxa uu yidhi, "Afkeennu waa waxa ugu mudan ee ina mideeya Soomaali ahaan," sidaas awgeed, "calan kasta oo ay Soomaalidu hoos joogto, waa muhiim in laga wada shaqeeyo ilaalinta, kobcinta, iyo horumarintiisa, waayo waa deeq Alle ina siiyey oo dhex inoo ah."

Si guud marka loo eego, Gaarriye waxa uu afka u arkaa mid ka mid ah nimcooyinka waaweyn ee Ilaahay bixiyo, waxana galladdaas Eebbe ugu deeqay oo leh aadmiga oo keliya. Ma leh af oo Alle ma siin deeqdaas makhluuqaadkiisa kale oo dhan. Gaarriye oo taas sii xoojinaya, "nimcadaas uu Alle ina siiyey waa mas'uuliyad iyo ammaano qoorteenna sudhan oo uu inagu la xisaabtamayo sida aynu ka yeelno."

Kooxda Kushitigga ku hadashaa *af* ayay u taqaan. Soomaalida iyo Canfartu *af* bay yidhaahdaan, Oromaduna *afaan*. Carabtu *lisaan* oo carrabka ah, waddamo badan oo Yurub ahina waxa ay af u yaqaanniin *langue*, qaar kalena *jazyk* oo wuxuba carrabka ah. Gaarriye oo taas sii xaradhaaminayaa wuxu yidhi: "Innagu halka uu hadalku ka soo baxo ayaynu qaadannay oo afka uu hadalku ku jiro ayaynu u bixinnay, iyaguna (qolyaha kalena) carrabkii bay afka kala baxeen oo ay qaateen, hase ahaatee, waa isku mid uun." Oodi qaadis iyo jiidis waa isla guryo geyn.

Afku waa qalab lagu fekero. Mar kasta oo aad fekerayso ereyo iyo weedho ayaad falkinaysaa ama aamusnow ama kor u hadaloo. Gaarriye oo arrintaas sii ambaqaadayey, waxa uu yidhi: "Qof kastaa waxa uu ku fekeraa inta erey ee uu leeyahay ama yaqaanno, waxana wada socda fekerka caqliga iyo afka ama hadalka isku xidhnaantooda. Tani waa ta qofka iyo dameerka kala soocda. Dameerku ma fekero, ereyo afeedna ma yaqaanno. Ilmaha yari wuu garaadsaday waxa ay ka dhigan tahay waxa uu bartay ereyo afeed oo uu ku fekeri karo." Afku waa weelka lagu ururiyo ee lagu kaydiyo waaya-aragnimada iyo aqoonta, ilbaxnimooyinka iyo dhaqanka aadmiga—ama hadal ha ahaado ama qoraalba'e. Gaarriye oo taas sii daba socda ayaa leh: "Kaydkaas ayaa la kala dhaxlaa oo jiilba jiilka ka dambeeyaa wax ku sii daraa, siina gudbiyaa oo ku simaa jiilasha ka sii dambeeya."

Bernard Shaw (1856 – 1950) oo qoraa reer Aayrlaand ahaa, ayaa yidhi, "haddii uu William Shakespeare (1564 – 1616) ahaa cimlaaq; xoog badan oo dherer iyo awood lahaa xilligiisii, aniguna waxa aan ku sii taag nahay labadiisa garab oo waxa aan sii arkaa wax meel fog yaalla." Garriye oo taas ka soo dhimbiil qaadanaya ayaa waxa uu timaamay in afku inoo fududeeyey in ay ilbaxnimo timaaddo oo hanaqaaddo, waayo waxa uu yidhi, "Mar afku waxa uu noqday qalab lagu fekero, mar kalena waxa uu noqday kayd ina hagaya oo laga soo dhaansado wixii aqoon iyo waaya-aragnimo ah ee aadmigu soo kala dhaxlayey facyaal kala dambeeya, iyada oo sida qori isu dhiibka facaba ku simayey faca ka sii dambeeya, oo isna nolosha wax ku sii kordhinayey higsi iyo haabasho ahaan."

Gaarriye oo ka sii tibaaxo bixinaya ahmiyadda afka iyo qiimihiisa, ayaa waxa uu hoos ugu daadegayaa af Soomaaliga oo ka mid ah afafka ilma nebi Aadan ee Alle uu inagu galladay deeq ahaan, waxanu yidhi isaga oo muujinaya gooninnimada afka Soomaaliga, "Qof kastaa waxa uu leeyahay faro uu xaradhka raadkoodu ka duwan yahay faraha qof kasta oo kale. Raadkaas faruhu waxa uu qofka leh siinayaa gaarnimo aabbihii iyo hooyadii toonna aanay la wadaagin. Afafku, haddaba, waxa ay shucuubta uga dhigan yihiin raadkaas faraha laga qaaday oo waxa af kastaa gaarnimadiisu bixinaysaa aqoonsiga ummaaddaas oo ah baadisooc u gooni ah. Sidaas awgeed, waa in aynu wada danaynaa oo wada ilaashannaa hantidaas la inoogu manna sheegtay ee aynu wada leennahay."

Adduunyada af baa fura
Aqoontana af baa qora
Dhaqankana af baa sida
Aasaarta duuggiyo
Taariikhda aadmiga
Afku udub dhexaadiyo
Aqalkooda weeyaan
Ummaddana hankeediyo

AFKA HOOYO WAA HODAN 16

Ilbaxeeda weeyaan
Ubadkana asluubtiyo
Aayahooda weeyaan.

—Abwaan Yuusuf Cismaan Cabdille (Shaacir)

ISIRRADA AFKA HODANEEYA

Tisqaadka afku waa arrin si adag ugu xidhan hadba sida afkaas loo daryeelo ee loo ilaaliyo. Soomaalidii hore afka oo aan weli qoraal gelin ayay haddana dhaqaalayn jirtey oo aanay waxba inta badan ka tasoobi jirin, in kasta oo ay jiraan arrimo taas badhitaarayey sida saamaynta dhaqamada kala duwani isku yeeshaan oo aan sida hadda u xoog badnayn, haddana waxa xaqiiqo ah in afka oo aan qornayni uu haddana soo gaadhey halkii uu joogey markii qoraalkiisa lagu dhawaaqay 1972, lana hirgeliyey 1973.

Gabayga, geeraarka, guuxa, guurowga, masafada, saarka, buraanburka, maahmaahda, ciyaaraha kala duwan ee dhaqanka iyo hiddaha, heesta carruurta iyo sheeko xariirtooda, hees hawleedyada kala duwan ee xoolaha xilliyada raacista, mayraca, carraabinta, xawawarinta, aroorinta, daajinta, waraabinta, shubaasha, raridda, geeddiga iyo dhaaminta, heesaha harrarka, kebedda, aloolka, haanta, tibta iyo mooyaha, heesaha gelbiska iyo alalaaska arooska, sitaadka iyo ducada, halqabsiyada, hal-ku-dhegyada ama halhaysyada murtiyeed, googaalaysiga, yooyootanka, halxidhaaleyaasha, haasawaha, kaftanka, iwm., ayaa ahaa kayd hodan ah oo ka qaybqaata ilaalinta iyo madhxinta af Soomaaliga, waxana kaydkaas suugaantu uu Soomaalida uga dhignaa oo ugu jirey halka ay dadyowga kale ee dunida ugu jiraan rugaha kaydyaalka kutubka iyo taariikhda ee loo yaqaanno maktabadaha qaran iyo matxafyada.

Soomaalida waxa lagu tilmaamaa quruuntii maansada ama gabayga, waxana dhici jirtey in xilliyadii hore lagu wada xidhiidhi jirey marka geedka iyo tala-goynta la isugu yimaaddo ama garta niqiddeeda, in kulanka oo dhan inta uu dhammaanayo loo adeegsado hadal tixaysan oo sidii maansada u soohan oo qaafiyad ku socda. Suugaanta qaybaheeda oo gabaygu u boqranaan jirey, ayaa ahaa isirrada ugu xoogga badan ee afka hodannimadiisa doorka weyn ku lahaa, kaydinna jirey.

Bishii Julaay sannadkii 2000, ayaa waxa aan dhegaystey cajeled uu duubay Maxamed Xaashi Dhamac (Gaarriye), AHN. Waxa uu marxuunku cajeleddaas kaga hadlayey sida qaafiyadaysan ee ereyada loo adeegsado, xerada xoolaha, garta, iyo hilibka neefka la shidhaystaa isu raacaan:

Xerada xoolaha: magan iyo mooro, dhur iyo dhaqan, iwm.

Garta: mudduc iyo maddaacaley, qudh iyo qoon, iwm.

Hilibka neefka shidhada ama loogista: laf iyo lud, so' iyo saan, iwm.

ISIRRADA AFKA HODANEEYA

Arrintaasi waxa ay igu baraarujisey in aan sii daraaseeyo oo nolosha qaybaheeda kalena ka sii raadiyo isirro kale oo kuwan la jaad ah oo ka dhex ciidamiya oo xarafraac qaafiyadaysan ama siiqo u dhiganta leh. Waxa igu soo baxay isla waagaasba oo aan maqaallo ka qoray ereyo badan oo sidii maansada erey keli ah ku socda oo laba-laba isugu qodban oo isku macne ama isku lid ah iyo ereyo kale oo aan qaafiyad soohan ku socon, hase yeeshe laba-laba isugu sidkan oo macne isbuuxinaya oo isku macne dhow ama iska soo horjeedi kara yeesha, sida aynu hoos ugu tegi doonno labada jeerba. Ereyadaasi idilkood waa isirro qurxiya oo hodaneeya afka xag tarmineed—tiro ahaan—ama tayeedba—qaayo ahaan.

Hawraarta ama tixda maanseed waxa quruxda farshaxannimo ku haba ribnimada tuducyadeeda, dhacdada iyo gaar ahaan qaafiyadda u soohan sida xarafraaca higgaadda isku mid ah leh. Habkan, haddaba, qaafiyadaysan, ayaa waxa uu ka gudbaa kaalintaas hawraar maanseed, waxanu ku taxmaa oo xitaa ku milmaa hadalka ama tiraabta caadiga ah ee nolosha Soomaalida. Si dhegtu u jamato fan ahaan, loona haysto oo aan loo illoobin, ayaa waxa la adeegsanayaa ereyo sidii maansada xaraf keliya ku wada socda oo maansaysan.

Waxa aynu ka soo qaadanaynaa tusmooyin dhawr ah oo u xidhiidhsan sida ay u kala horreeyaan alifba'da farta Soomaaligu, si aynu isu la aragno sida ay quruxda iyo hodanaynta afkeenna ugu bilaan, tiro iyo tayo ahaanna ugu kordhiyaan:

Shaqallada: *a, e, i, o, u* ama *aa, ee, ii, oo, uu*:

Af iyo addin, ab iyo abti, axan iyo agas, abaar iyo aaran, ajar iyo abaal, arrin iyo adduun, if iyo aakhiro, il iyo oof, il iyo ishaaro, abaar iyo ooda-lul, ab iyo isir, omos iyo abaar, uf iyo akh, iwm.

Shibbanayaasha: *btjx* ilaa dhammaadka *mnwhy* iyo hamse (')

Bb: Bad iyo berri, buur iyo bannaan, bur iyo bahal, bog iyo beer, biyo iyo baad, badhi iyo buuryo, bari iyo bogox, bashbash iyo barwaaqo, belo iyo baas, baad iyo barwaaqo, buus iyo baas.

Tt: Tiro iyo tayo, togane iyo tabane, tix iyo tiraab, talo iyo tacab, tuur iyo tarbiico, talo iyo tusmo, tol iyo taag, tiro iyo tammuux, taws iyo tiiraanyo.

Jj: Juuq iyo jaaqla', jin iyo jaan, jiif iyo joog, jiidh iyo jibaad, jaan iyo jiib.

Xx: Xidid iyo xigaal, xoog iyo xawo, xeer iyo xaagaan (xeer hoosaadkii), xin iyo xaasid, xilo iyo xoolo, xan iyo xamxam, xas iyo xajiin, xalaal iyo xaaraan, xuf iyo xaf, xayo iyo xishood, xoog iyo xeelad.

KH (kh): Khayr iyo khaatumo, khaakh iyo khuuro, khumkhum iyo khabbaas, iwm

Dd: Dad iyo duunyo, dab iyo duur, dufan iyo duugmo, dad iyo danbabeero, dur iyo daabac, digiyo dambas, dooc iyo dareen, daal iyo dekaan, duumo iyo daacuun.

Rr: Rag iyo Rabbi, raq iyo ruux, rays iyo ramaas.

Ss: Soon iyo salaad, silic iyo saxariir, so' iyo saan, samo

iyo sareedo.

SH (sh): Sheeko iyo shaahid, shib iyo shaamareer, shar iyo shaydaan.

DH (dh): Dheg iyo dhaban, dhib iyo dheef, dhur iyo dhaqan, dhab iyo dhalanteed, dhidid iyo dheecaan, dhagar iyo dhiig, dhul iyo dhallaan, dhalashiyo dhaqmaad iwm.

Cc: Cidliyo ciirsila', calaf iyo cawo, ciil iyo cadho, col iyo cadaawe, cuud iyo caano, carruur iyo cirroole, ceeb iyo caari, cir iyo caad, cilmi iyo caado, candhiyo caano.

Gg: Garre iyo guntane, godol iyo gaadiid, garab iyo gaashaan, gun iyo gob, gar iyo garowshiiyo, guul iyo gabannimo.

Ff: Faan iyo foodho, faq iyo fagaare, ficil iyo falaad, far iyo fool, fud iyo faar, furuq iyo fanto, fuulmo iyo fara-ku-hayn.

Qq: Qoob iyo qaylo, qudhun iyo qashaabiir, qulub iyo qasaaweselel, qudh iyo qoon, qadaf iyo qallooc, qab iyo quudhsi, qosol iyo qoonsi, qabno iyo qoodhoole (qabno: xoolo, mag degdeg ah oo xeryaha laga soo gurayo, si hadhow loogu qaybsado qoodhoole), quud iyo qaadhaan wadaag, qux iyo qaaxo, qawed iyo qadoodi, iwm.

Kk: Kaaf iyo kala-dheeri, kor iyo kal, kun iyo kaakac, kur iyo kaafaan, kab iyo karin, kud iyo kabbax, kud iyo kaare, kar iyo kulayl, koore iyo karbaash, kacaa-kuf, kadab iyo kimis, kaar iyo kulayl, iwm.

Ll: Laf iyo lud, lag iyo laguug, lur iyo leelleel, lug iyo laan, laac iyo labeen, luuf iyo laacdan, laab iyo lubbi.

Mm: Magac iyo muunad, magan iyo mooro, mug iyo maax, mudduc iyo maddaacaley, muruq iyo maal, magac iyo manfac, milge iyo maamuus, marriin iyo masruuf, madax iyo minjo, muuq iyo maqnaan, marwo iyo mudane, malab iyo miid.

Nn: Naq iyo negaadi, nabsi iyo naqsi (nabsi iyo tar-sheegasho (nabsi iyo wisin aabbe galay), naq iyo nabaad, nabad iyo nolol, naf iyo nacfi.

Ww: Wadaad iyo waranle, war iyo wacaal, war iyo waayaale, werwer iyo walaac, wir iyo wiirsi, wed iyo wadeeco, wahan iyo wareer, wadaad iyo wabiin, wiil iyo walaal, war iyo weedhsan.

Hh: Hiif iyo haaraan, hayal iyo heemaal, habar iyo habeenkeed, haad iyo haanraawe, hoog iyo halaag, hiil iyo hoo, hadal iyo hawraar, hungo iyo habaas, himilo iyo higsi, hadal iyo hadaaq, iwm.

Yy: Yuug iyo yamaanyuug, yur iyo yel, yaab iyo yaabkiis, yoon iyo yeedh, yulqan iyo yooyootan, yabooh iyo yaahdin.

(,) = hakad ama hamse.

Xeerka Ciisaha si aan loo illoobin ama aanu u lumin xubin kastaaba waxa ay ku fadhidaa maahmaah lagu xusuusto iyo hawraaro tixaysan. Tusaale: haddii ay dheddig iyo labood xumaan ku heshiiyaan, waxa Xeerka Ciisaha la yidhaahdaa "xayn gogoli xeer ma leh", halka inanta la khasbo ee la fara xumeeyo xeerkaasi jidaynayo in ninkaas inanta xoogey aanu guursan karin gabadh Ciise ah, ninka siiyana la ganaaxi doono 15 halaad oo dhogor ah. "Xeerku wax ma dhaafo, lamana dhaafo, xeer la'aan waa la xooloobaa, xeer waa dayr iyo dallad," iwm., ayaa tusaaleyaal kale ah. Marka la eego dhaqanka iyo xeerarka Ciisaha, raggu waa 14 laba-laba isaga soo horjeeda oo intooda badani dab iyo foox isku

yihiin, qaarkoodna isbuuxiyaan. Waxa ay kala yihiin:
1. Didiye iyo Dabbaale
2. Aayo-reeb iyo Eela-reeb
3. Soof-eeg iyo Suul-eeg
4. Bogsiiye iyo Beleliye
5. Hedlede iyo Hurde
6. Xeer-la-joog iyo Xoolo-la-joog, iyo
7. Talo-keen iyo Talo-raac.

Tobanka hore shan xeerka ayay walaalo yihiin, shanna xeerku geed buu ku xidhay, afarta dambese xeerka iyo iyagu waa walaalo oo waxa ay ku foogan yihiin xilal iyo hawlo isbuuxinaya.

Marka aynu dhinac kale arrinta ka eegno, waxa jirta bad kale oo iyana tan la hal-maasha, hase yeeshee ka yar duwan marka la eego habka xarafraaca ama qaafiyadda, waxana tusaale loo soo qaadan karaa:

Sal iyo baar, kal iyo laab, cawo iyo ayaan, gun iyo baar, sal iyo raad, sir iyo caad, yar iyo weyn, kas iyo maan, samaan iyo xumaan, dab iyo naar, baga iyo ulakac, mas iyo kala-maan, gar iyo xoog, ul iyo diir, jaan iyo cidhib, hoodo iyo ayaan, khayr iyo barako, dameer iyo labadiisii daan, cidla' iyo waaqla', tin iyo cidhib, far iyo suul, il iyo baal, kab iyo xaarkeed, tab iyo xeel, dan iyo xarrago, dhif iyo naadir, dan iyo hadal, weger iyo ka waasacan, hoh iyo caku, car iyo wir, buus iyo khara, ban iyo kir, tif iyo midhiq, dab iyo dhagax, dab iyo gaas, run iyo been, dheg iyo daloolkeed, qadhaadh iyo macaan, amankaag iyo yaab, iwm.

Ereyadaas laba-labada isugu sidkan waxa hodantinnimada iyo quruxdooda ka maarmi waayey oo adeegsada maansayahanka Soomaaliyeed, sida tusaaleyaashani ay muujinayaan:

*Axankii wadaadkiyo markuu **agaskii** soo laastay.*

*Ajar kaa heli maayo oo **abaal** kaa sugi maayo'e*
Idaajaada Qur'aankana alif kaa baran mayo.

*Haddaan **bari** ina qalayn, haddaan **bogox** ina fantayn.*

*Bari iyo galbeed iyo ninyahow **bogoxba** doonaysey*
(nin la jeclaa).

*Xasan Ganey **gun** iyo **baar** Geeraar ku xadantee.*

*Garre iyo **guntane** maalitay gees isugu booddey.*

*Hayal waad ka madhan tahay **Heemaalna** kaa dhimey!*

Haddaba ereyadaas laba-labada isugu qodban iyo qaar kale oo badaniba waxa ay ku aroorayaan oo ay beegsanayaan tubtii higgaadda ama qaafiyadda ee hadalka tixaysan. Sida muuqatana laba erey oo kastaba waxa ka dhexeeya xidhiidh iyo xadhko isu haya macnayaashooda oo isku mid noqon karaya amaba iska soo horjeedi karaya oo isku lid ah. Sababta haddaba keenaysa in uu af Soomaaligu awooddaas yeesho, ayaa lagu tilmaami karaa arrin ka soo jeedi karta hodantinnimadiisa xagga tarminta tayeed iyo tireedba, iyo saamaynta ay maansadiisu ku yeelan jirtey nolosha ummaddiisa.

AFKA HOOYO WAA HODAN 26

AFKA HOOYO

Heesta Koolkoolinta Carruurta

In afka Soomaaligu hodantinnimo ku dhaato waxa ay dad badani u nisbeeyaan hooyada. Iyada oo adeegsanaysa kartideeda hal-abuur iyo hodantinnimada afkeeda ayay hooyadu isu soo taagtaa kaalinteeda hiddo-sidannimo ee muhiimka ah. Sida ay ilmaheeda ugu canqariso caanaha naaskeeda, una u jaqsiiso si la mid ah ay ugu habto ilamaha yar afkeeda iyo hodantinnimdiisa, isaga oo aan weli hadaaq iyo hadal midkoodna aan baran, kuna jira weli gosheeda ama saaran daradhigta (xoolka). Kaalinteedani waxa ay ku siman tahay in ilmaheedu ku dhex garaadsado badweyn af Soomaali ah oo leh gacammo iyo waddooyin halabuur hodan ah oo ereyo iyo weedho afeed ka kooban. Heesta carruurta, bajinta ama dhiirrigelinta iyo sheeko xariirtoodu mar waxa ay muujiyaan kartida halabuur ee haweenka Soomaalida, marna waxa ay soo bandhigaan hodantinnimada afka Soomaaliga.

Hooyoy la'aantaa
Higgaad lama barteenoo
Hooyoy la'aantaa
Hadal lama kareenoo
Ruuxaanad habinoo
Kolba aanad heesiyo
Hoobey ku sabinoo
Hawshaada waayaa
Hanaqaadi maayo.

—Hadraawi, Heesta Hooyo.

Ubadku waa hablo iyo inammo. Heestooduna waa saddex. Mar way ka dhaxaysaa oo waa lagu wada maaweeliyaa dheddigga iyo laboodkoodaba. Mar labaadka midi waxa ay u gooni tahay inammada iyo ta saddexaad oo hablaha u gaar ah. Saddexda goorba waxaa ka dhexeeya luuqda iyo inta badan dhextaalka *hobeeya hobeey hobeeyaa*.

Heesta carruurtu waa farshaxan ka soo jeeda nolosha iyo dhaqanka, kuna arooraya noloshaas iyo dhaqankaas. Inanka ama inanta yar ee daradhigta saaran heestu way dhaafaysaa oo waa duurxul dhegta loogu sii ridayo, laguna ababinayo gabdhaha ama wiilasha roon-roon ee garaadka leh, waxna fahmi kara ee ka ag dhow hooyada iyo inanteeda. Heesaha carruurtu waa dugsigii bilowga ahaa ee ababinta ubadka sida inta aan la geyn waxbarashada rasmiga ah. Nolosha iyo la macaamilkeeda ayaa wax loogaga sii iftiimiyaa, afkana waa lagu sii baraa. Halkan waxa ku duugan sirta ugu horraysa ee keenta in afku hodantinnimadiisa la barbaaro oo la hanaqaado ilmaha afkaas gaadiid-qaadka u ah ee kaydinaya, una sii gudbinaya jiilasha ka sii dambeeya.

Dhawrkan heesood ee soo socdaa waa nooca ka dheexeeya hablaha iyo inammadaba. Habeenkii oo dhan ayay hooyadu niyadda ka soo jeeddaa oo ilmaheeda waardiye ka haysaa. Waagu marka uu gunta ka soo casaado ayaa hooyadii oo sii gataati dhacaysa waxaa gama'a ka soo kaca oo soo baraaruga ilmihii oo hurdo ka soo go'ay. Way naas nuujisaa ama dhuuni kale ayay afka u gelisaa. Iyadu lulo ayay la il-daran tahay oo la ciirciiraysaa, ilmuhuna hadaaq iyo maaweelo-doonnimo ayuu la waaberiistey! Waa kaaf iyo kala-dheeri. *Nimaad dhashayna kuma dhaline* halkaas bay hooyadu ka bilowdaa koolkoolintii maaweelinta ilmaheeda. Sasabid, sabaalis, iyo bajin ayay isugu dartaa oo ku beer-laxawsataa ilmaheeda, iyada oo u sheegaysa in ay tahay subax hore oo la wada hurdo marka laga reebo dhurwaa ama waraabe raadinaya ilmo soo jeeda oo uu qaato.

Hobeeya hobeey hobeeya
Ka soo seexooy subeexa
Ka soo dhuumooy dhurwaaga
Dharaartii wuu socdaayoo
Dhulkuu dhaban dhootiyaayoo
Dhallaamada wuu gurtaaye
Ka soo dhuumooy dhurwaaga.

Heestan kalena waxaa lagu aamusiiyaa ubadka hablo iyo inammaba.

Ninkii diley ee dagaalay
Ninkii duur kulul ku jeexay
Aseen duunyo u diraynin
Dagaal baa naga dhexeeya
Anaa diliyoo dagaali
Anaa duur kulul ku jeexi.

Tanna waxaa carruurta lagu sabaaleeyaa marka ay gaajadu hayso, si ay u sugaan inta naaska hooyada ama manfac kale loo diyaarinayo, waana hees ka dhaxaysa inammada iyo hablahaba.

Ma naaskii baa gabloolay
Gablooloo godol ku raagey
Ma odaygii baa socdaalay
Socdaaloo socod ku raagey
Ma geelii baa arooray
Arooroo oon ku raagey.

Heestan soo beegan waxaa la socda oo ay ka kooban tahay hummaagyo qurux leh oo farshaxannimadoodu sarreeyso. Waa nooca ekeeyeyaasha, waxana halkan hooyada Soomaalidu isbarbardhigaysaa jacaylka ay u hayso ilmaheeda iyo sida ay oohintiisu u damqayso oo uga dhiganta hooyada sida ay u olosho hasha ka-reebka ama eridhabanka ah ee nirigteeda laga ulaa ama ta igadhka ah ee maqaarka laga qaadaa:

Sidii Ayroo maqaar leh

Amaba eeridhabanka geela
Ilmii laga soo uleeyey
Markaad ooydey anna ololey.

Hooyada ayaa muraad meel u yeelata. Way yar raagtaa, ilmihiina waxa uu tebaa maqnaanshaheeda. Inantii lagaga tegey ayaa xaaladda fahmaysa, markaas bay ilmihii kula sheekaysanaysaa heestan soo socota:

Huwaay ya huwaay, huwaay ya!
Hooyadaa ma joogto
Kor iyo koonfur aaddey
Kabaheedii illatay
Kabash kabash u socotay.
Geed seexataa mooyi
Geel-jire helyaa mooyi
Hooyadaa meeday
Geedkii Habaas-weyne
Ku hallowdayaa mooyi
Geel-jire helyaa mooyi.

Heesta inammada u gaarka ahi waxa ay hadhaysaa hees-maaweeleedda carruurta. Dhawrkan heesood ee soo kala horreeyaa waa koolkoolin, ammaanid, iyo duco loo xambaarinayo inanka yar. Waxa uu ka dhigan yahay cir curtay ama cosob laacay. Mar kale waxa ay hooyadu ku metelaysaa inankeeda yar hilbaha kuwa ugu sita, sida sararta iyo legga ama sakaarka iyo maydhaqa, iwm. Way u ducaynaysaa oo waxa ay leedahay: ha waayin hooyadaa, aabbahaa, inta kula walaal ah, ha saqiirin, soona kor oo halkaaga lagaama seexdo, hashaadana lagaama maalo, iwm.

Calow wa Calow Calow wa
Calow Cabdillaahiyow wa
Calaacala maydhanow wa
Calow cir darroorayow wa
Calow cosob laacayow wa
Calow meel laga carraabay
Carruurihii laga xanbaartay
Allow aadan carari waayin
Allow aadan ciil la hogannin.

Samow wa Samow Samow wa
Samow sarar iyo legow wa
Sakaar iyo maydhaqow wa
Sedkii Rabbi keenayow wa.

Hobeey ya hobeey hobeey ya
Ha waalan ha waalalloobin
Ha waayin wax siisa hooyo
Ha waayin wardheere aabbe
Ha waayin walaalo dhawr ah
Halkaaga lagaama seexdo
Hashaada lagaama maalo.

Halkaad Xalanow xoqayso
Halkaad xaradhaaminayso
Halkaad xalay ledis ka waydey
Malaa'igi ha kuu salaaxdo.
Quwiile ha kuu qaboojo!

Hooyadu waxa ay inankeeda u sii samaynaysaa laan-gooyo ku saabsan sidii uu uga feejignaan lahaa haweenayda goonbaarta loo yaqaan marka uu heerka guurka gaadho ee Alle ku simo. Waxa ay inankeeda yar u sii iftiiminaysaa dhaqanka iyo dhibaatada goonbaartu leedahay. Goonbaartu waa haweeney aan u wanaagsanayn ehelka oo xidhxidhan ama camal xun, cidla' ciirsila'na ula go'doonta ninka iyo ubadkiisa. Waa hees dardaaran iyo hogatusaalayn ah, duurxulkeeduna yahay ahmiyadda guurka oo lagu baraarujinayo carruurta xilliga cayddinimadooda in ay sii ogaadaan. Waxa ay tidhaahdaa:

Haddaad gaadhoo gabowdo
Haddii guur kuu maloobo
Haddii guulle Alla yeelo
Ma go'e goonbaar ha guursan
Gabbood bay kugu furtaayoo
Bahdaa bay gawdhisaayoo
Go'doon bay kaa dhigtaaye
Ma go'e goonbaar ha guursan.

Haddeertana waxa ay farta ugu fiiqaysaa halkuu inankeedu ka guursan lahaa, waxanay dardaaran u siinaysaa in uu reer abtigii ka guursado.

Haddaad gaadhood geyootid
Haddii Guulle Alle yeelo
Gabooboo gaatiyow wa
Gadh weyni u soo baxyow wa

Haddaad gaadhood gaboobin
Haddii guur kuu samaado
Gabooboo gaadhi maayee
Tolkay waa gobe ka guurso.

Inankii ayay hooyadii korinaysaa oo kaalin-qaad gelaya. Geela inuu raaci doono ayay oddoros ku sii eegaysaa, waanay la sii dardaarmaysaa. Fuleynimada iyo foolxumadeeda ayay uga sii digaysaa, waxa ayna tidhaahdaa:

Haddaad gaadhoo gabowdo
Markaas geeliinna raacdo
Haddii guluf kuu yimaaaddo
Ma go'e geela ha ka roorin.

Fuluu wuu baydadaaye
Haddaad fiigto
Ha fogaannin.

Ammaan ay dusha kaga waabto ka dib, hooyadu waxa ay inankeeda kula sii talisaa in uu dal shisheeye iyo dibedda u dhoofo oo u xoogsi tago:

Biloowa Biloow Biloow wa
Biloow loo baahanoow wa
Sidii barrax maalin geeddiya
Amaba burcad loo basaasay
Amaba biyo loo harraaday
Biloow loo baahanoow wa
Baxreyn iyo beled shisheeye
Bariisku halkuu ka beermo

Tolkaa baa lagu boqraaye
Tagoo adiguba badh doono.

Mar kalena waxaa inamada loogu heesaa, iyada oo loogu duurxulayo in ay hablaha ka hamuun gorayo badan yihiin:

Hunguriyoow halaalac
Hashii diiddee halaalac
Hangool qaadoo halaalac
Horteed seexoo halaalac.

Dhaqanka Soomaalida marka la eego, haweeneyda Soomaalidu ma jecla in ay ku ummusho doc reer kale; xitaa ha noqoto guriga hooyadeed. Xilligan waxaa jira magaalooyinka rugo ummuliso ama cusbitaallo u gaar ah in dumarku ku ummulaan. Xilliyada qaar waxaa dhacda in qoonsimaad ama khilaaf dhex yimaaddo ninka iyo haweeneydiisa. Isqabadka ka dib ayay marwadu qoondaysataa in ay guriga iyo ninka ka dhaqaaqdo dudmo ahaan. Iyada oo qorfaynaysa sidii ay u ambabixi lahayd, ayay ogaataa uur ku soo baxay. Way isbeddeshaa. Socdaalkii ay u xidhxidhnayd ayay ka negaataa, iyada oo ku talagelaysa in ay gurigeeda ku ummushu, waayo ma doonayso in ay xabka iyo xanankeeda la dul fadhiisato meel kale. Dib ayay haweeneyda iyo odaygeedu isku maslaxdaan cadhaburbur ka dib, waxana dhammaada sagaalkii biloood ee uurka. Wiil baa dhasha. Waa Negeeye, Maslax, Caabbi, Xidhe, Xayir ama Nabad, iwm. Haweeneydii oo niyadda iyo qalbigaba ka negaatey baa wiilkeeda markaas u heesta oo tidhaahda:

AFKA HOOYO WAA HODAN

Anoo jiitoo jarmaad leh
Kabaha suunka u adkaystay
Sibraarka anoo biyeystey
Ayuu Rabbi kaa i siiyey
Markaas baan sal u negaadey.

Habluhu sida inamada waxa ay leeyihiin heeso u gaar ah. Hablaha Soomaalida iyo xishoodka ama xayadu habeen bay wada dhashaan. Hooyada oo ah isha bu'deeda dhinaca barbaarinta ubadka, gaar ahaan laylinta iyo jaraynta inanteeda, ayaa kolka ay dhalataba ku canqarisa tababarkeeda ku xidhiidhsan xishoodka, xayada, anshaxa iyo asluubta hufan. Heesaha maaweelinta ayay taas ugu sii lifaaqdaa, kuna bartaa in ay hoos u hadalka qaayibto, in ay afkeeda ilaaliso, in ay isheeda iyo addinkeeda dhawrsanaanta sii barto, iwm. Waxaas oo dhami waa wada duurxul iyo sarbeebo u jeeda inantaas yar ka sokow hablaha kale duleedkeeda gaangaambinaya ee hadalku dhegahooda ku dhacayo.

Go'dooyaa go'dooy go'dooy ya
Go'dooy gaagaabso hadalka
Geyaan baa guriga yimiyoo
Rag baa goonyaha fadhiya'oo
Fardiyo geel bay wadaane,
Go'dooy gobannimo sameeyoo
Go'dooy gaagaabso hadalka.

Haddeerna way ku dhaadanysaa hooyadu inanteeda.

Waa dhuuxa iyo lafteeda dheer. Waa u nuurkii indhaheeda, waana dhalad dhalashadeedu. Waxa ay odhanaysaa:

Dhammoy ya Dhammoy Dhammoya
Dhammoy dhuuxiyo laftooy ya
Dhammoy dhaayaha adduunyo
Dhammoy dhalashadii rumaadeey
Ku dhaado dhalashadaada.

Hablaha dhalashadooda looguma farxo Soomaalida dhexdeeda sida inammada loogu riyaaqo dhalashadooda. Adduunyada kale ummado badan ayaynu cilladdaas la wadaagnaa, qaarna hoos ayayba inaga sii xigaan. Aasiyaan badan, siiba waddamada Koonfurta Aasiya lagama soo dhoweeyo dhalashada hablaha. Hees carruureeddan soo socota, ayay hooyadu ku muujinaysaa dhibaatooyin ay leedahay inantaada yar ayaa la soo hindiwaasaysa, waxa ayna odhanaysaa:

Dhibay ya dhibay dhibay ya
Dhibay gabadh dooni maayo
Dhibteediyo halacyadeeda
Dhibaad baan doonideeda
Ninkii ma dharaaranteeda
Aqalkii ma dhammaaninteeda
Dhibay ya dhibay dhibay ya.

Hooyo kale oo inanteeda koolkoolinaysa, kuna faanaysa ayaa leh:

Waxaa wiilowda la hayo
Waxaa loo waalanaayo
Aduun baa igala wanaagsan.

Bajinta iyo Dhiirrigelinta Carruurta

Haweenka Soomaalidu waxa ay aqoon u lahaan jireen cilmi nafsaaniga, iyaga oo kaalin weyn ku lahaa qaabaynta maanhagga ubadkooda. Waxa ay yaqaanneen sida carruurta looga farxiyo, sida loo maweeliyo, sida loo aamusiiyo, sida sheeko loogu seexiyo, sida loo bajiyo ee loo cabsi geliyo ama sida loo dhiirrigeliyo, iwm. Xoolaha qudhooda waa kuwa la hadla ee la sheekaysta, sida af-aqoonka ahna ay u fahmaan ee ay ula dareen wadaagaan sida xilligga ay awrta rarka saarayaan, geeddiga ama dhaaminta iyo xilliyada ay xoolaha u heesayaan sida adhiga, lo'da ama dameeraha, geela, haanta ama tibta iyo mooyaha, iwm.

Caws iyo biyo ku nool, Reer guure raac, Madaxkuti, iwm., ayaa ku jira sheeko xariirta dhaqankeenna. Carruurta ayaa intaba lagu bajiyaa xilliga ay ka gudbaan xaaladda heesta iyo koolkoolinta ee ay caqliyeystaan. Waxa lagu yidhaahdaa *ka soo carar Caws iyo biyo ku noosha, ka soo dhuumo Reer guure raaca* iyo *aamus yaan madax kutidii ku maqline*, iwm. Waxaa la adeegsadaa sheekooyinkan xilliga carruurta lagu dhiirrigelinayo in aanay geeddiga ka hadhin ama ka gaabin, si aanay u daalin ama u ooyin, una adkaystaan oo isu tiilaan.

Caws iyo biyo ku noosha iyo *Reer guure raaca* labaduba waa qaar ka mid ah xoolaha reerka, sida lo'da oo kale, hayeeshee waxaa carruurta loo baraa in ay bahallo dadqaad ah yihiin, carruurtuna waxba isma weydiisee way ka baqdaa. Madaxkutiduna waa bahal isu soo ekaysiiya dadka oo malluug ama muuq qof yeesha. Male-awaal ahaan waxa la yidhaahdaa madaxkutidu waxa ay isa soo taagtaa meel u dhow muska ama duleedka reerka. Waxa ay dhegta u raaricisaa magaca qofka yar. Hadhowto ayay u yeedhaa oo marka uu yimaaddana qaadataa, dabadeedna ismarisaa oo cuntaa!

Toosinta Carrab Jalaqda Carruurta

Carrab jalaqda waxa loo adeegsadaa toosinta carrabka carruurta iyo adkayntiisa xilliga ay ku jiraan xaaladda hore ee hadal barashada. Ereyo loo baahan yahay in ilmaha carrabkiisu la qabsado, gaar ahaan carruurta laga dareemo in xuruufta qaarkood aanay si wanaagsan u kari karayn ku dhawaaqooda ayaa la isugu qodbaa si xirfadaysan oo haddii la isyidhaahdo ugu celceliya si darandoorri ah lagu merganayo, hase yeeshee kolka dhawr jeer lagu celceliyo uu carrabku la qabsanayo. Tusaale:

- *Aqal dhawr gu' dhisnaa, dabar dhawr gu' dhex yiil.*
- *I daa hay shaqo seejine.*
- *Oday xun oo hun xun huwan.*
- *Qurbac quuc barad ah iyo rati badar barad ah.*

- *Orgac ma la laba laboodi mise lama laba laboodin, haddii la laba laboodiyo wuu laba laboodsan yahay, haddaan la laba laboodinna ma laba laboodsana.*

- *Biiq dhibici dardhisaa fadhiya.*

- *Tuke tun ruqsey kurtin dab leh ku ruqruq.*
- *Diin god gel goray god gel god diin gel.*
- *Ri' dub dadban.*
- *Ri' kolmo loo kur casoo kambalkaa kadalloob kuududdaa kureygii gurannaa, Giirooy hooy. Garooy kaalay yidhi!*
- *Shan sac oo sac shansha cad yahay.*
- *Weligaa waayeel ma maaweelisey.*
- *Kurey korranoo gurranoo gob korkii korsan.*

- *Shimbir baa geed ka soo gudhubaa gadhabaa tidhi, shimbirtu kululaa kadanaa sidee bay subag kulul oo kadan oo kedi hoos yaal ugu soo gudhubaa gadhaabaa tidhi.*

- *Wanyahow aniga ii soo dhudhun hore dhudhun dambe gannafsanayaa, waxba aniga haysoo dhudhun hore dhudhun dambe gannafsanine, ciddaad u soo dhudhun hore dhudhun danbe gannafsan jirtey, u sii dhudhun hore dhudhun danbe gannafso.*
- *Bakaylow kumbudhle kumbudhle cidla' madhan fadhleeye, aniga ha ii soo kumbudhle kumbudhle cidla' madhan fadhalaynine, ciddaad kumbudhle kumbudhle cidla' madhan u soo fadhlayn jirtey, orodoo u soo kumbudhle kumbudhle cidla' madhan fadhlee.*

Heesta Maqasha

Maqashu waxa ay leedahay heeso u gaar ah iyo sheekooyin la xidhiidha raaciddeeda marka habluhu la joogaan. Hadda waxa aynu tusaale u soo qaadanaynaa tusmooyin ka mid ah heesaha maqasha, hadhowtana meel kale ayaynu ugu tegi doonnaa sheekooyinka carruurta, gaar ahaan, habluhu isku maaweeliyaan marka ay maqasha la joogaan. Aan ku hor marno heesta caanka ah ee duulduulkeedu wada gaadhey dhegaha qof kasta oo Soomaali ah gobol kasta dhulalka ay Soomaalidu degto. Waa *maqaleey warlaay!* Waxaa heestu ku bilaabmaysaa waraysi lala yeelanayo maqasha, ka dibna maqasha ayaa jawaabaysa:

Heey hobeey maqaleey warlaay
Heey hobeey ma laguu warramay
Heey hobeey waxa weerar dhacay
Heey hobeey waxa waran dhul galay
Heey hobeey waxa dhiig qulqulay
Heey hobeey waxa wiil cad go'ay
Heey hobeey in Cumar la diley
Heey hobeey oo Cali god galay
Heey Hobeey ma lagu warramay
Heey hobeey yaa ii warramay
Heey hobeey ma walaalkayoo
Heey hobeey laba waran sitaa
Heey hobeey webi hoose iyo
Heey hobeey waaleed ka yimid
Heey hobeey yaa ii warramay?

Haddeerna waxaa lala dardaarmayaa sumalkii adhiga oo ah odaygii naylaha dhalay, waxaaana loo sheegayaa in uu kaxeeyo oo dooxo maajeen ama caws leh soo daajiyo, hadhowtana geed damal ah naylaha hadh geliyo, caddaaladna sameeyo oo aanu soo kala dhoweysan:

Heey hobeey sumalow darbane
Heey hobeey naylaha dudduuc

Heey hobeey oo dooxo gee
Heey hobeey oo damal hadh geli
Heey hobeey haw kala darraan.

Mar kalena waxaa loo heesayaa naylihii oo socod ku jira oo gabadhi waddo. Waxa ay ku hal qabsanaysaa wan yar oo baraar ah oo gaabinaya, waxa ayna leedahay mindi af darani ku muddey oo lagu qal, waxaana wankaas yari socod xumida ka raacay oo ku dhalay aabbihii (sumalkii dhalay ee hebel):

Saawiri muddoow
Solay lagu wadhyoow
Dumar saafayoow
Raggu sahayayoow
Sumalkii dhalaa
Sida loo socdiyo
Socod yaal aqoon.

Inantii oo maqashii wadda xilli geeddi la yahay, ayaa nayl Hawlo magaceeda la yidhaahdo ku halqabsanaysa, una sheegaysa in reerkoodu gob yahay, geelna leeyahay, hadduu guurana aan cidi xaab ka soo qaadin oo aanay soo gaadhin. *Dheeree oo yaan lagaa tegin* ayay maqasha ugu duurxulaysaa:

Naa Hawlo Hawlo
Naa Hawlo reerkeennu
Waa reer goboo geel leh
Waa reer hadduu guuro
Aan geenyo mooyaane

Aan garabsi lagu gaadhin
Hawlooy ha heet-heetin
Hawlooy horaa doog leh
Hawlooy lugtaa horaw dhig.

Haddeerna waxarihii bay dabada iska raacinaysaa. Waxaruhu way hawl badan yihiin. Kolba geed bay ka hoos galaan oo laga saari kari waayaa. Inantii baa hiiftamaysa oo maqashii haaraamaysaa, waxa ayna odhanaysaa haadka baqayaha loo yaqaan idin laayey oo labadayda iyo laba kale idinka reeb, si ay kaxayntoodu ugu fududaato. Baqayuhu waxa uu ka mid yahay haadda hilib cunka ah, sida coomaaddaha, geeltoosiyaha, gorgorka, tukaha, iwm.,:

Waxarahayagoow
Baqaye idin laa
Idin laba labee
Labadayda iyo
Laba kale ka reeb!

Heesaha koolkoolinta iyo maaweelada carruurtu waxa ay koriyaan garaadka ilmaha iyo aqoontiisa uu u yeelanayo barashada afkiisa hooyo. Codka iyo naaxiyadda luuqda hooyada ee heesteedu waa habdhac iyo metelaad halabuur, oo maadaysiga ka sokow, ilmaha ku abuuraya jamasho iyo jacayl ay dhegtiisu ku shubato macnaha ereyo badan oo cusub iyo macnahooda.

Hannaanka heesta carruurtu ku socoto ee xarafraaca higgaadeed ahi waxa uu abuurayaa xiise gaar ah oo xitaa ilmaha yari dareemi karo, taas oo ka qayb qaadanaysa jacaylka uu afkiisa hooyo u qaadi karo. Ilmaha oo aan is-ogayn ayaa ku hadaaqa oo ku celceliya heestii hooyadii u qaadaysey. Taasina waa ta loo baahan yahay oo ah in ilmuhu afka la falgalo, xiiseeyana.

SHEEKADA IYO MAADEYSIGA

Ummad kasta oo suugaanteeda iyo afkeedu nool yihiin, qaninnimana loo og yahay, waa in laga dhex helaa maadeysyo iyo sheekooyin soo jireen ah oo lagu caano maalo, laguna dab jeexo oo ka soo jeeda, sawir weynna ka bixiya dhaqanka iyo nolosha ummaddaas. Dhaqanka iyo nolosha Soomaalida waxaa ka buuxa sheekooyin iyo maadeysyo tix iyo tiraabba leh oo lagu koriyo garaadka ubadka, laguna caweysiiyo, ayna ku madadaashaan marka ay xoolaha la joogaan, iwm. Asalka sheekooyinka iyo maadeysyadu waxa ay ka soo dhambalmaan halabuurka haweenka oo hooyada ayaa ku sii kobcisa garaadka ilmaheeda iyo hodantinnimada afka hooyo. Inta badan kuwa aynu halkan ku soo qaadan doonno waxaa adeegsada hablaha, in kasta oo qaarna inammadu la wadaagaan.

Sheekooy Sheeko!

Waxa ay ka mid tahay kuwa sheekooyinka lagu ibo-furto ama bineeyo, si loo xigsimoodo ama loo godlado ama maanku u carto. Carruurta ayaa adeegsata ama marka loo sheekaynayo loogu furaa hadalka.

Sheekooy sheeko
Sheeko xariir ah
Shilin baa yeedhay
Geeday sheegtay,

Geedihii baa ri'yo daaqeen
Ri'yihii baa malmal dhiiqay
Malmalkii bay ummul fuudday
Ummushii baa gorgor hiigey
Gorgorkii baa bawdo reebay
Bawdadii bay duulal dhuuxeen
Duulashii baa duumo xaaqday!

Beri Baa Beri Baan!

Waa guntimo ka soo hadhay xidhmooyin xusuus ah oo guun ah iyo gocashooyin gaboobey oo ka soo go'aya agagaarka qalbiga islaan waayeel ah (cad ah) oo hawlgab ah oo awr guradii saaran reero geeddi ah oo galab carraabaaya. Awrkii hayinka ahaa ee ay saarnayd islaantu dushiisa ayay ka dareemaysaa gelbiska iyo alalaaska aroos ka dhacaya degmo geeddigu dhex giblan yahay meel aan ka fogeyn qormadii reerka loo soo sahanshey ee lagu furi lahaa. Waxa ay maqlaysaa sheekada ku saabsan arooskaas oo hablo awrka gadhka hayaa qaadaa-dhigayaan iyo ballantii caawa marka reerku dego lagaga qayb qaadan lahaa fantansiyaha iyo dammaashaadka xafladda arooskaas.

Waayo waayo—*xoorkii laga dhamay xagaagiyo xusuus baa geela lagu xer geeyaa!* Hablaha ka qayb-galka arooska caawa wax ka sii oddorosayaa lama socdaan dareenka islaanta cadka ah ee awrka ay ku wadaan iyo in uu degaanku yahay baradii aqalgalkeeda iyo arooskeedu ka dhaceen galab la mid ah galabtan maanta oo kale ka hor in ka badan nus qarni wakhti haatan laga joogo. Islaantu in goobta loo guurayaa tahay goob heblaayadii berigaas xalaytaba intii aan la soo hayaamin ka dareen heshay, in haddeerto la degayo degmadan aroosku ka dhacayana waxa ay u dhaaddan tahay si wacan.

Hablihii oo sheekadoodii dhubbad qaadaya, ayay islaantii soo dhex geleysaa oo awrka dushiisa kala hadlaysaa: 'Naayaadha! Waa dumarka, joojiya awrka oo iga soo roga aan gelbiska wax ka raacee.' [mashxarad!] *alag alalag, olo ololoo; uluu ululuug..!* Hablihii ayaa rarkii awrka iyo islaanta kor u eegaya oo la yaabaya. Cayaayir iyo habar iska haw-haw leh ayay ka soo qaadayaan, waxa ayna markii ay ka aammusi weydey ku odhanayaan: 'Eeyaahee ayeeyo Beyddan, miyaad khafiiftay mise waad kaftamaysaa ku joog guradaada aroos iyo alalagtaaba dhici weydeye!'

Qosol qax qax ah!

'Dhallinyaroow bi'i waaya! Maxay adduun iyo waaya-waayihiisa kala socdaan,' inta ay tidhaahdo ayay islaantii dabada uga gelaysaa hablihii oo u guud maraysaa taariikh nololeedkeeda iyo halkii ay godolba soo joogtey, waxa ayna tidhi:

Beri baa; beri baan
Wax la dhaloo; dhulka jiifta ahaa
Beri baa; beri baan bilig bilig; baraar celisa ahaa
Beri baa; beri baan daba jeex; dabka qaadda ahaa
Beri baa; beri baan
Rukun rukun; reeraha u wareegto ahaa
Beri baa; beri baan
Raamaley; ri'yo raacda ahaa
Beri baa; beri baan
Hablo weyn; had hadaafta ahaa
Beri baa; beri baan
Aroos; indha kuulan ahaa
Beri baa; beri baan
Mar curad; marwo reerle ahaa
Beri baa; beri baan
Laba dhal; laafyoota ahaa
Beri baa; beri baan
Saddex dhal; sit sitaacda ahaa
Beri baa; beri baan
Afar dhal; afo aada ahaa
Beri baa; beri baan
Shan dhal; sheekaysa ahaa
Beri baa; beri baan
Lix dhal; liibaantey ahaa
Goglan talo adduunyooy
Ma haddaan gabooboo
Laygu qaaday guro awr!

Odayow Ma Dooni Doobi Xoor Leh

Halkanna sheeko maadeys iyo murti leh ayaa ku dhex maraysa nin oday ah oo caalwaa' ah oo aan xilo dumar lahayn, cid kalena aanay u xil qabin iyo hablo ka war helay sirtiisa oo ka maadeysanaya, lana hiishanaya silica iyo saxariirka la guud furay.

Odayow ma dooni
Doobi xoor leh?
Waar bal duul Allow
Dhegaysta duumo xaaqday
Oo maxaan ku diidi
Waaba dahabe.

Odayow ma dooni
Dahabo gabadha?
Waar bal duul Allow
Dhegaysta duumo laysay
Oo maxaan ku diidi
Waaba dahabe.

Aabbe iyo Hooyo

Hablaha ayaa heestan isku maaweeliya marka ay adhiga la joogaan. Waa kaalintii afka, hodantinnimadiisa iyo saamaynta maansadu nolosha ku leedahay. Geed ay adhiga ka bidhaamiyaan ayay hablaha yar yari guudka uga baxaan oo fuulaan, kuna qaadaan cod macaan oo naaxiyad leh heestan oo u dhiganta ama u taagan warbixin ay taar ugu tebinayaan aabbahood iyo hooyadood, ugagana warramayaan xaaladdooda iyo ta adhigooda.

Aabbe iyo hooyo
Maanta adhigeenni
Waxaan la soo joogey
Buulashii gorayo
Iyo bankii galayax,

Waxaan ka soo qaaday
Laba qumboo subag ah,
Waxaan isaga dhiibey
Laba tukoo sahan ah
 Oo socdaalaaya
Oo sin bari aaddey,

Waxaan ka soo qaaday
Inan yaroo uur leh
Uur la-garanwaa' leh
Oo ardaa jiifta
Oo Allahayow leh
Oo ummulayeey leh,

Waxaan isaga dhiibey
Laba tukoo sahan ah
Oo socdaalaaya
Oo sin bari aaddey.

Kanina waa dheeg suugaaneed ka mid ah waxyaalaha curruurtu isku maaweeliyaan, gaar ahaan marka hablaha yar yari adhiga ama maqasha la joogaan:

Saaka Sayla yar baan ka soo kacay
Sayla weyn baan socod ku soo maray
Aar saloolanayaan ku soo baxay
Aar salaama calaykum baan idhi
Aar salaanta ma qaado buu yidhi
Qool yar baan qaadoon ku qawdhabey
Qayladuu qaadaan qosol u dhacay.

Mar kalena waxa ay yidhaahdaan:
Uurey uurey
Aagaan biijo
Saab la aroora
Sina ceel geeya
Saakana waa tan.

Beri Reerkayagu Guur

Tanina waa hees kale oo habluhu isu jiibiyaan, ku heesaan oo qaadaanna xilliyada ay maqasha ama adhigaba la joogaan ee daajinayaan. Waa sheeko maansaysan oo aftahannimada nolosha iyo hodantinnimada iyo xeeldheeraanta afka soo bandhigaysa. Waa warbixin wax ka tibaaxaysa waajib gudashooyin iyo warar iyo wacaalo laga soo celinayo hawlqabadyo bulsheed iyo natiijooyinkii ka soo baxay iyo dhalashada xilal kale oo carcarta iyo cusaybkooda la hindiwaasaya oo walwaalanaya.

Beri reerkayagu guur, haawiyee

Guuryoo galbeed qabey, haawiyee
Waxaraha wad lay yidhi, haawiyee
Waday oo wadaan waday, haawiyee,

Tiriyoo tiraa maqan, haawiyee
Tebayoo tiraa maqan, haawiyee
Tiro qoor cas baa maqan, haawiyee
Doon doonay oo helay, haawiyee,

Doob meel hurday helay, haawiye
Doobaw ayaad tahay? Haawiye

Doob Ciise Maxamuud, haawiyee
Adiguna ayaad tahay? Haawiyee
Samatara Ugaadeen, haawiyee,

May raaci buu yidhi, haawiyee
Kuma raacayaan idhi, haawiyee,

Jeedal iyo jebaabjebi, haawiye
Iska daba rokookibey, haawiyee,

Guryahoodi lay gee, haawiyee
Buul yar meeshan laga taag, haawiyee,

Ri'da meher la soo qabey, haawiyee
Mindi lagu xangaraf sii, haawiyee,

Misig diirran lay dhiib, haawiyee
Hudhay oo hudhaan hudhay, haawiyee

Hudhay oo halkeer dhigay, haawiyee,

Anna wayga daacuun, haawiyee
Isna waa ka daba dhiig, haawiyee,

Xuunsho way mashxarad timi, haawiye
Mulac waa malxiiskii, haawiye
Siilaanyo waa gabadh, haawiyee
Salaantiina waa taas, haawiyee.

Roobow Riglow Soo Da'

Xilliga jiilaalka marka dunidu abaarsato ee arladu kululaato ayay carruurtu, gaar ahaan, marka habluhu adhiga hadh geliyaan badanaa haddii ay cirka daruur ku arkaan ku ducaystaan oo qaadaan heestan roob-doonta ah:

Rooboow rigloow soo da'
Ri'yo darariyow soo da'
Allow roobka noo keen
Mid lagu reeyo noo keen
Ku ri'yo dararsha noo keen
Ku ceesaamo giirgiiran
Geeskooda ka xumbeeya
Aqalkayaga dabadiisa
Ka xareedsha noo keen
Ka xunbeeya noo keen
Naagaha basaraida ah
Badh naga laaya noo keen

Mid odayada bidaarta leh
Badh naga laaya noo keen.

Roobka di'iddiisa nolosha oo dhan baa ku xidhan. Baalalley biyo batalaq. Xilliga roobku curto ee uu si waafi ah u hoorrimaad hibitiqleeyo, arladana wada maansheeyo; ee geeduhu farow dheer, caleen iyo ugbaad bixiyaan, xooluhuna isku feedh dhalaan ee is wada ransadaan ama is dugsadaan duleeddada iyo kamballada reeraha, ayaa lagu tilmaamaa marxaladda uga sarraysa ee farxadda iyo riyaaqa dadku ay gaadhaan heerka ugu fiiqan ee figta ugu korraysa. Xilligaana waxa ay odhan jireen:

Rooblow Rooblow ma run baa?
Roob baa da'aye ma run baa?
Rooblow rooblow ma run baa?
Lays wada raacye ma run baa?

Xuunshooyinkaa Xoolaa La Moodaa

Marka ay hablaha iyo inammadu adhiga la joogaan ayay isu jiibiyaan heestan soo socota. Laba hablood ayaa midiba geed fuushaa. Maaweelo ahaan iyo adhiga oo ay dawacada kaga hiraan waxa soo raacaya adeegsiga heestani astaynaysaa kaalinta aftahannimada iyo hodantinnimo afka iyo saamayntii maansadiisu nolosha ku lahayd.

Gorayooyinkaa geel baa la moodaa
Alla waa runteedoo waa la moodaa
Xuunshooyinkaa xoolaa la moodaa

Alla waa runteedoo waa la moodaa
Duddumooyinkaa daaraa la moodaa
Alla waa runteedoo waa la moodaa
Alla taagooyinkaana buuraa la moodaa
Alla waa runteedoo waa la moodaa.

Nin Yaroo Nin Weyn Diley

Tanina waxa ay ka mid tahay maaweelada iyo madadaalada carruurta lagu af iyo aqoon baro. Maskaxdooda ayaa lagu godliyaa, laguna koriyaa. Waxaa carruurta la barayaa magacyada xayawaannada, dhirta iyo in caqliga iyo jimidhka qofka ama xawayaanku kala duwan yahay oo wax itaal yari wax weyn oo aannu wax xoog badani yeeli karin samayn karo ama caqligii wanaagsani in uu itaal ka roon yahay sidii uu Xasan Sheekh Muumin Gaafane, AHN, maanso inoogu sheegay, markii uu isbarbardhigayey kartida, xoogga, anshaxa, asluubta iyo aqoonta aboorka iyo maroodiga ama waraabaha iyo sakaarada, shimbirta iyo gorayada, iwm.

Nin yaroo nin weyn diley ma aragteen?
Dabagaalle geel wada ma aragteen?
Dhawdhawley dhaamisa ma aragteen?
Duddumooyin daaro leh ma aragteen?
Maygaag magaalo leh ma aragteen?
Shan masoo maqaarro leh ma aragteen?
Mulac maalin geeddiya ma aragteen?

Geeljirow Dhuguflow Dhegeyso

Geeljiruhu badanaa waa nin calool adag, axmaqna ah oo naxariistu ku yar tahay. Adhijirtaa neceb, waayo geela ayuu ku soo daayaa adhiga, halkii uu ka celin lahaana hablaha la jooga ayuu ul dabada u qabtaa oo dhengedeeyaa. Falcelintii adhijirtuna waxa ay noqotaa aflagaaddadan iyo habaarkan isbiirsanaya:

Geeljirow dhugufow dhegeyso
Dhuusa-haangaallow dhegeyso
Geelu kaa cararyeey dhegeyso
Dhiilku kaa lunyayeey dhegeyso
Qaydku kaa gubayeey dhegeyso
Qaawanaan rooreey dhegeyso
Geeljirow dhugufow dhegeyso.

Maroodi Cadhoole

Waa sheeko xariir carruurtu ku af iyo aqoon barato oo ku saabsan maroodi laga dhacay hal uu lahaa. Dabagaalle ayaa hasha kala baxsaday. Maroodigii ayaa cartamaya oo camal wareeraya, soona hujuumaya dad, duunyo, iyo dhirba. Xooggiisa iyo cadhadiisa marka la la yaabo, ayay carruurtu ku xasilinaysaa ama dejinaysaa heestan:

Maroodi maroodi
Maroodi cadhoole
Markii col la sheego
Cadaadda ku meere
Hashii cosob waa tan.

Heesaha Geela

Geelu waxa uu ka mid yahay xoolaha ay Soomaalidu manaafacaadsato ee nolosha iyo jiritaankeeda lafdhabarta u soo ahayd boqollaal sannadood. Geelu waxa uu raad weyn ku yeeshay nolosha Soomaalida oo dhan dhaqaale iyo dhaqan, feker iyo felsefed, af iyo taariikh, iwm. Abuurta geela ayaa wax badan ka duwan ta xoolaha kale ee aynu dhaqanno marka la eego samayskiisa, sidkiisa, adkaysinkiisa, caanaha iyo hilibkiisa, iwm. Marka laga tago godol ahaantiisa Soomaalida waxa uu muddo dheer geelu u ahaan jirey gaadiid. Waa ta Soomaalidu odhan jirtey *geelu waa godol iyo gaadiid*.

Geelu waxa uu leeyahay suugaan aan tiro lagu soo koobi karin oo ka hadasha kaalinta uu nolosha ku lahaa iyo qiimihiisa. Waxa uu muddooyin dheer ahaa, welina yahay ishinka ugu qaalisan ee ka qayb qaata isku soo dhoweynta iyo iskaashiga bulshada xilliyada guurka, magta, yaradka, xaalka, iwm. Waxa laga tiriyey gabayo iyo geeraarro badan, waxa jira suugaan kale oo geela la hal-maasha sida maahmaahyo, hal-ku-dhegyo, iwm.

Suugaanta kale ee mugga weyn leh ee geelu leeyahay waxa ka mid ah heesihiisa oo ka xog warramaya geelaha iyo xaaladihiisa, qaybihiisa, dhaqashada iyo dhaqaalayntiisa iyo kaalmihiisa nolosha. Fir kasta oo Alle abuuray waxa uu ka koobmaa lab iyo dheddig, si taranta iyo jiritaan nolshiisu sii socdaan. Soomaalida geela dhaqataa iyada oo taas maanka ku haysa ayay heestan u qaadaan geela xilliga hashu absaxdo, awrkuna qooqan yahay:

Haddaan oday dhiqin
Awr se loo tu'in
Abuur adageey
Yaa arrumi kara.

Geela sidkiisu waxa uu ka badan yahay inta xoolaha kale ilmaha uurka ku sidaan. Sidka geela waxa lagu tilmaamaa 13 bilood. Soomaalida geela dhaqataa iyada oo taas ka soo dabqaadanaysa ayay geela ugu heestaa:

Saddex boqol iyo
Siddeetan habeen
Oo sidkaa yahay
Sabool sugi waa
Anna kugu simay.

Sida uu Alle u abuuray iyo samayska layaabka leh ee geela Soomaalidu iyada oo ay tilmaamayaan waxa ay geela ugu heesaan:

Siddeed suulley
Sagaal midabley
Soddon magacley
Ninba si u qabey.

Adkaysiga geela iyo sida uu uga soo doogi karo abaar iyo ooda-lul kasta, ama harraadka iyo gaajada ugu adkaysan karo iyada oo laga dareen celinayana waxa geela loogu heesaa:

Sebaan adhi jabay
Sacna weyl gabay
Anoo Suubiyo
Seenyo maalaan
Seexan waayaye
Sagaaraystiyo
Sabool adhi yare
Say u nool yiin.

Geela calafka laga helo waxa ka mid ah cadka iyo caanihiisa oo waxtar badan leh, ilbaxnimada casriga ahina ka marag kacday in hilibka iyo caanihiisu dawo ka noqdeen cudurro badan. Soomaalida geela dhaqataa noocyada cadka iyo caanihiisa iyaga oo wax ka soo qaadanaya waxa ay ku heesaan:

Jinow iyo xoor
Jiidh iyo caddiin
Jabdhan iyo kurus
Jaawo mooyee
Ma wax laa jira.

Dhaqashada geela iyo sida ay muhiimka Soomaalida ugu ahayd waxa ay ku muujiyaan heesaha ay u qaadaan:

Ninna dhaqashuu
Kuugu dhabar jabay
Ninna dhuunuu
Kuu dhex joogaa.

Waxa kale oo xilliga waraabka iyo shubaasha darka ceelka geela loogu heesaa:

Jawgayaga maqal
Oo biyaha jamo
Oo jannada nuug.

Geelu geel fuley
Gaadhi maayee
Ha ka garab fulo.

Waa ugaadhoo
Haddaan loo orin
Sooma oroddee
Way irdhowdaa.

Heesta wiilkiyo
Hawda soo raac
Oo ku soo hiro
Oo kala hadhin.

Xilliga daaqa iyo daajinta waxa geela loogu heesaa, iyada oo dhaqankiisa xaaladdaas lagu muujinayo:

Geelu galabtii
Gaaniyo irmaan
Ma isu kala guray
Anna galabtii
Gaajiyo harraad
Maysla kala guray.

Marka daaqu ka xumaado ee geelu sangaagurroodona waxa heesaha loo qaado ka mid ah:

Shaluu cawskiyo
Caraancar engegey
Caara gooyoo
Cadhayskugu guray.

Dumaagii shalay
Dayrmarka ahaa
Diifaan hadhiniyo
Dab ma kaa shiday.

Gaane weydsane
Waa gartiisoo
Gu'gaan la xergeyn.

Geelu waxa uu ka mid yahay xoolaha ay walaaluhu isku seegaan ee isku laayaan, xididka iyo xigaalkuna isku maandhaafi karaan, arrimahaasina waxa ay Soomaalidu ku cabbiri jireen heesaha ay geela u qaadaan, kuna muujiyaan ahmiyaddiisu heerka ay gaadhsiisan tahay:

Walaalo isjecel
Wiil iyo abtigi
Aan wax kala cunin
Weerar geliyaay!

Saddex seeddiya

Oo salaantiyo
Sooryadays ku leh
Salow geliyaay!

Cirka ayaa meel fog ka hillaacaya xilli kaliileed kulul. Geela ayaa hillaacaas u hanqal taaga. Waa meel aannu gaadhi karin oo col iyo cadaawena ka sokeeyo. Geelii buu la hadlayaa inankii wadey oo u sheegayaa in hillaacaasi aanu waxba u ahayn:

Hillaac bilig yidhi
Aan bahdaa jirin
Bogga hoosiyo
Beerka haw lulin.

Awrka rareyga ahi waxaa uu ka mid yahay ciidanka ugu muhiimsan ee reerka. Dhaaminta ka sokow, waa doonnida la rarto ee la gurguurata cullaabta aqalka oo dhan, ubadka iyo maqashaba. Silsilad dhan oo heeso ah ayay awrtu leedahay, gaar ahaan awrta la rartaa. *Salsal* ayaa loo yaqaan heesta awrta rareyda ah. Heesuhu waxa ay u hormaysan yihiin xidhmooyin, xidhmo kastana *salsal* ayaa loogu yeedhaa. Heesahaana dhawr tusaale ayaynu ka soo qaadan doonnaa innaga oo ka eegeyna dhinaca hodanaynta afka Soomaaliga.

Marka ugu horraysa ee awrka rarka loo soo fadhiisiyo waxaa lagu yidhaahdaa:

Suubbane sidaan kuu raro
Saakaaba la ogaan.

Dhogor yare dhedaa qubataye
Bal aan dhaxanta kaa dedo.

Haylaale haylaaloow
Heeryadu hu'gaa weeyee
Ma ku laba hagoogaayoo
Hadh ma kaa sameeyaa.

Mar kalena awrkii oo la soo fadhiisyey, aanse si wacan u xasilin ayaa loo sheegaa oo dhegta loogu ridaa in uu is-haajiyo, isna waa uu yeelaa sidaas:

Samay samay markaan idhi buu
Sinta ii warwaarriyey.

Marka la eego dhaqankii hore ee Soomaalida rarka reerku waxa uu noqon kari jirey laba ilaa afar awr rarkood. Qoyska afarta rati ku guuraa hawsha u taallaa waa ay badan tahay. Marka laba ka mid ah rarka la saaro, labana u hadhsan tahay ayaa tanna hawshaas la isugu sii diyaariyaa:

Allahayow nin laba rarayoo
Laba u raamsanaysaa
Rubad gooyo weynaa.

Waa habaar in la qalaa awrka rareyga ama gurgurshaaga ah. Waxa looga duceeyaa in aan awrkaas la qalin, haad iyo haanraawe kale aanay hilbaysan.

Allahayow yaan lagu qalinoo
Haad kugu qaloonbiyin.

Allahayow maxaa diley iyo
Duul ururay kaa hay.

Waqaan calaacal beenaaliyo
Gaws laguugu ciidamin.

Waqaan shalow lagaa mudin
Oo shillal dheer laguu dhigin
Oo habro kugu shaloonbiyin.

Allahayow soliyo saaf iyo
Saab dhiig le kaa hay.

Afartaada cagood
Adhaxdaad wax ku qaaddo
Indhahaad ku gudayso
Midna iin ha ku yeelan.

Xilliga geeddiga dheer marka la arko ama la dareemo in caynku awrka hayo oo ku roorsan yahay socodkaas dheer dartii waa la la hadlaa oo gabadha keenada haysaa waa ay u heestaa. Caynku waa xadhigga awrka raran hoosta (caloosha ama bogga) ka mara ee heeryada, rarka iyo awrka isku xidha. Caynku yeesha ayuu ka mid yahay. Waxa ay u caqli celinaysaa awrka ay waddo, una sheegaysaa in iyaduba dhibaatada iyo daalka ay la wadaagayso oo aanay isaga u gooni ahayn. *Sida uu caynku kuu hayo, ayay anna kabuhu cidhibta iyo cagta iiga hayaan*, ayay awrka ku leedahay. Bal hogo-daymood sida farshaxanka ah ee ay ula hadlayso:

Waa adigan cataabaayee
Sida caynku kuu gubayaa
Anna cidhibta hoosiyo
Cagtu ii dalooshaa.

Waar Caddaawe caddaawow
Waar Caddaawe halyeeyoow
Labadeennan cirroole
Iyamaa cabanaaya'oo
Cagaha loo dufniyaa.

Cayn habari kugu jiiddaad
La calaacalaysaayood
La cabaadday caga yare!

Waar Caddaawe caddaawow
Waar Caddaawe Halyeeyoow
Carruurtii yaryaraydiyo
Cirroolay na sugaayee
Cagta soo fududee.

Xilliga dhaanka marka awrku maalin guul-oommane ahaa, maalinta ku xigtana uu guul-cokane ahaa ayaa loogu heesaa:

Shaluu taagan ahaa
Xaluu tiir ku xidhnaa

Wuu tagoogo casaadayoo
Dhulkuu taakinayaa.

Adigana gartaa weeyoo
Guul oomman baad tahay
Anigana gartay weeyoo
Gaadiidkaygi baad tahay.

Inta badan heesta awrta haweenkaa u badan. Nin bay ka dhigaysaa awrkeeda. Go'yaal bafto ah ayay u xidhaysaa. Bun ayay u dubaysaa. Wan baraar ah ayay u qalaysaa ama u loogaysaa, bilcan (gabadh) in ay u meherisana way u kohanaysaa! Bacadle ayaa awrka magaciisa la yidhaahdaa, waxa ayna odhanaysaa:

Bacadle yaa bun kuu duba
Oo bafto kuu hagoojiya
Oo wan baraara kuu qala
Oo bilcan kugu nikaaxiya.

Tibta iyo Mooyaha

Garowga ama hadhuudhku waa ka mid cuntooyinka ugu waxtarka roon ee ay Soomaalidu dhulkeeda kala baxdo ee ay beerato. Marka la karsanayo waxa ka horraysa hawl badan oo isha iyo baalka lagaga qaadayo. Mooye iyo tib ayaa lagu shukulaa oo laba hablood iyo ka badani isugu yimaaddaan oo ku tumaan. Xilliga hawshaas lagu jiro waxa la qaadaa hees-hawleed dhinacyo kala duwan shaqadaas laga eegayo ee farshaxannimo iyo hodantinnimo afeed isku mar magansanaysa.

Alla yay la tumaay
Ila taakuliyaay
Uu tolkay dhalayeey
Alla yay la tumaay.

Qaddar yar dabadeed ayaa gurmad soo gaadhayaa, si darandoorri ahna budulku u duulayaa:

Ma caddee ha caddaado
Caano geel haw ekaado
Culimaa cuni doonta
Iyo caalin wadaad ah
Iyo coofle barbaar ah
Iyo reer curadkiiye
Ma caddee ha caddaado
Caano geel haw ekaado.

Hadhuudhkaan la tumayn
Ama layla tumaynin
Waa qush waa qudhunoo
Waana qoolla madoobe
Waana quud habareed
Nin cunaa ma casheeyo
Cidda roori ma raaco
Ciidan loogama yaabo.

Heestan tibta iyo mooyaha ee soo socota waxa laga unkay dhudda ugu yar ee tix Soomaali ah laga sameeyo, waxaana raaca oo ay heestu leedahay jiib, jaan, iyo jug isku raran oo wada socda.

Mooyaha
Malablaha
Magacii
Mooyaan!
Mooyaha
Mooyaha
Magacii?
Calaliye
Ciil-tire,

Tibahana
Tibahana
Magacood?

Culus iyo Culus iyo
Cabban baa la yidhaa.

Adagaa adagaa
Adagaa ma bir baa
Ma bidaar oday baa
Saw ma soo budo duulo
Ma bakaar subax baa.

Salsalkan rarka awrta iyo geeddiga, hees hawleedyada kale ee xoolaha sida adhiga, lo'da, dameeraha iyo heesaha kale harrarka, kebedda, aloolka, haanta, iwm., oo dhammaantood ka mid ah isirrada hodaneeya afka Soomaaliga, tiro iyo tarmin ahaanba, haddii aad xog dheeraad uga baahato waxa aad ka heli kartaa buuggayga "*Guri Waa Haween* oo ka hadla kartida haweenka Soomaaliyeed.

AFKA HOOYO WAA HODAN 70

KAFTANKA, HAASAAWAHA, IYO HAL-XIDHAALAHA

Hal-xidhaalaha, haasaawaha iyo kaftanku waxa ay ahaan jireen isirro nool nool oo dhaqanka iyo nolushu ku bilan yihiin. Dadka dhexdiisa waxa ay uga dhaqan galaan si weyn. Waxa ay quweeyaan oo geeddi geliyaan aftahannimada iyo hodantinnimada afka. Waxa ay u ciidamiyaan sida laamaha kale ee suugaanta Soomaalida ee qaniga ah. Fagaare ama gole la isugu yimaaddo oo aanay wada sheekaysigiisa ka buuxin kaftan iyo haasaawe ama hal-xidhaaleyaal iyo isxifaalayni, waxa uu ka dhignaan jirey soor ama ceesh aan milix lahayn ama goob geeri iyo tacsi loo fadhiyo.

Dhinaca kale, hal-xidhaalaha, haasaawaha, iyo kaftanku waa qalabyo lagu biyo dhiijiyo shakhsiyadda qofka—rag iyo dumarba, carruur iyo cirrooleba. Waxa lagu halbeegaa dabeecadda iyo dabciga qofka duntiisu ka samaysan tahay iyo harqaddiisa qofnimo, sida dulqaadkiisa, aftahannimadiisa, aqoontiisa, garashadiisa, in-araggiisa, damiirkiisa, dareen ogaalnimadiisa iyo shucuurtiisa gudaha waxyaalaha ka ilmoroganaya ee aan dusha sare laga arki karin, iwm. Mar kalena, waxa ay ahaan jireen casharro iyo duruus lagu gudbiyo waayo-aragnimada, aqoonta iyo wacaasha dhaqanka iyo nolosha. Kaftanka, haasaawaha, iyo hal-xidhkuba ma aha hadallo la iska yidhyidhaahdo oo sida ay kuugu soo dhacaan la isaga haloosiyo, meeshii la doonana la iska hulluuqsiiyo. Waxa ay leeyihiin xeerar iyo soohdimo aanay dhaafi karin iyo xadhko xannibaya. Waxa ay ku wada sargo'an yihiin oo lagu ilaaliyaa qawaaniinta iyo xeerarka guud ee nolosha iyo dhaqanka ka dhex jira.

Waa wada sarbeebo, duurxul, afgobaadsi, weedho wada maldahan, badheedhayaal iyo isasudhan wada mahadhooyin leh oo miid, maad, iyo murti miidhan ah. Xidhiidhka haweenka iyo ragga Soomaalidu doc kasta way iska dhigaan adeegsiga qalabyada hal-xidhka, hasaawaha iyo kaftanka. Tusaaleyaasha sadarrada soo beegan ku yaalla, ayaa wax badan laga ogaan karaa.

Rag Gogoshii, Geel Xeradii iyo Garow Iidaankii

Xilliga haasaawaha iyo isxifaalaynta kaftanka waxa mahadhooyinka hiddaha iyo dhaqanka Soomaalida laga dhex helayaa duug-yaal badan oo wada murti ah, tif iyo midhiqna aqooni ka tahay oo ka buuxdo, lagana soo guranayo midho hoobaan ah oo hodantinnimada afka Soomaaliga ka soo jeeda. Hal-xidhaaluhu waxa uu ka mid yahay isirrada ugu halista iyo yaabka badan. Barbaarka guurdoonka ahi marka uu ku soo hiilo, kuna hagaago inantii uu la haasaawi lahaa waxa uu u yimaaddaa iyada oo gudanaysa mid ka mid ah xilalkeedii. Marka hiddaha iyo dhaqanka Soomaalida la eego, inanta gashaantida ahi ama adhigii bay la joogtaa oo daajinaysaa ama maadh bay guranaysaa ama maydhax bay diiranaysaa ama awrtii rareyda ahayd ayay carraabinaysaa— oo mar walba hawlqabadyo ayay ku foogan tahay oo ma shaqo beeli jirin.

Marka uu barbaar shullaha joojiyey (dhudhumada, lowyada hoostooda) go'a ama macawistiisa u soo muuqdo inantaas ee ay aragto inuu iyada ku soo abbaaran yahay, waxa ay diyaarsataa hubkeeda iyo qalabyadeeda. Geedkii iyada iyo isaga u dhaxayn lahaa ayay dhirta ka sii naqaysataa, ereygii ay iskaga waabin lahaydna way sii qorqorataa. Waxa kale oo ay isku dubbaridataa imtixaankii iyo xujooyinkii ay hor dhigi lahayd haddii uu noqdo barbaar talo ka go'an tahay oo guur u soo qoordiitey. Biyo dhiijinta ragannimada barbaarka iyo tuujinta garaadkiisu inanta muhiim bay u tahay sida ay inankaba ahmiyadda ugu leedahay in uu sii shirrabo dhabeelnimada ama gaarinnimada iyo garashada inanta.

Dhawr tusaale ayaynu ka soo qaadan doonnaa hal-xidhaaleyaasha habluhu ragga ku xujeeyaan xilliga haasaawaha iyo guurdoonnimada. Waxa aana dhacda in inani kas gaabni iyo garasho liidata oo ay ku hubsatay awgeed uga gaabsato barbaar qurux badnaa oo guur doonayey in uu la guddoonsado. Barbaar baa beri u soo sheeko tegey gabadh ka caansan hablaha degaankeeda oo aftahannimo iyo garasho badnaan lagu majeerto. Markii uu soo gaadhey goobtii ay joogtey ee la isbariidiyey, ayay ku halgaadaysaa in uu furfuro meselooyinkan inta aanay wax kale ka sheekaysanba. Waxa ay weydiinaysaa in uu sheego:

Rag gogoshii;
Geel xeradii;
Garow iidaankii.

Barbaarkii oo qudhiisu qayuuri aftahana ah, aqoonna leh, ayaa isku laba rogaya imtixaankii inantu soo hor dhigtay oo odhanaya:

- Rag gogoshii waa godob la'aan ha ku seexdo oo ha ku soo tooso, macnuhuna waa nabad ha ku le'do, kuna negaado.
- Geel xeradii waa geesi ha u joogo, oo looga gol leeyahay waa in uu rag ilaaliya oo u heegan ahi jiraa.
- Garow iidaankiina waa u goolmoonow oo gaajo ha kuu hayso, haddii baahi xad-dhaaf ahi ku hayso macmacaan iyo dhandhanaan wax kuuma aha ee maxaa cunaha dhaafi kara ayaa muhiim ah.

Marka ay ogaato in geyaankii guurdoonka ahaa uu imtixaankii koowaad ku gudbey, ayay haddana mid kale oo kii hore ka sahlan, hayeeshee ka halis badan ku soo sakaaro tuurtaa oo si fiiqan ugu dhiibtaa. Waxa ay ku tidhaahdaa:

"Waar dhulka duub ninyahow!"

Waxa uu isna ku hawl yaraystaa oo yidhaahdaa: "Waa hagaag ee adigu ka dhaqaaq!"

Hablo iyo Halo Hallaabay

Laba hablood oo beri ri'yo xawawar ah meel ku haysta ayaa waxa ku soo baxay oo u yimid laba nin oo baadidoon ah. Bariido wanaagsan ka dib waxa ay inammadu u sheegeen hablihii in ay beryahaaba raadinayeen halo ama tuldo geel ah oo ka soo hallaabay geel horweyn ah (gaane ah) oo ay taaggaas ku hayaan. Waxa kale oo ay hablaha warsadeen in ay wax dooc iyo dareen ah ka hayaan halahaas raqda iyo ruuxooda midna. Labadii hablood ayaa midkood soo booddey isla markiiba, iyada oo mid inamadii ka mid ah tilmaamaysa, waxa ayna weydiisey: in haluhu saddex ahaayeen, oo mid ka mid ahi il la'ayd, mid kalena dabo la'ayd, ta saddexaadna hays lahayd!

Inamadii oo marna iyagu is-eegaya, marna hablihii ilqoodha si xeeli ku jirto hoos uga eegaya, neef kululina ka soo boodayso, ayaa midkood si habacsan u yidhi: 'Haa, haluhu waa kuwaas ee xaggee...?' Inantii baa hadalkeedii sii ambaqaadaysa oo tidhi: 'Anigu halahaas il iyo baal ma saarin oo ma arag, hayeeshee maalin dhoweyto aniga oo ri'yaha goshaas daajinaya, ayaan ku soo baxay oo arkay geed ay daaqeen saddex tuldood! *Oo tolow sidee bay qaaxo dishey ku ogaatey*! Inamadii oo aan is-ogeyn, inanta warkeedana xiise badan iyo dhadhan ku haya, ayaa midba gaarkiisa isula faqayaa oo su'aashaas isu weydiinayaa.

Inantii oo hadalka sii wadda oo sifooyinkii saddexda tuldood iyo sida ay ku heshay ka tibaax bixinaysa, ayaa odhanaysa: "Halaha mid ka mid ahi waxa ay iigu muuqanaysaa in ay il la'ayd, waayo mar kasta geedka doc keliya ayay ka taagnayd, laamihiisana dhinac qudha ayay ka daaqaysey, labada halaad ee kalese laan kasta oo ay daaqaanba labada dhinac doogga iyo caleenta way ka murxinayeen. Intaas ka dib halihii way saaloodeen. Laba tuldood saaladooda way toominayeen, halka ta kale ay ka filqaysey oo kala firdhinaysey. Sidaas darteed waxa aan aqoonsaday in hashaas saalada filqaysaa ay dabo go'nayd"!

Si layaab iyo amankaag ka muuqdo oo farxadi waa naxdin ah, lana wada dareemi karo, ayay haddeer inamadii isu eegeen. Inanta iyada kama qasna oo sheekadii ayay sii wadataa: "Cabbaar yar ka dib halihii gelgelin ayay fadhfadhiisteen. Way gelgelimaysteen, waxa aanan daah-furay in laba halaad ay caadi u gelgelimaysanayeen, ta saddexaadna ciidda gelgelinta xarriiq ama jiitin ay ku samaynaysey, caloosheeda dusheeduna aanay ciidda taabanayn, taas oo iigu muuqata in ay hays lahayd"!

Inamadii oo farxad iyo amankaag ku wada kulmeen ayaa hadalkii kala boobaya oo odhanaya: 'Wa..een.. waa... waa iyagii; oo waa halahayagii hallaabay, waana sidaas aad u sheegtay ee xaggee bay mareen'! inantii ayaa u tilmaamaysa halka uu raadkoodu ku qummanaa, iyagiina riyaaq ahaan ayay u raad gurayaan, hablihiina dhaygag ahaan u nabad gelyeynayaan!

Muddo markii ay inamadii sii raacdo ahaayeen ayay maalin labaaddii ku soo baxeen oo heleen halihii ka lumay ee ay baadidoonkooda ahaayeen. Dib ayay u soo uleeyeen, una soo uleen (kaxeeyeen). Habeenkii dambe, ayay ku soo beegmeen tuurtii habluhu ri'yaha ku haysteen. Xiise badan ayaa ka dhashay layaabkii ay hablaha midkood kala kulmeen iyo sidii xigmadda miidhan ahayd ee ay u tilmaantay yaboohdii halaha hallaabayna ay uga falcelisey. Waxa ay inamadu isku raaceen in caawa lagu sii hakado, laguna sii dhaxo oo loo hoydo hablahaas, si looga sii bogto oo warar iyo wacaalo dheeraad ah looga sii ogaado, la isuna sii barto.

Hablihii ayay goor fiid ah oo dambe ka soo dul degeen, una soo hoydeen. Waa marti goor xun socota. Waa hablo haysta adhi xawawar ah oo ri'yo keliya ka kooban. Biyo waxa u ah caanaha ri'yaha iyo moqoraysiga dhirta ee maalintii. Raashin dab la saaro iyo oomaati kale ha soo hadal qaadin oo isma haweystaan. Marka la eego hiddaha iyo dhaqanka Soomaalida ee martisoorka, hilibka ri'yuhu kuma wanaagsana sooryada iyo u loogidda martida, siiba ragga, gaar ahaan xaaladdan oo kale marka arrintu dhex taallo hablo gashaantimo ah oo calaf-doon ah, martina loo yahay iyo inamo barbaarro ah oo iyana guurdoon ah oo iyaga u marti ah. Hilib idaad, siiba wan yar oo bacbac ah, ayaa maanta oo kale habboonaan lahaa! Ma hawl yara, Allaa se sahli. Waxaas oo dhan ayaa hablaha hareero yaalla, dareen iyo daymo fogna ay u leeyihiin. Dani se waa seeto, ceeb ma yeelato. Ri'dii ugu macayd, ugu tayada roonayd ri'yaha—jiidh iyo jibaad ahaan—ayaa dhegta dhiigga loo darayaa. Dab ayaa la shidayaa. Dhamac ayaa ka dhacaysa. Hog ay si farshaxan ah habluhu u habraac iyo habayn qodeen ayay dhamacdii dhigayaan, hilibkiina ku huurinayaan—hogeyn ahaan. Marka uu bislaado ee uu muudh-muudho, farahana kala raaco ayaa inantii labaad ee maalintii hore markii inamadu baadidoonka ahaayeen aamusnayd, waxa ay qaadaysaa hilibka waaxyihiisii, sarartii, maydhaqii, sakaarkii iyo garbihiisii oo si wanaagsan loo hogeeyey.

Nimankii martida ahaa oo ardaa guriga ka go'an diihaal iyo daal ugu kala dhacay oo hurda, ayay toosinaysaa oo ku odhanysaa, salaan ka dib:

'Hilibkan goor dambaan idiin sidaa oo rag la'aan baa leh; waa hilib ri'yaad oo ido la'aan baa leh; waana la soo hogeeyey oo biyo la'aan baa leh; ee iska calfada oo shifo ku af saara, sharna idiin ma leh'!

Inantii bay u mahad celiyeen oo hilibkii feyl feyleen, cuneen oo dabadeedna gataati ciireen. Subaxdiina iyaga oo la yaabban wacdaraha iyo mahadhada kale ee inantii labaadna ku dhigtay ayay halahoodii sii kaxaysteen. Markii ay tuldihii guryo geeyeen ee muddo nasteen, ayay bilaabeen in ay hablihii dib u haybiyaan oo raadiyaan. Wakhti yar ka dib way soo heleen, waanay dooneen oo waxa ay kala guursadeen labadii hablood, gabbaati iyo geelna ka bixiyeen.

Hablihii Heerinka Ahaa

Dhaqanka Soomaalida waxa ka mid ah in ay habluhu hore ama yaraan ku aqal galaan ama u guriyeystaan. Inanta calafkeedu hore u soo mur-bixi waayaa waxa ay hore uga tabaabulshaysataa in ay guumaysnimo ku dhacdo. *Guumays la nacay; geel xero ka didis!* Gedaha soddonkaba haddii ay inantu cagacagayso inta badan isha raggu way ka lali jirtey gu'geeda awgiis, inta badanna way guur seegi jirtey. Si haddaba aanay taasi u dhicin waxaa dhaqanka ka mid ahaa heerinka hablaha oo macnihiisu yahay in habluhu degmadooda ka dhuyaalaan, una heermaan oo u doolaalo tagaan degmo kale, u rag doontaan; dabcan gaabsi ma aha ee rag guursada.

Waxa kale oo soojireenka dhaqanka ka mid ahaa in hablaha soo heerma ee degmo ku soo eerta ama hirta aan hungo qaawan iyo fara madhnaan lagu dirin ee tii u qalanta la guursado, waayo ragguba waanay heermi jirine waxa ay yeeshaan nin doobnimo ku gaamura oo rambasa iyo guun baadh u bixi waayo oo hablaha degaankiisu dhabarka u soo jeediyaan, kana guri waayaan oo halkaas ku guur seega laftiisu haddii aanu ka diyaar garoobin ama si uun aanu isu daba qabatayn.

Beri baa haddaba saddex hablood degmo ka soo heermeen, una soo galeen degmo kale. Safarka ay soo galeen wuu dheeraa oo dhib badnaa. Oon, surmi, iyo diihaalna way ku xoonsan yihiin, daalka iyo rafaadka ay qabaanna diifta guudkooda ayaa laga arki karaa oo ay ka muuqdaan. Martisoorka iyo soo dhoweyntu waa isir-weyne ku milan dhaqanka Soomaalida. Ma dhacdo in la la naf qaybsan waayo qof goolmoon oo diihaal ama diilalyo hayso oo gurigaaga eerasho keentay. Loogista ama shidhaynta neef adhi ahi waa u sooryo wanaagsan martida, waana u saruurad reebis habboon reerka ay habluhu soo dul degeen. Tuhun kuma jiro in habluhu heerin yihiin, degmada ay yimaaddeenna ma doobab la'a!

Intii hilibka sooryada ahi dhardhaarrada saarnaa ayaa warka la isgalaa-bixiyey oo la isu tebiyey in hablo heerin ahi guryaha joogaan. *Jannaa dagatay!* Hablaha soo heermaa ma kharash iyo hawl badna. In yarad laga bixiyaa khasab ma aha, waase laga bixiyaa marka caaqiibo reeb wacan iyo dareen xidid la madhaxsanayo. Kolleyba waxa ay ka fudud yihiin in badan hablaha la doono ee loo geed fadhiisto ama kuwa la la haasaawe baxo ama la dhabar garaaco dirkaba.

Doobkii degmadu dabkuu soo wada kulaalayaa. Dabkuu soo wada uunsanayaa. Siniintuu sanka la soo raacayaa, una soo uraysa! Sida duqsigu wedkii baa galaye uu fuudka kulul ugu dabbaasho looguma dhaco hablaha ee waa la iska shirrabaa; bilkeedaa, oo sidii god dad liq ah ul baa lagu gun baadhaa sida geenyada fardood inta aan guudka lagaga dullaalin.

Xaaladdan oo kale naqwada ama naqaysigu waa muhiim. Nimaanad saacad ku baran sannad kuma baratid. Waa in saacado gudahood lagu dersaa, lagu bartaa kartida iyo aqoonta saddexda hablood ee heerinka ah ee buul-cawskii hablaha haweenka la jooga. Waa in hal-xidh la sameeyaa lagu kala saarayo naqaysiga iyo kala xulista hablahan durbaanka ilaaqtan walwaalaya ee heerinka ah. Waa in imtixaan la gesho loo diyaariyaa. Soorta iyo sida loo dhaqmo marka la cunayo ama la sugayo cuniddeeda soohdimo iyo xeerar aan la dhaafi karin ayay ku leedahay dhaqanka Soomaalida oo ka yaalla. Hamuun gorayada iyo sugid la'aantu waa astaamo la isugu gabyo, la isku xujeeyo, raadreebna ka hadho. Waa arrin u dhaxaysa rag iyo dumarba. Haddeerse xujadu waxa ay ku mudan tahay hablahan heerinka ah, waana hilbaha dheriga karkaraya ku jira iyo diihaalka gaajo ee iyaga haya!

Guri gaar hablaha u ah, kelidoodna looga tegayo ayaa loogu geynayaa hilibkii oo xeedho xujaysan ku daboolan oo kulayl la karaya, qiiquna cirka ku milaalan yahay. *Xabaal iyo ninkeed loo kala teg!* Hablo u kuurgala ayaase muska u gelaya oo dhegaysanaya sida ay hilibkaas kulul hablaha heerinka ah ee gaajoonayaa ula macaamilaan. Sidii filitaankuba ahaa markiiba waxaa muran ka dhex oogmayaa hablihii oo midkoodba si u arkayso sidii hilibka loo farsamaysan lahaa loona qaboojin lahaa, loogana haagi lahaa; fara qabsan lahaa. Murtidan mahadhada ah ayaa hablahaas laga reebay:

Ha qaboobee qabo weyn ku rid
Koran maynne horow kala goo
Naa ha karfafee korka dhig!

Waxaa hablaha middood odhanaysaa: Naa haantaas qabada ah ee biyaha ku rid ha inoo qaboobo'e!

Tii labaadna: Naa sugi kari maynnee dhakhso u kala gooya!

Inantii saddexaadna: Naa ha qaboobee kala kor qaadqaada, oo hawadu ha martee u yara coogcooga oo suga!

Imtixaankii la qaad, waxaana loo geeyey macallimiintii sixi lahayd oo rag iyo dumarba ka kooban.

Imtixaankii la saxyey judhiiba oo qalin guduudan lagu boobyey. Labada hablood ee hore ta hilibka haanta ku riddey iyo ta sugi waydey ee mindida la dhacday, labaduba way ku hoobteen gunnadii xujaysnayd, waxa ayna kala heleen sida ay u kala horreeyaan natiijooyinka kala ah:

- Dheg weynnimo ama doqon micidu taako dherer le'eg tahay, iyo
- Hamuun gorayaley aan waxba sugayn, samirna lahayn oo ah ta labaad, iyo
- Inanta Saddexaad ee qaboojisay, hawada marisay ee kartidii iyo hufnaantii sugitaanka yeelatay co ay qaadday koob dahab ah, waxa ayna noqotay in raggii degmadu iyada kelideed u cugtamaan oo isku garbiyaan. Halkii baanay iyadu dookheeda ka ciyaartay, kuna reeraysatay!

Guullaalaa la wada yidhi, barbaarkii guddoon yidhi, guurkeeda hanan laa! Laye guud-haldhaaley garangarisay laafyaha! Gelbiskiina waa u dhacay!

Kabo Calaf

Kabo Calaf waxa uu ahaa, baa la yidhi, nin aan gole joog lahayn. Cago balballaadhan oo gaagaaban oo kuwa geela u eg ayaa u dheeraa foolxumadiisa kale ee lagu tilmaamo. Kabo cagba cag ah oo isaga u gaar ah oo ay geela kala beddelan karaan ayuu tolan jirey. Waxa uu gu'giisu gaadhey heerkii guunnimada. Waxa uu go'doon ka noqday oo ka takoormay golayaashii iyo ardaayadii hasaawaha iyo kaftanka ee dhallinyaradu hablo iyo inammaba ku caweeyaan. Ardaaga iyo golaha geela ayuu qabatimay, waxaanu wehel ka dhigtay raamsiga geela.

Maalin maalmaha ka mid ah, ayaa wiil ay Kabo Calaf geela wada raaci jireen gashaanti uu la haasaawi jirey kula soo ballamay inay caawa raacdo oo uu la baxo, si ay isu guursadaan. Sida dhaqanka Soomaalidu ahaa marka inanta lala baxayo waa in ugu yaraan laba nin inanta raacaan. Ninka guursanaya iyo nin kale oo weheliya ayay inta badan ahaan jirtey. Ceeb ayay ahayd in wiil iyo gabadh isu geyaan ahi isku keliyeystaan oo israacaan inta aanu meher isugu dhicin. Inankii inanta doonayey inuu masaafaysto Kabo Calaf ayuu ka codsaday in uu inanta la sii kaxeeyo. Masaafaynta waxaa loola jeedaa in inanta laga fogeeyo halka uu Weligeedu joogo, loona geeyo wadaad meel kale ku meheriya. Arrintani diinta meel kuma laha, dhaqanse weeye Soomaalidu ay leedahay. Waxaa kale oo dhaqan ahayd in inanta mararka qaar la khasbo oo wax *dhabar garaac* la yidhaahdo lagula kaco, dhawr ninna hawshaas ka qayb qaataan.

Habeennimadkii caweys dambe markii xoolaha la

maalay ee la seexday, ayay geedkii ballantu ahayd inantii isa soo malluugtey oo isa soo ag taagtey, Kabo Calaf iyo inankiina ugu yimaaddeen. Waa arrin dabiici ah in had iyo goor ninka caruuska raacaya ee kaaliyaha u ahi aanu noqon nin caruuska ka toolmoon xagga muuqa iyo ilqabatinka. Sida caruusadduba uga qurux badnaato malxiisaddeeda waa in caruuskuna uga bursanaadaa xagga aragtida isha malxiiskiisa. Sidaas darteed inanta isheedu markiiba way ka lashay Kabo Calaf oo waxa ay isku yuubtey ninkii ay sheekadu u xidhnayd. Kabo Calaf laftiisa waxaa ku fillaatay in uu caawa gabadh la guursanayo oo lala baxay malxiis ama gacan-yare ka yahay.

Fadalkaa la wada guray. Habeenkii oo dhan ayaa fool loo sii jeedey. Habeen badhkii ayaa dayax soo mir kacay sii tabantaabiyey oo caddo niidhi ah ifkeeda arlada ugu wada galaalay. Toobiye hallaasi ah ayay cagta saarayaan. Sheekada ayaa la wada dhubbad qaadayaa. Si socodka dheer la isku illowsiiyo waa la kaftamayaa, la isu duur-xulayaa oo irmaantaa la isqaadayaa, gabadhana waa la xifaalaynayaa si loo gun raaco dul-qaadkeeda, aqoonteeda, kartideeda, iyo aftahannimadeeda. Iyadu ma hadal badna oo erey fargeeto laga soo qufay afkeeda oo keliya ayaa dibnaheeda ka soo baxaya. Kabo Calaf laftiisu wuu ka hadal yar yahay, kana erey iyo odhaah urursan yahay halyeyga inanta la soo baxay oo ah nin daldalan iyo yulqan badan oo hadba meel isku taaraya. Wuu faan iyo fatoosh badan yahay, lamase hubo wax ka jira wixiisa iyo wax u sii hooseeya toonna, Kabo Calaf se wuu ka dareen qabaa in saaxiibkii aanu garashada ku dheerayn, waayo waa rag isyaqaan tan iyo dhallaannimadoodii.

Ruux iyo geed markii la kala gartay ee waagu garays furtay

ee galac yidhi ayaa laga dhammaaday dhulkii khatarta ahaa ee gabadha reerkoodu degaan ahaan soo joogey. Arladu hadda ammaan ayay u muuqataa. Xawaarihii socodka ayaa la dhimayaa. Daalka waxaa u dheer safraddii aroornimo iyo harraadka dhulka oommanaha kulul lagu yaqaan habeen iyo dharaarba. Xaaladdan oo kale marka hablaha lala baxayo oo had iyo goorna ku beegan xilliga naqa ee gu'ga ama dayreed lama sii qaato wax sahay ama kayd ah, waayo waxaa la isu muujinayaa, la iska dhigayaa, dad aan socoto dheer gelayn oo degmada tamashle ahaan iska dhex mushmushaaxaya.

Waxoogaa hal rabbac ah markii la sii kallahaad rucleeyey, libdhadiina (qorraxdiina) godkeeda ka soo ruqaansi gurguuratey ee hinqasho ahaan ka soo booddey, welina aanay carcartii kulaylkeeda galka ka soo wada siibin, ayay inantii tallaabadeedii inta ay lugteeda hakiso inammadii oo fayga kabaheeda ka faana horreeya ku odhanaysaa: "Waaryaadhaheen aynu afka wax ku dhufanno; wax safradda inaga jebiya cunno."

Inankii caruusnimada u miciyo-lisanayey ayaa hadalkii hororsanaya oo odhanaya: "Waar naagtu maxay ku hadlaysaa! Xaggee cuntadu joogtaa hayjad gabaahiir ah ayaynu soconnaa, waana faro madhanahaye, sidee bay ka noqotay inanta!"

Kabo Calaf oo dhoollo caddayn la muunsoonaya, ayaa ku faxaaxsanaya hadalka oo si kooban u odhanaya: "Waar waxa ay inantu u jeeddaa, aynu cadayanno!"

Cadaygu waa muhiim dhaqanka Soomaalida, waxaana laga dhigtaa oomaati marka aan wax kale la hayn ee dherigu madhan yahay. Hanka ayaa cadaygu sooraa oo nadiifintiisa ilkaha ayaa iimaanku ku kordhaa. *Iimaan Allaa uur buuxsha* iyo *waa la doogiye yaan la dacaroon*, ayaa la weheshadaa oo dabeeto lagu qadaa.

Hadalka inantu sarbeeb iyo hal-xidhaale ayuu ahaa, waxana isha farta ka geliyey oo ishaas godankeeda hoos u sii raacay oo xadhiggiina furay ninkii Kabo Calaf ee guunka ahaa. Saddex caday dhirtii laga goosey oo si hufan loogu ilko caddaysey. Waxaa Cabbaar la sii dhex qaadayaa dhul cidla' ciirsila' ah oo wada dhir kala nooc ah oo udug, ugbaad, iyo ilwaadba leh, ugaadh kala cayn ah oo ishu gacalo daymoonayso iyo shimbiro midiba caynad gooni ah codkeedu yahay oo dhegtu ku raaxaysanayso leh. Dhulkaasi waa wada ramaas iyo rays marka maajeenta dharabku aroortii ka kaco cagtu ay sidii kabo buush ah ku raaxaysanayso macaansi darteed.

Barqo dheer oo kulul kolkii ay ahayd (hadh-soo-korkii) ayay hadh gelayaan geed hadhac ah oo hoostiisu xalan tahay, xareedina mulacyeysey docihiisa laba caano-maal ka hor. Wax yar markii la fadhiyey ayay inantii dalab kale la hinqanaysaa. Waxa ay odhanaysaa: "Waar ina nasiya!"

Kabo Calaf ma aha sidiisaba nin degdega. Waa nin hadalka hojiya oo dalabka inanta waxaa uu ka quuddarreeyaa in uu ka jawaabo ninka uu gacan-yaraha u yahay ee inanta la soo baxay. Markan waa in uu istiilaa ninkaasi. Waxaa uu doonayaa in uu kubbadda goolka qummaati ugu hubsado oo shebekedda ama shabaqa ku ruxo. Waxaa uu iskula faqayaa in aanay dhalinta goolku u seegin sidii tii hore oo kale. Laabta ayuu ku soo qaaday, lugtana wuu ka saaray oo inta uu ka fekerey yidhi: "Bal daya waxa ay ku hadlayso! Waynu fadhinaa oo nasasho kale ma maqnee, ma waxa ay u jeeddaa aynu seex seexanno!"

Aynu seexanno! Haamadda ayaa inantii duntey! Laab dillaac iyo yalaalugo weynaa! *Fanto ku dishey oo furuq kaaga soo qaad*, ayay hoos u sii odhanaysaa. Kabo Calafna aragyey murugada ku meersan qalbiga inanta iyo sida uu saaxiibkii u darjiidhayo! Hayeeshee waa in uu mar kale jawaabaa, inantana mahadhada ka maydhaa.

Kabo Calaf: "Aynu nasanno marka la fadhiyo waxaa looga jeedaa kabaha aan iska bixinno."

Farxad guuli keentay iyo libin seeg la wada yaalla darteed ayay gabadhii si marna godan, marna kacsan isula gaabinaysaa, neef tuur weyn oo labada dul ee sankeeda dib iyo hore galaa-baxaya, iyadoo afka isku haysa, ilkahana isgelinaysa!

Casar dheer markii kulkii cadceeddu yara jabay ayaa la sara joogsadey. Kabihii baa la illaday oo cidhibtaa lagu dhufanayaa, si ay u geyoodaan oo qorraxdu marka ay godkeeda liiqa ama baallaha dhigato ugu beegmi karaan oo gaadhaan halkii ay abbaarta addinkoodu ku aaddanayd. Cabbaar markii la sii galab carraabayey, ayay inantii mar saddexaad geddeedii la soo noqotay oo nimankii la soo tegey ku odhanaysaa: "Waaryaadha waa inammada bal eega beel baa ii muuqata'e ma ila aragtaan."

"Waa wadheedii, wacdaraheedii iyo waxeedii xilka lahaa!" Ayuu naftiisa hoos ugula faqayaa aroos iyo alalag doonihii inanta la soo baxay ee labada goor ee horena goobta wadhida iyo waqdu ka raacday ee ku foos burburay. Cidi ka neefin mayso oo waxa uu noqday waddo halaq mareen. Jawaab ayaa isaga ugu horrayn looga fadhiyaa. Ninka loo gol leeyahayna isagaa isgaran kara. Wuu yara aamusay oo si durugsan u eegay halkii ay inantu bidhaanta beesha ku sheegaysey. Wuu eegey oo haddana inta uu labada suul ku cidhba taagsadey eegay oo eegay oo haddana eegay! Markii ay indhihiisu wax aragti ah iyo bidhaan gaadhi waayeen, ayuu fekerey; hoos u hogtey oo maskaxda iyo madaxiisa tuujiyey oo fekerey oo haddana fekerey! Aamus yar; afdhabaandhab iyo lix indhood oo isku soo mutuxan oo isdeydeyaya!

Ninka inanta la soo baxay ee xujada la guud furay wuu ka dheer yahay habdhis ahaan Kabo Calaf iyo inanta bidhaanta arkaysaba. Taas ayaa iyana imtixaan kale ah. Aakhirkii dambe markii uu arkay in kubbadda looga baxay, ayuu ku tiraabayaa weedho geed guudkiis saaran oo samada ka soo deldelan: "Beesha dhan ee aniga oo labadiinnaba ka madax taagani aan arki waayey ee gabadhani bidhaanteeda sheegayso bal Kabo Calafoow wax nala tus, waxna noo laabane, adiga ma kuu muuqataa?!"

Ka daryoo dibi dhal! Inantii ayaa cindigeeda kula shawreysa inta ay quus ahaan doobi candhuuf ah qallayl dib ugu liqdo. Kabo Calaf laftiisu aqoonsey in saaxiibkii ciidda cunayo oo geriyaad jafayo, laf cadna toobin ku hayo! Hayeeshee waa in uu Kabo Calaf libinta ku geeraaraa oo guusha dhammaystirtaa.

Kabo Calaf: "Inantu adeentidaas (bidhaantaas) ay aragtay oo haad ah, tukena horseed u yahay ayaa macnaheedu yahay in degaankii beeshuna bidhaantooda ku sii xigo oo uu ka yara dambeeyo uun. Haddii haad ama raad la arko, beelna la arag weeye macnaha ay inantu u gol leedahay!"

Socod laba lugoodin ah ayay rabbaasayeen oo iyadoo aanu weli hadalkii go'in oo la sii daba gurayo, xaajadduna ka dhabaqsan tahay labadii lammaane ee abuurka iniinta cishqiga biqlinteeda bannaannada u soo guura bahalleeyey, ayay isa soo malluugaysaa oo mudh soo odhanayaa bidhaantii geela, ka dibna lo'da, adhiga, maqasha, aqalladii, iyo muuqii dadku.

Muuqa iyo aragtida geelu waa muhiim dhaqanka Soomaalida. Sumaddiisu waa baadisooc tilmaanta oo hagta qofka cusub ee degaan beeleed dibadda ka soo gala, ahna qof dad, dal, iyo duunyo yaqaan ah. Waa degmadii ay ku soo talagaleen ee fayga kabahoodu ku toosnaayeen. Kabo Calaf markiiba waxa uu garanayaa sumadda geelii ugu soo horreeyey geelasha beesha. Kabo Calaf: "Waa geeli reer hebel, weliba waxa baadisoocdaa iska leh Ba' Ceebla'. Waa bahdii weynayd ee Reer Muxumed. Annaga iyo Ba' Ceebli saddex oday ayaannu kala tirsannaa." Inanta ayuu barayaa. Waa dad iswada yaqaanna. Markiiba waxa ay ku biireen degmadii. Feedhaha iyo uurka ayaa la iska gartaa: Labada barbaar ee wada daadihinaya ama gelbinaya inanta gashaantida ah ee timaha tidcan ee marada baftada ah ee saddex qaydda ahi daba, hor iyo hareero hooshaarayso!

Way la soo baxeen.

Waa dareenkii degmadu isla dhex martay markiiba—yar iyo weyn; carruur iyo cirroole, rag iyo dumar.

Ardaa guriga Ba' Ceebla' ka go'an ayaa markiiba la qurxiyey; la xardhay oo la dadbay. Laba wan ayaa adhiga laga soo saaray oo dhegta dhiigga loo daray. Shiikhii degmada ayaa la war geliyey oo kutubtiisii garabka soo sudhay. Raggii degmadu waxa ay badi kulaalayaan ardaagii caruuska iyo malxiiskiisa. Bilis xaawaley oo dhami caawa waa wada aroos. Waxa ay sidii lo' geed damal ah hadh gashay wada dul gabran yihiin oo ag hoganayaan gashaantidii degmada soo gashay. "Naa tolow kee bay wada socdaan oo la soo tegey; ma ka dheer ee jalaqsan, mise ka gaaban ee sida dameeraha u kuurkuursanaya?!" Waxa ay ka mid ahaayeen su'aalihii ku soo noqnoqonayey madaxa iyo maanka haweenkii caruusadda hareero dhoobnaa.

Sooryadii la walwaalyey oo la walaandee oo sidii waraabe neef helay lagu wada wishiirri, saarkii saruuraddu ku raagteyna rag iyo dumarba ka soo deg. Aad baa looga faa'iidaystaa munaasibaddan oo kale xilliga loogitaanka. Hadal maxaa hadhay oo la isyidhaahdaa. Biyo iyo hadalba meel godan iyo guntay badi ku ururaan. Waa in wadaadku kutubtiisa kala furaa oo meher labada lammaane u guntaa. Waa heshiiskii mas'uuliyadda iyo mustaqbalka labadooda, waana in uu Shiikhu labadoodaba afti iyo erey dhab ah afkooda ka wada qaadaa.

Giirooy dabadaa i giigii leh.

Taasi waxa ay ka turjumaysaa dareenka gudaha shishe ee caruus isu dhigaha. Xilalka cusub ee kaabiga ku soo haya ee naftiisa soo kulaalaya, waxaa kaga xajiin badan guuldarrooyinkii saddexda ka koobnaa ee ilaa saaka barqadii u kala dambeeyey ee sida darandoorriga ah ay gabadhu ula dhacday. Hayeeshee kelyo adaygii ina-rageedka Soomaaliga geeljiraha ah lagu yiqiin ayuu miciin bidayaa, waxaanu raagsanayaa oo la fog inta meherku ka dhacayo. Hamuuntii raashinka waxaa hadda agtiisa kaga xoog badan hamuuntaas weyn ee kale!

Isna soo galaydhyee, iyadana talow go'an.

Waa dareenkii docda kale iyo inanta sidii neef shidho ah caawa shillalka (kawaanka) taalla ee birtu saaran tahay. Waxaa qalbiga iyo maankeeda ku dhacay baro madmadow iyo dhalandoorsan aragtiyeed, una kala dambeeyey ilaa saaka barqadii. Saddexdii hog-seeg ee inanku ku sinbiriirixdey, Kabo Calafna ku dul leexaystay, ayaa saamayn weyn ku raadeeyey qaradkii iyo muraadkeedii ay u socotey! Waxa ay ogaatey in ninka ay guursiga ula socotaa agnaan ka yahay oo gebi bannaan ka fadhiyo dhinaca garaadka, garashada, aqoonta iyo sarbeebta, duur-xulka iyo xeeldheerida nolosha oo dhan dhur iyo dhaqanba. Quruxdiisa ayaa soo hoddey, iminkase in uu ku qado ayay qabtaa!

Tolow maxay samayn doontaa?

Miyay iska calafsan nasiibkeeda?

Miyay diidi?

Haddii ay diiddo miyaanay ka yaabayn in la dhabar gaari karo oo la jujuubi karo oo bil khasab loogu naagayn karo sida in badan meelo badan ka dhacda Soomaalida dhexdeeda!! Dheg weyn ma aha oo waxaas oo dhan way ka dheregsan tahay; si wanaagsan ayay xaaladdan oo kale ula socotaa axmaqnimada, arxandarrada, cadowtinnimada, naxariis la'aanta, anaaninimada, xaaduqnimada, iyo bahalnimada ragga Soomaalida tin iyo cidhib, kor iyo kal, sir iyo caad, tab iyo xeel intooda badan ku lammaan.

Goblan talo adduunyooy!

Markii shiikha iyo shuhuuddii u yimaaddeen, ayaa gabadhii oo shuurinaysa, geesinnimo iyo isku kalsoonaan buuxdaana ka soo ifayaan dareen ahaan shakhsiyaddeeda, la weydiinayaa ninka la soo baxay magaciisa iyo waxa ay isla meel dhigeen ee heshiiskoodu ku xidhmayo—meher ahaan.

Waa Isma-gaba oo waxa ay shiikhii iyo shuhuuddiiba u sheegtay in ay markii hore guur ahaan u soo raacday inankaas ka soo horjeeda ee Kabo Calaf feedhiisa midig fadhiya, hase yeeshee in ay hadda taas ka noqotay oo ay tahay calaacal timo ka soo baxeen in ay gogol la seexato, gurina la wadaagto. Waxa ay sii raacisay intaas in qaradkii guursigeeda aanay isaga dib uga laabanayn! Yaab iyo amankaag, argaggax iyo lama-arag! "Waxa aan guursanayaa oo aan doonayaa in Kabo Calaf la ii meheriyo! Waa kaas go'aankaygu, waan guddoonsadey tashiga oo ka noqosho ma leh." Ayay ku nuuxnuuxsanaysaa iyada oo marna kor eegaysa, marna hoos, dabadeedna labada docood baalla daymoonaysa, weedhaheedana kulayl ka muuqdo!

Inankii inanta la soo baxay ee golxobtiisa soofaysanayey cadhuu daadaamayaa. Wuu ismadax iyo minjaba marayaa, xiniinyuhuna dhabarka ayay u wareegayaan! Kabo Calafna riyo dhiifi keentay iyo run buu u kala saari waayayaa waxa dhacaya. In uu hadrayo ama soo jeedka ku riyoonayo ayuu moodayaa. Halka saaxiibkii werwerka iyo walbahaarku gabagabaynayaan, isaga raynrayn iyo riyaaq ayaa halbowlayaashiisa dhiiggu farriin ahaan wadnihiisa ugu tebinayaan! Waa ciyaar ninba cayn u tumayaa.

Aamusnaan, af-kala-qaad iyo isdhawr-dhawris ka dib, Shiikhii oo dheygagsan, haddana iska afgobaadsanaya ayaa odhanaya: "Waa hawraarsan iyo hadal wanaagsan oo taas garannay. Hayeeshee bal noo sababee halka sartu ka qudhuntay, salaadduna ka xidhmi weydey!"

Sababtu ma adka. Waxa ay dabada uga gashay oo u duddubisay, sidii suurad Qur'aan ah oo dusha in ay ka soo xafiddo loogu diray, wixii ilaa saaka barqadii iyo ilaa galabta casarkii gaabnaa soo dhacayey ee dhex marayey iyada iyo labada nin ee hadda isxaal weydaartey.

Shib iyo Shaamarreer!

Sanqadh la'aan; juuq iyo jaaqla'! indho isku soo wada yuuban, isna eegaya oo keliya!

Jabaqla'!

Faallo la'aan.

Faaqidaad la'aan.

Falanqayn iyo faahfaahin la'aan.

Kabo Calaf calanku u taagan; Soomaalidu ha noolaato! Allow-naxariisey noolaa oo cosobsey, kana raysey ardaagii geela. Saaxiibkiina gabbalku u dhac oo goobta guurseeg ku haleelyey, dabkiina ka gamaaryey oo ka bakhti, calankii u taagnaana ka dhacyey sidii keligiitaliye laga gol roonaaday oo dadkiisii ka ilbaxay, kuna kaceen oo ka qabsadeen malkadii uu fadhiyi jirey. Inantiina meher wanaagsan u dhacyey oo indhakuulatay, cosobsatay oo daalkii iyo dekaankii raaxo doob ku beddelatey. Ina-rag quruxdiisu waa ragannimadiisa, ragannimaanay qurux ka raacday! Beeshiina u ciyaartay oo saarkii laga tunyey, sanqaallihii iyada ay saygeeda cusubi isku mar tuure oo hawada u dire. Gari laba nin kama wada qosliso! Aroosna lagama raago, lagumana raago.

Arraweelo iyo Oday Biiqay

Dumar la soo qaadyaaba Arraweelo isa soo maqiiqday. Waxa ay ahayd baa la yidhi boqorad badraaniyad ah oo ragga dhufaanta oo mukurisa, hal-xidhaaleyaalna dadka ku xidhxidhata. Raggii arlada xilligeedii ku noolaa xiniinyaha ayay ka wada siibtey, marka laga reebo nin da' ahaa oo Oday Biiqay la odhan jiray.

Oday Biiqay waxa uu galay xidhka iyo kaymaha si uu uga nabad galo masiibada Arraweelo. Oday biiqay waxa uu noqday ninka soo furdaamiya ee soo furfura xadhkaha ay Arraweelo soo tidicdo ee hal-xidhaaleyaasheeda. Wuxuu kale oo noqday sababtii soo dedejisey jabitaankeedii iyo dalluun u raaridkeediiba—dhimashadeedii.

Wax ubad ah gabadh ayay Arraweelo dhashay, baa la yidhaahdaa. Waxa ay ahayd curaddeedii iyo guri dambaysteedii labadaba. Waxa ay ahayd, baa la tilmaamaa, inantii ay Arraweelo iyo ina-rag isku seegeen markii ay uurkeeda yeelatay ee xilligii wallaceeda ragguba u soo bannafay, u soo uray ee ay nacday, colaadda aan dhammaadka lahayna u sii qaadday! Ina Arraweelo inan qurux badan bay ahayd, nin la'aan ay hooyadeed u sabab tahay ayaase haleeshay. Muddo ka dib iyada oo Arraweelo ka dareen qabta in arlada nin qoodh ahi joogo, yahayna ninka soo fura masalooyinkeeda, ayay Oday Biiqay iyo Ina Arraweelo is-helayaan, isna guursanayaan. Wiil baa Alle ka dhex beerayaa, Arraweelana markii uurka inanteedu soo baxayba ogaatey. Ina Arraweelo waxa ay inankeeda yar kala baxsanaysaa birtii dhufaanitaanka ayeydii ee aan jixinjixa lahayn ee arxanka darnayd. Aakhirkiina waa lagu kacayaa Arraweelo oo dumarkii baa ka gadooda rag la'aanta ay ku garbaduubayso, dabeetana kacdoon ka dhan ah samaynaya, waxana sheeko xariirtu tibaaxdaa in inankii ay ayeeyada u ahayd uu ka takhalusay, lana wareegey dhaxaltooyadii boqortooyadeeda.

Hal-xidhaaleyaashii Arraweelo ay dadka ku xujeyn jirtey, Oday Biiqayna ka daba furi jirey, waxaa ka mid ahaa:

Arraweelo: Ha la ii keeno awr reeryaysan oo rar saaran yahay, wax xadhko ahna aan lagu ogeyn.

Ma aha masalo fudud. Sidee loo rari karaa awr, iyada oo aan xadhig loo adeegsan! Oday Biiqay oo ahaa rugta tixraaca loogu noqdo, kayntana lagu dhaqaaleeyo waa in loo tagaa oo talo la weydiiyaa.

Oday Biiqay: Ha la soo qabto awr rarey ah oo caddaysimo ah. Ha la geeyo balli biyo galeen ah oo biyihii markaas ka gudheen, weli se ay ka buuxaan dhooqadii iyo ligiskii biyuhu. Balligaas awrka dhex fadhiisiya oo ha ku gelgelimaysto. Marka dhooqadu dushiisa sida maraboobta ugu dhegto, soo gura midhaha geedka kariireyda loo yaqaan oo ku dul nabnaba awrka dushiisa. Heeryadiisii way u dhan tahay awrka iyada oo aan xadhko lahayn ee kiciya, una geeya habarta waalan ee dadkii iyo dhulkiiba fasahaadinaysa!

Arraweelo: Yaa yidhi arrintan rag qoodh ahi kama soo arrimin, weliba oday uma gacan gelin! Haddeer ha la ila soo gaadho harag labada dhinacba dhogor ku leh!

Oday Biiqay: Dheg dameereed la kaalaya oo u geeya wadaadda wareersan, iyadaa labada dhinacba dhogor ku yeelata'e.

Arraweelo: [Ciil iyo cadho cirkaas isku shareertay oo is madax martay!] Waxa aan doonayaa in la ii keeno si dhakhso ah: dhig-dhexo dhererkeedu le'eg yahay dhererka qaanso roobaadda!

'Hadday weyntoo Warsame yimid iyo weger iyo ka waasacan, tani waa ka waaweyn.' Ayaa la yidhi. Waa in Odaygii imtixaankanna loola tagaa, waxna laga soo weydiiyaa.

Oday Biiqay: [Qosol yar] Islaan dawakhsan weeye. Adeer waxa aad ku tidhaahdaan, keen adigu udub aannu dhigdhexadaas ku soo cabbirno!'

Arraweelo mar kasta oo meselo la soo furaba cadho ayay dellegmi jirtey, waxanay ku ciil belbeshaa oo tidhaahdaa: "Yaa yidhi dunida kuma noola rag taliyaa, yaab iyo yaabka yaabkiis! Wallee oday gawsa weyne ah ayaa soo fura garkii aan xidhaba, Weger! Arraweelo la ima yidhaahdo haddii aan laga sheekayn, ma anaa halis la ii hadoodilaa!" Shakigeedii ayaa rumoobey! Waana tii Ina Oday Biiqaygii yaraa ee ay ayeeyada u ahayd af-gembiga ku sameeyey ee ka takhallusay.

Miido iyo Muuse

Nin guur la'aan ku gaboobey oo guun ah, geelna raaca ayaa la sheekaysanaya gabadh qudheedu gashaantinnimo ku raagtey oo hablo-weyn ah. Galabnimadii gashaantida oo awr carraabinaysaa ayay guunka kula kulmaysaa meel aan ka fogayn kambalka reerkooda. Sheeko ayaa dhex maraysa oo ay kaftan iyo haasaawe ku dhubbad qaadayaan, waana la ballamayaa. Markii uu geela soo lisay ee dhabanka dhulka la dhigay ka dib, ayuu isa soo hor malluugayaa muscirirtii buulka gabadhu ku jirtey oo lahaa mus iyo dhacan adag oo ku oodan, dhayalna aan loogu gudbi karayn. Xujooyin iyo sarbeebo ku gadaaman oo la isku xidhayo, la isna dhaafsanayo ka dib, waxaa u suurtagelaysa ninkii guurdoonka ahaa in uu ooddii jebiyo oo gaaddada ku soo qaato, lana kulmo oo hadal wadaag la yeesho inantii dhiggiisa ahayd, waana tan sheekadii dhex martay oo farshaxannimo iyo aftahannimo miidhan ah. Inankaa bilaabaya sheekada isaga oo muska ku soo maqiiqan:

Miidoy makaankay
Waa mus geel
Waxaan hayaa maqaar
Nirigoo maldhacay

Miidoy xaggee kuu soo maraa?
Muusow muskaas ii soo jibaax!
Miidoy billee qodaxi i muddaa?
Muusow mandiil jeexdaan hayaa!
Miidoy billee dhiiggey dhul qabey?
Muusow xareed maydhaan hayaa!
Miidoy billee qoyey oo qadhqadhay?
Muusow goshaydaan ku huwiyaa!

Waa markan aminta uu Muuse muska soo jiidhayaa ee gosha Miido isku soo maqiiqayaa! *Yaa salaam.* Ina-rag iyo gol haween loo kala taag iyo maare waa'!
Adduun Caaryaale.
Bal adba!

Qorqode

Hal-abuurka haweenka Soomaalidu wuu dubaalad dheer yahay, xeelna fog yahay. Waxa uu gacan geliyaa doc kasta oo nolosha ka mid ah. Qorqoduhu waa nin hunguri xun oo qudduuc iyo dhabcaal ah. Waa ninka dheriga iyo biilka reerka u kala fadha sida findhicilka iyo ilkaha. Haweeneydiisa ayuu had iyo jeer si qalloocan oo qadaf leh ugu farageliyaa agaasinkeeda maamulka guriga iyo shaqadeeda. Waa wada su'aal iyo yool miidhan. Waa tuhun iyo shaki miidhan. Waa wada waswaas, yuus, iyo yulqan miidhan xaalkiisu!

Haweenku waxa ay ninkaas arrinkiisa, oo iyagu ay aad u sii gun iyo xaal og yihiin, ku cabbiraan heestan xigmadda, maadda, iyo miiddu ka da'ayso ee quruxda farshaxan iyo hodanka afeedi ka buuxaan. Hablaha ayaa ku qaada cod debecsan oo naaxiyad macaan leh, inanta yar ayaana looga sii digayaa guurka qorqodaha.

Waxa ay yidhaahdaan:

Eeddooy qorqode wuu qayliyaa
Eeddooy qorqode wuu qalaxtamaa
Naa ri'da qal oo qari buu yidhaa
Naa dhiiggu yuu quban buu yidhaa
Naa qiiqu yuu bixin buu yidhaa
Naa qoysna haw gelin buu yidhaa
Naa eeddadaa qadi buu yidhaa.

Godadle

Godadluhu waa halaq toban af yeesha. God markii uu ka baxaba waxa uu galaa god kale, kaana kuma sii hakado oo wuxuu uga sii gudbaa mid kale. Ninka godadlaha lagu magacaabaa waxaa uu u dhigmaa bahalkaas hoose ee ugu halista badan inta bogga ku socota ee xammaaratada loo yaqaan. Gedaha iyo dhaqammadiisa fooshaxun waxaa ka mid ah in uu galabba guri iska dul madoobeeyo, in uu cosobsiga badsado sida geela oo hadba laac meel ka hiraya soo haabto. Hadba inan cusub oo bacdu ku taal—cadrad cuddoon ayuu ganac jebshaa, boggeeda qooyaa oo habeenka dambe cidla' ciirsila' kaga siibtaa, dibna u soo eegi waayaa, mid kalena gaaddada ku sii qadaa oo iyana si fudud u dhaafaa ilaa ay tiro beelaan inta haween ah ee uu sii jiidhaa!

Waa Shabeel Naagood. Cosobsigu dookh ayuu u noqdaa oo wuu waalifaa (walfaa) ama u qabatimaa si waalli ah. Isaga iyo ubad la'aan, weliba goblan, ayaa loo kala yaabaa. Haddiiba Alle si kediso ah oo lama filaan ah mid iyo laba ama saddex carruur ah uu ka kala siiyo saddex dumar ah oo midba uu beri uun habeen-dhax agteeda ku ahaa, waxaa dhacda in aanu dib u soo eegin, una soo jalleecin ubadkaas, korriimaadkoodana aanu shaqo ku yeelan. Dhaqankaas liita ee foolxumadu ka buuxdo ee godadluhu leeyahay, ayay haweenka xogogaal u sii yihiin. Waxaanay ka curiyeen hees dhaqameeddan xambaarasan sanqadhaha wada farshaxanka ah, aftahannimada iyo wada hodanka ah.

Dhawr hablood ayaa ku jiibiya cod baxsan oo wanaagsan, waana sarbeeb iyo duur-xul digniin ah oo u socda hablaha aan weli guriyeysan, godadlahana u baylah noqon kara.

Waxa ay yidhaahdaan:

Gododle soo gelyoo guuxyeey Godadle
Gododle waa geddiisiiyeey Godadle
Gododle gogosha laallaabyeey Godadle
Gododle gacaladay eriyeey Godadle
Gododle guriga baadhbaadhyeey Godadle
Gododle waa gableyn jirayeey Godadle
Gododle waa gaddiisiiyeey Godadle.

Gaadhkii cadaabeed
Gabaddanada dayreed
Goblan wiil la'aaneediyo
Godadlaa la kala dhigay
Gabadano dab loo shidey
Gocondhana kab loo toley
Goblan wiil la'aaneediyo
Gododlaa la kala dhigay.

AFKA HOOYO WAA HODAN 100

SUUGAANTA IYO KAALINTEEDA HODMINTA IYO DHOWRISTA AFKA

Meerisyo Gabay oo Maahmaahoobey

Nolosha Soomaalida iyo sooyaalka suugaanteedu waa "iskudhoon". Geedka "Isku-dhoonka" loo yaqaannaa waxa uu dhirta kale kaga duwan yahay waa isku dhisnaanta isaga iyo duddumadiisu ay isugu dhidban yihiin sida ul iyo diirkeed. Geedkaas iyo duddumadu waa isku naf. Nolosha Soomaalida iyo suugaanteeduna waa "Isku-dhoonkaas" oo way isku sidkan yihiin sida hal iyo nirigteed, lamana kala jeebi karo.

Beyd ama tuduc keliya, ama beydad dhawr ah oo israacsan, ayaa tilmaantan "Meerisyo gabay oo maahmaahoobey" la siin karaa. Maansooyin badan oo ka mid ah kuwii hore ee sooyaalka ahaa iyo kuwan dambe ee casriga ahba waa laga soo dhex guran karaa beydad sifadaas leh.

Tuduca "meeris ama meerisyo maahmaahoobey" waxa

gaar yeelaya oo beydadka kale ee maansadiisa ka soo miidhaya, baadisooc ahaan, waa ribnimadiisa xooggan ee murtida naqwada ah; macne iyo nuxur ahaanba; ee uu meerisku ama meerisyadu xambaarsan yihiin.

Qarada iyo cufnaanta murtiyeed ee meerisyada maahmaahoobey waxa ay ku sooraan oo ay bixiyaan xog iyo wacaalo lagaga kaaftoomi karo raadinta war iyo tibaaxo kale oo ku saabsan ujeeddada gabyaagu maansadiisa uga gol leeyahay. Meerisyada maahmaahoobaa waa *baytal-qasiid* halqabsi noqda. Tusaale ahaan:

1. Rag caddaalad waayaa; sidii cawsha kala yaac!
2. Dugsi ma leh qabyaaladi waxay; dumiso mooyaane!
3. Dab iyo dhagax layskuma dhuftee kala dhawraay!
4. Muslim kuma cabiidsamo Walloon; madaxa kaa goyn!
5. Nin yaraan ku loofaray wuxuu lumiyey raacdee!
6. Magacaagu yuu noqon; mid xumaan ka marag kaca!
7. Ragow kibirka waa lagu kufaa kaa ha la ogaado!
8. Inta maanku gaajaysan yahay guuli waa weli!
9. Mintid fara yar midhihii bataa kama macaashaan!
10. Afku wuxuu la xoog yahay magliga xawda kaa jara!
11. Aqoon la'aani waa iftiin la'aan!
12. Berrina ha la aaso'e nin raga baqaskii waa ceeb!
13. Lugi waa jabtaa hadday dhaafto jeeniga!
14. Muggii weel ma dhaafo'e Allow mooska yaan jebinnin!
15. Muslim kuma cabiidsamo walloonmadaxa kaa goyn!
16. Nin labood is moodaba sabaan laahiyaa heli!
17. Ciidagale nimaan geel lahayn waa iska u tuur!

18. Waxaan ahay qadhaadh iyo macaan meel ku wada yaal!
19. Ma dorraato raadkaan dhigaan dib ugu soo laabtay!
20. Mar uun buu daf soo odhan nabsigii diinku soo daray!
21. Lix halkaad ku joogtaan dagaal laabta ka ogaada!
22. Musuqmaasuq Soomaali waa meheraddeediiye!
23. Maandhow axsaan lagama tago eed haddaad fali!
24. Anaa laba ku dheer waa wixii laayey abasguule
    Ama uu Ogaadeen ku lumay lix isu faankiiye
    Waa liid ninkii reer tolkii libin ka doonaa!
25. Baadida nin baa kula deydeyi daalla kaa badane
    Oon doonahayn inaad heshana daayin abidkaaye
    Dadkuna moodi duul wada dhashoon wax u dahsoonayne,
    Dillana ma laha aakhiro haddii loo kitaab dayo'e!
26. Nin dhirbaaxo quudheed dugsadey dhaqayadeed maalye
    Dhashaaday sugtaa xaajadaad dhawrataa abid!
27. Rag waxaan ku maamuli aqaan ama ku maamuusi
    Masa inaannu nahay oo tolliimo meerto noo tahay
    Masallaha ninkaan ii dhigayn midig ma saaraayo
    Ninkii aniga iga maarmi kara uma muraad yeesho!
28. Allahayow nin ii daran maxaan daafta hore seexshey
    Nin i daaqsanayaana maxaan daafidaw kariyey,
    Jidhku nimaanu doonayn maxaan hadalka deeqsiiyey,
    Ma degdego'e xaajada maxaan ugu dulqaad yeeshay!
29. Siddeeddii cishoba waa intuu sahanku laallaaye
    Waa soo sidnaa xeedhyihii dabaqu saarnaaye
    Iiddoor sal-fududaa wuxuu sugayo muu dhawro!

30. Nafta dooji mooyee xarrago laga dawaareeye
    Daarood siduu beri ahaa loo dad-qalatow!
31. Nin labaatan jirey iyo adduun way legdamayaane
    Nin yaraan ku loofaray wuxuu lumiyey raacdeeye!
32. Muslinnimo ninkaan kugu dhaqayn muuminnimo khaas ah
    Gaal maxasta kuu qaada ood magansataa dhaama!
33. War nabiibiyuhu keenay buu doqon run moodaaye
    Anna nadartu waxaan soo arkaan nacam idhaahdaa!
34. Nin ku xiga naxliga kuu gala nudayga kaa gooye
    Nugaalna aan qabtee Reer Xirsow nacay agtiinnii!
35. Idinba Casa awrkay dhashiyo aarankay wadatey
    Aakhiro nimaan geel lahayn lama ammaanayn!
36. Kob abaara oo dhexe miyuu koore ila meeray
    Kub miyaan ka jabay biixi aan kabayo loo haynin!
37. Cuqubadu halkii lagu galay caw ku huruddaaye
    Carruurtay ka laysaa ninkii caanaheed dhama'e!
38. Nin agoon ku xaday qalin
    Gooray ku qaraxdaba
    Qaaxo kama fogaato!
39. Kol haddaanad geerida horteed geesiga aqoonnin
    Goblan weeye Soomaaliyeey Garashadaadii"!
40. Waxba yaanu xeerkay i marin xoolana i siine,
    Xaashe'e nin libin kaa xistiyey xumihii waa yaabe!
41. Booraan afkii laga qafiley qabarna hooseeyo
    Doqon baa halkii lagu qatali qoorta soo dhigane
    Ma anigaa lay qarshaa mindiyo laygu qali doono!
42. Dhirtaba qaar malko ah baa jirtiyo lama garaacaan
    Dadkuna birma-geydo buu leeyihiyo lama guhaadshaan!

43. Dunjiga Aadan ubadkuu dhalaad ugu dambaysaane
    Dib maxaa idiin celinayoo hore idiin diidey
    Mar uun maad ku dayataan khalqiga libinta doonaaya!
44. Gudini daab la'aantii
    Miyay dogobbo goysaa
    Diric keli ahaantii
    Daleel guusha kama helo
    Dadkaa geesi lagu yahay!
45. Qofba wuxuu ku dagan yahay halkuu daacad kaga hadho!

Dushaa inta badan laga hayaa beydadka maahmaahoobey oo waxa loo adeegsadaa halka ku munaasibka ah ee ku habbooni marka ay timaaddo. Kasmo-wadareedda dadka Soomaalidu way isla taqaan badiba beydadkaas loo bixiyey meerisyada maahmaahoobey oo waa loo guuxaa tafadheeraanta murtida ay soo gudbinayaan. Nolosha doc kasta oo ka mid ah waxa loo helaa tuducyo u adeegsi-qalma oo qaayibi kara in loo cuskado. Haddii xitaa lala kulmo beyd ama beydad cusub oo maahmaahoobey waa la soo dhuftaa oo madaxaa loo ruxaa xeeldheeraanta murtida xooggan ee ay sidaan.

Quruxda iyo farshaxannimadooda ka sakow waxa ay beydadkaasi fududeeyaan oo soo dhoweeyaan fahamka mawduuca laga wada xaajoonayo. Maskaxdaa kolkiiba soo tuurta oo ku saameesha rugahooda. Waa sida maahmaahda oo kale oo nolol maalmeedka ayay ku milmaan oo ay si cuddoon ula geeddi-galaan.

Gabay- ama Maanso-ku-maahmaah

Maansoyahanka Soomaalida qaarkood waxa ay ku guulaysteen in marka ay gabyayaan ay soo qaataan maahmaah jirta nuxurkeeda oo ay maansadooda ku iidaamaan, si ribnimadeeda iyo saamaynteedu u kobocsanaato. Waxa kale oo ay taasi fududaysaa fahamka iyo garashada halka loo gol leeyahay. Meeriska ama meerisyada gabay ama maanso kale ee maahmaahda xambaara ayaynu ula baxaynaa "Gabay- ama Maanso-ku-maahmaah." Tuduc ama dhawr tuduc oo gabay ku jira ayuu abwaanku u adeegsanayaa maahmaah ama dhawr maahmaahood oo wada jira. Aqoonyahanka suugaan dhaadhiga ah ee Rashiid Sheekh Cabdillaahi Xaaji Axmed (Gadhweyne) ayaan ugu horrayn ka maqlay ereyga *gabay-ku-maahmaah* sannadkii 1984 annaga oo ka wada hawlgalla idaacaddii codka midaysan ee xoogagga mucaaridka Soomaalida ee Radio Halgan.

Cabdillaahi Macallin Dhoodaan, AHN, ayaa ogaalkayga ugu horreeya abwaannada sidaas yeela ee gabayadiisu inta badan soo qaataan ee laga helo beyd ama beydad Gabay- ama Maanso-ku-maahmaah. Waxa soo raaca Dhoodaan inta uu ogaalkaygu gaadhey abwaanka Maxamed Ibraahim Warsame (Hadraawi) iyo gabyaagii sooyaalka suugaanyahaynka Soomaalida foolaadkooda ka midka ahaa ee Qamaam Bulxan, AHN. Kuwa Dhoodaan qaar ka mid ah ayaynu ku horraynaynaa, innaga raacin doonna dheegag kale oo ay leeyihin Hadraawi, Qamaan Bulxan, iyo abwaanno kale.

1.
Raggii aabbayaasheen dhaluu dhaafay hadal weyne
Maahmaahyaday noo dhigeen midaan ka soo dheegtey
Intii aad sacabbada u dhigan layd cadow ku dhuudaaya
Si uu dhoomo inaad buuxsatay oo dheregtey kuu moodo
Dhafoor xun iyo cadowgaagu yuu dhuubni kaa garane
Waxaaba loogu dhaashtaa dhuux sakaarada'e
Markaad hadalka geestuu u dhici sii dhadhamisaanna
Dhudhunkeeda taas lama lahayn dheef ka raadsada'e
Macnuhu waa dhiggaa lama baryo'e ceeb ka dhawrsada!

Maahmaah: Cadowgaaga dhuux sakaaraa loogu dhashtaa.

2.
Nin gurrani hashuu dheelmo waa baallo gubataa!

Maahmaah: Hal laba midigle dhengedeeyey dhanna uma fayooba.

3.
Hadh ma geynin aayadii ninkii hooyo gawracay!

Maahmaah:
- **Nin ku diley hadh kuuma jiido**
- **Hooyadii ninkii ka guuraa aayadii uma negaado.**

4.
Sarsarkiyo hashii labada geel soof ku wada raacday
Ee bahalku seeraha ku diley kama sokaysaane!

Maahmaah:
- Hal laba geel jeclaata dhexdoodaa waraabe ku cunaa.
- Hal laba awr jeclaataa way abaahi seegtaa.

5.
Galshomiiradkii laas biyo ah kii u godan waayey
Garro adag gamaad kama qotiyo gaan u maaxsami!

Maahmaah: Maqasha ninkii lagala quusto geela looma saaro.

6.
Gorayadu cayaartii lugtay geliso mooyaane
Inayna meesha geynayn ta kale saw ma garanaysid!

Maahmaah: Gorayadu ciyaarta lug bay la gashaa, lugna debedday dhigataa, haddii ay jaantu hagaagto ta kale way la soo gashaa, haddii ay dhabaqdana ta ugu jirta ayay kala baxdaa oo debedda ayay ka joogtaa.

7.
Mergi balaqa awrkii hoggaan lagu makaabeeyey
Ka xidhiidhka laysugu maraye daba mushaaxaaya
Tallaabadiyo miidaanka socodka ways metelayaan!

Maahmaah: Awrba awrka ka horreeya ayuu saanqaadkii yeeshaa.

8.
Gudcur raadkii guuraha ku lumay waaga galacdiisa
Gadaal subixii waw goobi jirey ruuxa gurayaaye!

Maahmaahdu waxa ay ahayd: Raad habeen lumay maalin loo noqey! Adoo daba jooga oo raad guraya haddii uu gabbalku kaaga dhaco oo uu kaa gedmado subaxdii marka libdhadu soo baxdo ayaad halkii ka sii gurtaa.

9.
Geriyaad bannaaniyo adoo taagan gabayooxa
Gabbaad dhaxanta kaagama noqdaan geedo kaa fogi!

Maahmaah: Ood kaa dheeri kuma dhaxan tirto.

10.
Gamuudkii hayin ahaa mar buu raran gubyoodaaye
Gurgurshaa maroor loogu xidhay caynka ganaciisa
Kolba gibisha waa inuu rogoo galangalcoobaaye!

Maahmaah: Awr xammilkiisuu qaadaaye xadhig qalloocan ma qaado.

11.
Dhagax taabashiyo tuujis inaad tantoomayso
Saddexdaa midkaad ula tagtaa waysugu taage
Nin wixii la toosani mid buu tuur la leeyahaye
Waanada abuurkaa tirtira oo ka tamar roone
Qofkaan tirisan maalkiisu waa inuu tasoobaaye

Maradiisa kaan tolan dhakhsay uga tirmaysaaye
Ka tashiilan waayaa ma dhalan suu u taajiri!

Afar maahmaahood ayuu Dhoodaan isku mar kaga dhex adeejiyey meeriyadiisan:
- **Dhagax taabasho iyo tuujin waa isugu mid!**
- **Xaajo nin la toosan baa nin la tuur leh!**
- **Waano dhalan baa ka adag!**
- **Saddex baa rag ugu liita: Ma tabcade/tashade, ma toshe iyo ma tashiishe!**

12.
Ey duur gala timo duflihi way ka go'ayaane
Dabeecadduse kama guurto iyo goonjabkuu qabey!

Maahmaah:
- **Eyga duur galka ah dhogori way ka hadhaa, dabeecaddu se kama hadho!**
- **Waano dhalan baa ka adag!**
- **Doofaar ma daahiro.**

13.
Geb markuu dareenkii noqdo'e gegi bannaan seexdo
Rag gedmadiyo geeryoo dhurwaa, gama'a deystaaye!

Maahmaah: Rag dareen moog iyo waraabe war moog labaduba wedkooda hortood bay dhintaan.

Waa isla maahmaahdaaas halka uu soo xiganayaa markii uu Cabdi Malow lahaa:

Sidii bahalkii biriijka ka dhacay
Baaraarugey goor la soo baxay
Budhkiyo lagu beegay baanaha
Birtiyo jiidhay labada baabuur
Ilaahay ballankii barqaan kacay!

14.
Gundhadiyo haddii uu fadhiyo caabuq gudaheeda,
Gonre iyo samuutiyo haddaad gowlalleba shiisho,
Wax ma taro galiillaha ku dhoob meel gunaadsaniye!

Maahmaah: Milil dushiisa la ma dhayo.

Gurre, Samuute, Galiillo waa dhir daawaynta xoolaha loo adeegsan jirey.

15.
Ka gilgilo gantaal kugu dhacaa kaaga go'i waa!

Maahmaah: Fallaadhi gilgilasho kaagama go'do.

16.
Gammuunkaan cirkaw diray halkuu dhigan gafuurkiisa
Ha arkeen gulaamadii batiyo uur-ma-gaaxsame'e!

Maahmaah: Fallaadhii cirka loo ganay nin walowba filo.

17.
Meel kurey ka dheelaa iblays nooga koor lulaye
Kuwaan anigu kow odhan jiree inay kaseen moodey

Kurtimaaba loo fiiqanooy kalax qoraayaane
Kaafka iyo kala dheeridaa la isu kaab saaray
Ku karcelinta iyo ciilka waan karahsanaayaaye!

Maahmaah: Waa kaaf iyo kala dheeri.

Qamaan Bulxan, AHN, waa gabyaaga marka Hadraawi laga tago soo raacaya Dhoodaan ee aan ka soo helay suugaantiisa meerisyada gabay-ku-maahmaah ee ugu badan. Qofka sababtiisu gelayso ama ay tiisa noqonayso oo mawdku ku soo fool leeyahay waxa la yidhi qalbiga ayaa laga siibaa oo isagaa geeridiisa addimada ku doonta. Qofka uu malaggiisu galay lagama helo aadyar soo joog. Labadan maahmaahood ayaanu Qamaan beydkiisan gabay u barkiyey, isagaana lahaa kuwa kale ee ka sii dambeeya.

18.
Hadday sababi geli maanka waa la iska suushaaye!

Maahmaah:
- **Miidaamo dhego ma leh hadduu malag dhawaaqaayo.**
- **Ninkii baxaya indhahaa casaada.**

19.
Waa la isku wada tiirsan yahay sida tis oodeed!

Maahmaah:
- **Ilko wada jir bay wax ku gooyaan.**
- **Gacmo is dhaafay galladi ka dhalataa.**
- **Iskaashato ma kufto.**

- **Tol waa tolane.**

20.
Haddaad Mawle suu kugu og yahay tol ugu maan sheegto
Oo maaha duul uun dhahaan Madarna qaamoobo
Waa mahad wixii marag lahoo maalinkaa dhaca'e!

Maahmaah: Taladaada oo la diido in la jabo ma jeclaataa.

21.
Dumarkaa sabaalo iyo been sahal la taabtaaye
Oo lagu siraa waxaan ku siin soobir iyo Liige
Oon saarsanayn waxaad ku fali kaana sarar weyne
Dabadeedna saamaxa intay meher ku saartaane
Sokeeyaha demmani waa la cayn laguna saaweeye!

Maahmaah: Dumar been baa lagu soo xero geliyaa runna waa lagu dhaqaa.

22.
Habow kama taggana wiil intuu haw ka odhan geede!

Maahmaah: Nin yari intuu geed ka booduu talo ka boodaa.

Weerar Bulxan, AHN, waa raggii gabyi jirey Daraawiish ka hor. Waxa uu noolaa qiyaastii 1840-dii ilaa 1890-dii. Waxa ay isku bah ahaayeen oo uu kor in badan uga weynaa gabyaagaas kale ee sooyaalka ahaa ee Qamaan Bulxan.

Waxa uu yidhi:

23.
Nin gar lihi ma hoogee haddaan gees isaga luuday!

Maahmaah: Nin gar lihi ma hoogo.

Maxamed Cumar Dage waxa uu ka mid ahaa gabyaagii sooyaalka ahaa. Waxa la tilmaamaa inuu la fil ahaa silsiladmaanseeddii Guba ee Cali Dhuux bilaabay 1923, waxanu ku geeriyoodey yaraan sannadihii 1950-ka hortoodii. Laba maahmaahood iyo laba halqabsi murtiyeed ayuu meerisyadiisa Maxamed Cumar Dage ka soo dheegtay:

24.
Bigta karanta iyo doogga bari Doollo bidixdeeda
Mid uun baa ka baylaha hadday beelu damacdaaye
Balka webi sicii cunay Ballaadh lagu barqayn waaye.

Labada maahmaahood ee meerisyadan ku jira:
- **Beeshii damacda in ay laba hillaac ka wada cabto mid uun baa ka baylaha!**
- **Balka webi iyo Ballaadh sacuba isku waa'.**

Banka Ballaadh oo ku yaalla Wajaalle iyo Xarshin dhexdooda iyo balka webigu waxa ay isku jiraan 800 km. Saca haddaba bankaas Ballaadh jooga ee balka iyo biyaha webi u hanqal taagaa waa sac waalan oo aanay suurtagal ahayn in sacaasi balka webiga cunaya in haddana bankaas Ballaadh burkiisa caws lagu barqeeyo.

Labada halqabsi ee meerisyada Maxamed Cumar Dage gabaygiisu xidhiidhka la yeelanayaan:

- **Laabi laba u la'!**
- **Meel biyo u dhow oo bur cawsa leh baadi goobyoo biciidkuba waa!**

Gabayada kale ee aan ka helay meerisyada gabay- ama – maanso-ku-maahmaah oo abwaanno kala duwani leeyihiin waxa ka mid ah:

25.
Nin ambaday halkuu aadey way ula ekoonaatay
Anigoo arkaayaan waddada Erigoo maray!

Axmed Dirir, AHN, waxa uu soo qaatay maahmaahda:

Nin ambaday halkuu maray way ula ekoonaatay!

26.
Sakaaradu wax muuqday ciddida ula miciintaa!

Cumar Cali Cabdi oo ka mid ah halabuurrada Oslo, Norway ku nool, waxa uu soo amaahday maahmaahda:

Sakaaradu saalo muuqan doontay aas-aastaa.

27.
Ninba muruqa laba suul si buu ula yar muuqdaa!

Waa isla Cumar Cali Cabdi oo mar kale adeegsanaya maahmaahda:

Muruqa laba suul ninba si la ah.

28.
Tiriig baa ka baxa meel hadduu xoog tummaatiyo'e
Marka toban is raacdaa wax-qabad taabbo gelayaaye
Soomaalidaa tilmaantoo ku tidhi "hadallo taariikh leh
Hadday gacantu keli taagan tahay tahar ma goyseene
Tabantaabaday laba gacmood tamar ku yeeshaane
Isku tiirsadaay waxaynu nahay talo-wadaagtiiye!"

Halabuurka Faysal Aw Cabdi Cambalaash waxa uu soo qaatay maahmaahda:

Gacmo wadajir bay wax ku gooyaan.

29.
Inta gabay hallow iyo habow waydey hilinkeeda
Ee meel aan habboonayn tixaha lagu hogaynaayo
Een hadaf aan suurtoobi karin la isku hawlaayo
Maahmaah horraysiyo haddaan hadal yar soo dheegto
In kastood barwaaqada heshood doog ka hinif siiso
Ha moogaannin jiilaalku waa lama huraankiiye,
Adigana hankaagiyo murtida hadalka kaa leexday
Hoji baan ku odhan laa malaha waad hanfanaysaaye
Hore waxaan u eediyo wixii heerkan kala geeyey
Hirigtay is jiidhsiisay baan daawadii heline
Weli haarihii baa ku yaal gaadhey halisaaye

Hoobiyuhu wuxuu geytey baan laabta ku hayaaye
Ha ka nixin agoomaha wax baa kaa hadoodilane
Oo hoos u eeg taariikhdu waa hadhimo kuu taalle
Markaad hanato taadaa mid kale hiil la tarayaaye
Hareertiisu kay qaawan tahay hawli waw negiye
Inaad u hanqal taagtaa mid kale maba habboonayne
Hubso arartu goortaanay tegin hayso gabaygaaga!

Halabuurka Faysal Aw Cabdi Cambalaash waxa uu meerisyadiisan u adeegsadey labada maahmaahood ee kala ah:

• **Lama huraan waa caws jiilaal iyo**
• **Ninkii tiisa daryeelaa walaalkiina tiirsha!**

30.
Eedaadka soo maray
Ummul baa illowdee
Allow sahal ammuuraha
Adaa noo ogaalee!

Xuseen Aw Faarax, AHN, waxa uu adeegsadey maahmaahda:

Illowshiinyo dhowaa ma ummul baa!

31.
Haddaad jamato cadowgaa
Iyo ruux ku jiidh neceb
Hadhka kuuma jiidaan!

Cabdi Aadan Qays waxa uu soo dheegtey maahmaahda:

Nin ku diley hadh kuuma jiido.

32.
Waa gorayadii tidhi
Gibladiyo cayaaraha
Waxaan kula jiraa gommod
Gamgamteeda jaantiyo
Hadduu sacabku dhabaq galo
Gooni baan isaga bixi!

Cali Saleebaan Bidde, AHN, waxa uu adeegsadey maahmaahda:

Gorayadu ciyaarta lug bay la gashaa, lugna debedday dhigataa, haddii ay jaantu hagaagto ta kale way la soo gashaa, haddii dhabaqdana ta ugu jirta ayay kala baxdaa oo debedda ayay ka joogtaa.

33.
Adoo maalmo badan qaday
Meehannowga gaajada
Midho geed ka baxayoo
Macaanoo bislaadoo
Naftu ay u muhatoo
Misna aanay gaadhayn
Midhka hoosta yaallee
Midigtaadu gaadhee
Muuqdaan ka jecelahay!

Jaamac Axmed Oogle (Caano-boodhe) oo ka mid ah halabuurka da'da yar waxa uu soo xiganayaa maahmaahda:

Midho geed saaran kuwo gunti ku jira looma daadiyo!

34.
Hadalkaan farshaxannimo
Ama fiirsi loo odhan
Caanahaan fal qurux badan
Iyo fiiqsi loo dhamin
Wuxuu yidhi nin faaqiday
Feedhahay wax yeelaan!

Hadalaan fiiro loo odhan
Iyo caano aan fiiqsi loo dhamin
Way kula fogaadaan!

Maahmaah:
- **Hubsiimo hal baa la siistaa.**
- **Nin weyn oo hadal ka dhacay waa geed qolofi ka dhacday.**

35.
Naf go'day iyo roob galbeed
Midkoodna hadduu galbado
Gadaal uma soo noqdaan!

Xasan Ganey waxa uu xigtey maahmaahda:
Naf go'day iyo roob galbeed midna ma soo noqdo.

36.
Awrkuba rarkiisii
Kuma raran gubyoodee
Xadhiggii ruxmaa dila!

Maahmaahda uu Xuseen Aw Faarax, AHN, uu cuskanayaa waa:

Awr xammilkii wuu qaadaa, xadhig qalloocanse ma qaado!

37.
Bidaari sibiq bay kugu gashaayee
Haddana ruuxaan sirqabin
Ilaahay baa u sahana!

Laba maahmaahood ayuu Xasan Xaaji Cabdillaahi (Ganey) isku sidkay oo ka soo dheegtey meerisyadiisan:

Bidaari sibiq bay kugu gashaa
Sirmaqabe Allow sahan ah!

38.
Xeedhada salkeeda
Subag iiga muuqdoo
Ninkii xalayto seexdaa
Sacii dibi dhalaayaa!

Maxamed Cabdullaahi Singub waxa uu dheegtey maahmaahda:

Ninkii seexdaa sicii dibi dhalay.

39.
Nin weyn waa og yahay
Wedkii dilayoo
Waraystay halkaad ku waddoo
Haddaad wiiq islahayd
Wax maan noqon!

Axmed Saleebaan Bidde waxa uu xigtey maahmaahda:

Nin weyni wedkii waa yaqaan.

40.
Wadhaf iyo shimbirihii
War iskuma hayaan
Waayo-aragnimo la'aan idhiba!

Cismaan-askari, AHN, waxa uu xiganayey maahmaahda:

Wadhaf iyo shimbiro war iskuma hayaan.

41.
Hasha labada geel jecel
Midna gaadhi waydee
Laba gebi dhexdooda
Waraabuhu ku gawracay
Noqotay geddeedii!

Maahmaah: Hal laba geel jecel dhexdooda ayuu waraabe

ku cunaa.

42.
Ma og tahay dhakhsiinyuhu
Hadday lacag dhalaayaan
Kaadsiinyuhu ma dhiciyeen
Dahab baan ka dhuri laa'!

Maahmaahdu waxa ay ahayd:
Haddii degdegsiinyo door dhalaan kaadsiinyana kiish lacag ah bay dhalaan!

43.
Hubsiinaa nin
Hal dhan siistay
Waxaan loo helayn
Haan lagu shubee
Haysoo dhan!

Maahmaahdu waxa ay ahayd:
Hubsiimo hal baa la siistaa.

Nin barbaar ah oo guurdoon ah oo nin oday ah u yimi ayay maahmaahdani ku soo baxday. Waxa uu barbaarkii ku yidhi odayow "Hal aan dugsado ii sii." Odaygii waxa uu yidhi, "Waa hagaage, adiguna hal i sii." Barbaarkii wuu aqbalay in uu hal ku bixiyo halka uu odaygu siin doono. Hashii buu siiyey odaygii, odaygiina waxa uu barbaarkii ku yidhi, "Hubsiimo weligaa wehesho!" Barbaaarkii hubsiimo ayuu la hulleelay oo hashiisii kaga tegey. Muddaa ka soo waaddey. Waxa uu barbaarkii guursadey gabadh dhabeel ah oo dheg, dhaqasho, iyo dhalashaba leh.

Hillaac bilig yidhi ayuu barbaarkii doogsin raaciyey geel gaane ah. Dharaaro ayuu ku laallaa xero-dhigga iyo xergeynta geelaas. In geddoomo oo gurigiisii ku laabto ayaa cindigiisa galay. Jaaha ayuu gurigiisii iyo gabadhiisii soo saaray. Aqalkiisii ayuu dalaq yidhi. Waxse aanu fillayn ay la kulmay. Haweenay iyo nin baa isku ag gataati dhacsan. Waa ay isfeedh jiifaan oo legga iyo laabtay isku hayaan. Alle yaab iyo anfariir buu u keenay. Waxa uu isweydiinayaa ninkan gurigiisii u soo daba maray iyo sida marwadiisii dhabeesha ahayd ugu oggolaatay!

Golxob iyo billaawe ayuu ku gaashaman yahay. Cadow fog iyo shisheeye gaatamaya ayuu u gol lahaa, burkaba se bahal kama uu filayn. Billaawihii ayuu galka ka saaray isaga oo ninkii hurdey dul taagan. Ku gawrac oo laba ugu kala goo' kolkuu isyidhi ayaa waxa ku soo dhacday weedhii odaygu hasha ka siistey ee ahayd: "Weligaa hubsiimo wehesho."

Billaawihii ayuu galkii ku celiyey. Si sanqadh tirasho lehna aqalkii uga baxay. Kambalka reerkuu istaagay. Wuu fekerey. Aqalkii soddohdii oo aan ka fogayn ayuu xaggiisa u dhaqaaq luuday. Wuu is-ogaysiis inuu guriga yimi. Gabadhii dhabeesha ahayd ee uu qabay ayaa gudhida ka soo booddey oo mudh ku soo tidhi!

"Heblaayo, yaa aqalkeennii u baxay!" "Waa maxay ninkan haweenayda la hurdaa?!" Ku teh "Inaadeerkaa oo gabadh la soo tegey ayaa kaa dambeeyey oo aannu gurigii u dadabnay!"

Allaylehe hubsiimo hal baa la siistaa!

45.
Garta Ina Sanweynaa loo gaysan jireyee
Gaasiraay innaga yayna kala guraaya!

Maahmaahdu waxa ay ahayd halqabsiga:
- **Ina Sanweynena u gee!**

46.
Habartii docdeediyo
Degelkay ku noolayd
Daruuruhu ku hooreen
Dadba wada hel mooddoo
Daad wararac bay tidhi!

Cabdi Iidaan, AHN, waxa uu soo dheegtey maahmaahda:
Habar roob hayaa inuu dadka oo dhan hayaa bay mooddaa!

47.
Dirxi iima dhuuntee
Midho daray nin jecelow
Ku liq adigu duudduub!

48.
Midho daray haddaan beri
Duudduub ku liqi jirey
Doorkan waxaan ka deyayaa
Dirxi inuu ku hoos jiro!

49.
Dadku maaha kii hee
Midho daray had iyo jeer
Duudduub ku liqi jirey!

Maahmaahda Hadraawi labada jeer cuskaday, Gaarriyena marku, waxa ay ahayd:

Midho daray duudduub ayaa lagu liqaa.

50.
Ma og tahay degmadayada
Duleed joogta maqashiyo
Ka hagrada ma durugtada
Ayay geel u dirataa!

Hadraawi waxa uu soo dheegtey maahmaahda:

Soomaalidu ninka ay maqasha kala quusato ayay geel u dirataa!

51.
Dadku maaha kii hee
Dunidoo cadceeddiyo
Dayaxiiba joogaan
Xiddigaha Dagaariyo
Dunqullaal ku gudi jirey!

Hadraawi waxa uu dheegtey maahmaahda:
Haddii dayaxa la waayo xiddigahaa lagu gudaa!

52.
Illayn madax madowiyo
Mindida tii saawirta ah
Waqaa kama maarantidoo
Mar uun waa loo muhdaa!

Cadhays Ciise Kaarshe, AHN, waxa uu adeegsadey maahmaahda:

Madax muuqda iyo mindi saawir ah midkoodna lagama maarmo!

53.
Dumarkuba xublada foosha way xanaf wareeraane
Bal inay xusuus daran yihiin xaylka dambe moog!

54.
Halis weeye fooshuye markay gelin hiinraagaysey
Ilaah baa hawadiyee markuu inanku soo haadey
Haraaryada iyada oo wadnuhu hilib-dalqaha joogo
Nabarkiina uu weli hayey haaw ku soo odhane
Durbana way hilmaantaa wixii kaar hayoo idil!

55.
Hadday gabadhi uuraysatooy fooshu ku adkaato
Allaay waxay tidhaahdaba markuu Eebbe kala keeno
Arabaciin iyadoon joogin bay uunsi shidataa!

Axmed Faarax (Dab-kama-baydhe), AHN, waxa uu ahaa nin gabyaa ah oo markii dambe maskaxda wax uga dhinmeen, kuna nafwaayey Burco 1992 dagaalladii Habar-habarta iyo munaafaqadda.

Maahmaahda Salaan-carrabey, Cabdilqaadir Yamyam, iyo Dab-kama-baydhe cuskadeen, saddexdaba AHN, waxa ay ahayd:

Illowshiinyo dhowaa ma ummul baa!

56.
Geel doono iyo ways xigaan geeso dhiiglihi!

Qaadidda iyo dhicidda geelu ma ay ahaan jirin hawl yar iyo wax cid kastaa ba samayn karto. In lagu naf waayo oo raacdo ka daba timi oo kugu soo gaadho oo kugu disho, ama daalka iyo dekaanka weheliya hawshiisu ku jilcisaa.

Sidaas awgeed bay Soomaalidu ugu maahmaahi jirtey:

Geel doono waxa ay leedahay geeso dhiig leh.

57.
La yeh way jabtaa lugi hadday dhaafto jeeniga!

Maxamed nuur Fadal, AHN, waxa uu tixraacay maahmaahda:

Way jabtaa lugtu hadday jeeniga dhaafto. (Hunguri wax ka wayn la mariyaa wuu dillaacaa)!

58.
Sidii aan danyaysnahay miyaan dawgii ka hallaabay
Ma dorraato raadkaan dhigaan dib ugu soo laabtay!

Qaasim, AHN, waxa uu tixraacay maahmaahda:
- **Raad arooryo dib looma raaco!**
- **Saan hiiro gadaal looma raaco!**

59.
Garabsaar ninkii lagu boqraa geedo sare waab.

Hadraawi waxa soo dheegtey maahmaahda:
Geed sare waabow guntaa ka roon. Hoos baa wax laga soo unkaa oo dusha lagaga ma yimaaddo!

60.
Gal dad-liqa ul baa lagu dayaa laga dambeeyaaye
Weligiinba ceel dawlis laad dalaq tidhaahdaane
Dirkii kula dhashiyo aabbahaa kuguma daayaan
Malaa miduu Warfaa dayriyoo daahan baad tahay!

61.
Gal dad liqa ul baa lagu dayaa lagu gun baadhaaye
Godan baa la yeeshaa xadhkaha haysku wada giijin.

Faarax Nuur, AHN, iyo Hadraawi waxa ay meerisyadooda u cuskadeen maahmaahda:

Gal dad liqa ul baa lagu dayaa!

62.
Tabantaabaday bay laba gacmood tamar ku yeeshaane
Tiska waxaa la qaadaa hadday tiirisaa bidixe
Hadday midigtu keli taagan tahay tahar ma goyseen!

Abwaan Cabdillaahi Muuse, AHN, waxa uu soo dheegtay dhawr maahmaahood isku mar:

- **Ilko wadajir bay wax ku gooyaan.**
- **Gacmo is dhaafay galladi ka dhalataa.**
- **Iskaashato ma kufto.**

63.
Dirrimahiyo kaymaha haddii dibedda loo dhaafsho
Dugsiguu gelaayiyo haddii duurka laga saaro
Dib buu shicibka ugu soo noqdaa aarka daallani!

Samatar Baxnaan, AHN, waxa uu soo xigtey maahmaahda:

Libaax laba raqood lagama wada kiciyo!

64.
Ha yeeshee galgalad waw eg yahay neef la gawracay!

Xarbi Ismaaciil Samatar-dhallin, AHN, waxa uu ka mid ahaa gabyaagii noolaa xilligii Daraawiishta. 1930-nadii ayuu geeriyooday. Waa gabyaagii ku noolaa dhulka Soomaalida ee Itoobiya hadda ka midka ah.

Maahmaah: Neef la gawracay geedo kama waabto.

65.
Adduunyada wax kaa dhididiyaa kama dhammaadaane
Haddaad dheregto dhegi diidday baad dhaax u maqashaaye
Dhibaatada nin noolow inaad dhaaftay haw filin!

Kayse Xuseen Qasaalli, AHN, waxa uu soo dheegtey labada maahmaahood:
- **Adduunyada nin noolow maxaa aragti kuu laaban!**
- **Berisamaad wuu badnaa ee nololaa ka badatay!**

66.
Nin da' weyni meel durugsan buu diirad ku arkaaye
Dunidoo fayow buu wixii dilaya sheegaaye
Markaasaa dagaal iyo guhaad lagula daataaye
Gebi markuu dumaa buu wixii daya yidhaahdaa!

Seyid Maxamed Cabdille Xasan, AHN, waxa uu soo dheegtey nuxurka labada maahmaahood:
- **Kor waayeel waa wada indho.**
- **Nin gu' kaa weyni gu' baas kaa weyn.**

67.
Ninkii aan u doog dhaban biyaha looma soo daro'e
Daayeerna laas wuu qotaa doox hadduu galo'e
Dudduntaan halkii lagu ogaa doorsan weligeede
Daa'imo carruureedna ways daba gurguurtaan!

Cabdillaahi Suldaan Timocadde, AHN, waxa uu

adeegsaday dhawr maahmaahood nuxurkooda:
- **Nimaan dhidhini ma helo dheef!**
- **Nin waliba sacabbadiisa ayuu biyo kaga dhergi karaa!**
- **Xaglo laaban xoolo kuma yimaaddaan!**

68.
Nin god dheer walaalkiis u qoday gelina mooyaane
Waar saw adiga kugu soo gotaa gamac colaadeedku!

Ismaaciil Mire, AHN, waxa meerisyadiisa ka dheegtay maahmaahda:
Booraan hadimo ha qodin, haddaad qoddana ha dheerayn, ku dhici doontaana mooyaane.

69.
Ilkuhu wada jirkooday hilbaha adag ku gooyaane
Haddii iniba meel taagan tahay adhax ma feentaane!

Xaaji Aadan Axmed Xasan (Afqallooc), AHN, waxa uu soo dheegtey dhawrkan maahmaahood:
- **Ilko wada jir bay wax ku gooyaan!**
- **Gacmo is dhaafay galladi ka dhalataa!**
- **Iskaashato ma kufto!**
- **Tabantaabaday laba gacmood tamar ku yeeshaan!**

70.
Xaqdarrada la koolkooliyaa way kuftaa xigi!

Cabdi Gahayr, AHN, waxa uu halmuceedkan ka soo dheegtay maahmaahda:

Labadii xaqdarro ku heshiisaa xaqa ayay ku colloobaan.

Muuse Cali Faruurna waa kii lahaa
Xaqdarrada karoortaa mar bay kadinka jiidhaa!

71.
Duqsi mawdkii galay baa
Fuud kulul dabbaasha
Markuu dalaq yidhaahdaa
Nolol uga dambaysa!

Maahmaah: Duqsi mawdkii galay fuud kulul buu dalaq yidhaa!

72.
Hawlaha arlada haddii lagugu aamino
Hays odhan cidi kuma arkaysee afka buuxso
Hays odhan cidi kuma arkaysee aqallo jeexo
Nin xil qaaday eed qaadyeey hey haa!

Maahmaahda: Nin xil qaaday eed qaad!

Maansada Mudduci (Feb 2017) ee Xasan Daahir Ismaaciil (Weedhsame) ee ku saabsan musuqa iyo boobka hantida qaranka iyo masiibooyinka ka ratibmay ee jar-iska-xoornimada hungurigu hagayo u badan, waxa ka buuxa meerisyo gabay- ama maanso-ku-maahmaah oo wada farshaxan iyo hummaagayn ah. Tusaaleyaashan ayaa ka mid ah:

73.
Wuxu yidhi "qof muuqdiyo
Mindi saawiroo taal
Midna lagama quusto!"

Maahmaah: Madax muuqda iyo mindi saawir ah midna lagama quusto.

Weedhsame waxa uu baydedkan soo socda ee maansadiisan u adeegsadey toban maahmaahood oo kale si layaab iyo farshaxannimo leh. Tusaale sida ay u kala horreeyaan:
1. Nin soori kaa qadday waa nin seefi kaa qadday.
2. Hunguri wax ka weyn la mariyaa wuu dillaacaa.
3. Dacawo halkay macal idaad ku baratay macaluul bay ugu dhimataa.
4. Macal cune muuqan doonee.
5. Misko la fuulo miskiin baa leh.
6. Meel aar ka kacay atoor fadhfadhiisey.
7. Meel waa laga muuqdaa ama waa laga maqnaadaa.
8. Milil guudkiisa lama dhayo.
9. Miidaamo dhego ma leh hadduu malag dhawaaqaayo.
10. Wax-badso wax-beel bay dhashaa.

Maahmaah horaa tidhi:
74.
"Nimay soori malagtiyo
Nimay seefi mirataa
Masa weeye weligood!"
Muurmuursan waydaye

Haddii ay mur kugu tahay
Mid kalaa waxay tidhi

75.
"Hunguriga la mariyaa
Wax ka weyni maaf noqey!"
Haddaad taas ka murantoo
I tidhaahdo maan maqal
Mid kaloo la midaboo
Macnahaa siddaa tidhi

76.
"Halka maalin dacawadu
Macda neefka ku cuntaa
Macaluushu dhigataa!"
Haddaad malabka booliga
Muudsoo is qari tidhi
Murtiyahan horaa yidhi

77.
"Macal cune ma dhuuntee
Kolley muuqan doonee!"
Askarteenna milicdiyo
Mirta dhexe ku heegana
Dhaxan aan maryuhu celin
Bil dhan waxay masruuftaan
Maalin-qayil wasiir iyo
Waxaan maato korinayn
Adna moodhar qaaliya
Dawga boodhka miidhana

Waadigan ku marayee
Hadduu maanku kugu yidhi

78.
"Miskiin bay ku yaalliin
Misko mudan la fuulaa!"
Maahmaah kalaa tidhi

79.
"Malko aar fadhiyi jirey
Masallaha atoor dhigey!"
Madaxtooyadaydii
Murdisooy lagaa yaab

80.
"Ama waa la muuqdaa
Ama waa la maqan yahayee!"
Mus-dambeedyo badaneey
Magac iyo marwaad buu
Xil macaan ku leeyee

81.
"Manfacaadka jeceleey
Halka Doolar maariyo
Midho iyo macaash yaal
Moolkii Barmuudiyo
Haddii uu mariikh yahay
Miidaamo dhegaloo
Isku sii maqiiqdaay
Waxaad maar ku gadataa

Dahabkii malaasnaa!"

82.
*"Hadba boogo malaxliyo
Milil jira guntaasuu
Dusha sare mariid iyo
Maaleey ku dhayayaa!"
Masas baanu dhaqayaa
Malmal baanu shidayaa!*

83.
*"Ninka weel muggiisii
Intuu buuxshey miijiyey
Weligii ma mahadshoo
Wax badsiga wax beel maag!"*

84.
*Muqdishiyo Hargeysaay
Muruqiyo laxaadkaan
Kala maarmi jirinow,
Taariikhdu waa marag
Waxay maanta joogtaa
Yaa maali jirayeey,
Ama waa la muuqdaa
Ama waa la magan yahay
Labadaasna kala miyo.*

Hadraawi waxa uu soo xigtey maahmaahda:
Ama waa la joogaa ama waa la maqan yahay
iyo halqabsiga:

"yaa maali jirey".

85
Daab laga jaraa dhiraha kale lagu dulleystaaye.

Samatar Baxnaan waxa uu beydkaas ka soo qaatay maahmaahda:
Gudin yahay haddaanu daabkaygu kugu jirin ima aad goyseen.

Maanso-ku-sheekaynta Suugaanta

Sheeko-ku-maansoodku waa meerisyo maanso oo maansooluhu ka soo dheegto sheeko xariir ka mid ah kuwa dhaqanka iyo hiddaha ee soojireenka ah, sida dawacada iyo xeeladaheeda, awr-ku-kacsiga Sheekh Cabdulqaadir, maskii good ahaa iyo ninkii loo garqaadaayey, soddohdii garashada dheerayd iyo ninkii inanteeda qabey, xiidkii iyo tukihii uu yidhi hasha habar-dugaag u qaybi, danyooy yaa qaybta ku baray iyo ishaa Cali ka laallaadda, Maroodi maroodi cadhoole, iwm.

Meerisyada maahmaahoobey ee aynu hore wax uga soo xusnay waxa calanka u sidey Saahid Qamaan iyo Salaan Carrabey ragga ay ka midka yihiin. Gabay-ku-maahmaaha aynu ka soo tibaaxo bixinnayna waxa foolaad u ahaa Cabdullaahi Macallin Dhoodaan, Maxamed Ibraahim Warsame (Hadraawi), iyo Qamaan Bulxan.

Intii se aan baadhitaanka ku jirey waxa aan Sheeko-ku-maansoodka suugaantii ku saabsanayd ee aan la kulmay shookaanta u haya Maxamed Ibraahim Warsame (Hadraawi) oo ah abwaanka nool ee maansadiisa loogu halqabsiga badan yahay inta aan ogahay, tixdiisuna ugu saamaynta badan tahay casrigan aynu nool nahay.

Hayaay Cabdiqaadir iyo Hadraawi

Maansada Hadraawi ee Hambaber waxa aynu ka soo qaadan karnaa sheeko ku jirta oo qiso ujeeddo fog ku arooraysa, xaqiiqada waaqiceennana soo bandhigaysa. Waa islaan guuraysa oo awrkii ay raraysay markii ay u dhammaysay cullaabtii iyo rarkii uu hore ugu kici waayey, cuskanaysa si Alle-ka-koodnimo ah Sheekh Cabdulqaadir oo ku odhanaysa "Sheekhow ii hareer qabo awrka ha ii kaco'e". Awrkii baa Alle amarkii kacaya, dabadeedna gabadh ay Islaantu dhashay ayaa odhanaysa, iyada oo la yaabban sida uu Sheekhu Islaanta ugu hiiliyey: Hooyo, muxuu sheekhan inoo soo gurmadey inoo yahay?!

Islaantii baa odhanaysa: Hooyo, waxba ma wadaagno ee awrkaygaan ku kacsadaa! Siyaasiga Soomaalida iyo xidhiidhkiisa qabiilka ayay tani hogatus u tahay oo si duurxul ah oo farshaxannimo iyo aftahannimo ah ay maansadu u adeegsanaysaa. Hadraawi sheekadaas dhaqanka iyo hiddaha sida uu ugu maanso-sheekaynaayo iyo sida fanniga ah ee uu ugu soo gudbinayo farriintiisa sarbeebta ah ayaa ah isir muujinaya hodantinnimada iyo afgobaadsiga maansada iyo maansoyahanka Soomaalida, waxa ay tixdu tidhi:

Hawraar iyo sheeko
Haween laga reebay
Beraa habar guurtey
Hayaan raraygeeda
Cullaab iyo haamo
Waxay hilif saartay
Haldhaa kici waayey,

Hi'yeeda gadh jiidka
Markuu hollan waayey
Ayay hindiskeeda
Halaanhal ku keentay
Midaan kolla haabka
Markaa lagu haynin,

Waxay tidhi "Hoogey
Hayaay Cabdi-Qaadir
Hareer qabo awrka"
Markuu hayinkeedu
Hagaag isu taagey
Ayey tidhi "haakah"
Hebloo gabanteed ah
Hilowna basteeda
Malaa u hanweynna
Karaamadan hiirta
Ku soo hormanaysa
Hilmaanina weydey
Wadaadka hoggiisa
Ka soo hangallaystay
Siduu ugu hiishey
Ayaa tidhi "hooyo
Muxuu horta sheekhu
Inoo yahay haybta!?"

Waxay tidhi "heedhe
Hibooy ratigeennu
Markuu hinqan waayo
Ayaan Huruwaaga
Haleel cuskadaaye
Habeen ma wadaagno
Haddaan magaciisa
Dantaydu higgaadin
Ma soo hadal qaado!"

Isla maansadaas Hambaber ee Hadraawi mar iyo meel kale, waxa uu Hadraawi ku soo qaadanayaa sheeko kale oo kuwa dhaqanka iyo hiddaha ka mid ah. Wax la yidhi beri, waxa duullimaad galay haaddii arlada ku noolayd oo idil. Xiid ayaa abbaanduule u ahaa, baa la yidhi.

Wax la yidhi markii duullaankii lagu soo guulaystey, ayaa xiidkii oo daallani seexday, tukena ku yidhi hal la soo helay hilbaheedii dugaagga u qaybi, anna hadhow i toosi. Tuke waxa uu yeelay sidii uu doono. Waxa uu ku-takrifalay hilbihii, xiidkii seexdayna wuu iska illaabay.

Xiidkii ayaa toosay saqbadhkii isaga oo hurdadii ka bogtey. Waxa uu arkay waxa dhacay iyo hilbihii hasha oo lagu kala tegey. Tukihii ayaa la isqabsanayaa oo gar gondaha la isdhigay. Tukihii baa odhanaya xiidow sawdigii i ogaa in aan ahay Halac-dheere maxaad ii hiifaysaa.

Halac-dheere waxa uu ahaa, baa la yidhi, nin hunguri badan oo aan cidna waxba u oggolaan, damaacina ah oo cirweyn. Waa halka ay ka timi in aanu xiidku haadda raacin, hilibkana iska daayo, habeenkiina aanu seexan oo habeenkaas uu tukuhu khiyaameeyey ee qadiyey ayaa xiidkiina halkaas kaga dhaartay in aanu habeen dib u seexan, haad dambe annu wax ku darsan, hilibna aanu dib u cunin oo uu keli-socod abidkii ahaado. Waa halka laga yidhaahdo lama arko xiid habeen hurda, haad la socda, hilibna cunaya—saddexdaasba habeenkaas buu halkaas kaga dhaartay in uu iska daayo. Waa habraac farshaxan ah tani oo maansooyinka Hadraawi ku badan, qurux iyo hummaagayn hodan ahna ku shaqlaya tixihiisa, soorna dhoweeya fahanka ujeeddadiisa.

Waxa ay tidhi:

Habkii xidinxiidka
Dugaag huwantiisa
Horyaal ka ahaaye
Markii hankakoobka
La soo helay guusha
Libtii lala hoydey
Tukaa yidhi "hoy day
Hashaan qalay saami
Hagaagna u qaybi
Hadhowna i toosi,"

Tukow hayedaadu
Wax bay huwanayde
Dantiisa ka haybi
Qorshihi hiyigiisa
Halkay talo joogtey
Ka sii wadey hawsha
Ninkiina hilmaanyey,

Saqdii dhexe hawda
Ninkii hurdey toosyey
Hareeraha eegyey
Raqdii ku hungowyey
Hanqaar warwareegga
Hankaag jaljalleeca
Haqdii samri waayey
Tukii hanfariirka
Waldeys kula haadyey
Gar laysu hankaabsey
Hamuun Gorayaale

Ninkii Halac-dheere
Wuxuu yidhi "hoo war
Intaan hanaqaaday
Haddeer iyo caawa
Haddee weligeyba
Inaanan hambaynin
Horaad u ogayde
Maxaad igu hiifi?!"

Ninkayse ka hoostay
Mar bay hawireene
Ka soo kabey haarta
Bahaysiga haadda
Hilbaha cuniddooda
Habeen gama'iisa
Inaanu haweysan
Ayuu han fogaanta
Halkii kaga dhaartay!

Geeddi Baabow

Maansada Goljanno ee Hadraawi waa wada sheeko-ku-maansood. Geeddi Baabow nin la odhan jirey oo wadaad-isku-sheeg ahaa ayaa dheeggan maanseedna Hadraawi si farshaxan ah ugu soo qaadanayaa sheeko-ku-maansoodkiisa badan ee maansada Goljanno oo ku saabsanayd Gorgor yimi Hargeysa 1980-nada horraantoodii. Geeddi Baabow aan ku horrayno. Waxa uu yidhi:

AFKA HOOYO WAA HODAN

Wax la yidhi gu'yaal hore
Bahal Geed-is-marisaa
Maqlay gobol Islaamoo
Wadaad gaasa-baxay raba
Gadh intuu samaystuu
Kutub garabka soo sudhay
Soo gaadhyey beeshii.

Hadba dadabta loo goo
Hadba goolal loo loog
Badhi iyo leg loo gee
Gallad loogu roonaa
Hoosna gaadhku kala socoy!

Gahangaha abaaraha
Sida weerka guuree
Hadba reer ku soo gaas
Hadba galab carraabaha
Masallaha gabboodkiyo
Hoos galbeedka soo dhigey
Gelin qudha maqnaan waa
Guryihii ku fara badey
Galgal iyo xasarad keen
Gacan-dhaafna lagu arag!

Gungunuuska beenta ah
Ku galgaley Quraankii
Guudaankii dhayi waa
Goosan lumay bariin waa
Lagu barey gaddiisiyo

Inaan Geeddi Baabow
Naf gunaanadkeediyo
Garashada ku dheerayn
Misna gogosha loo badi.

Isna laba gar-daaqii
Hadba taako sii gudub
Ganacsiga ku sii durug.

Guul-darraa ka salaglee
Galab buu ka kacay meel
Gegi laysu soo baxay
Dadkii joogey goobtaas
Kadin geela weydii!

Warka Geedi Baabow
Gujo iyo faq hoosiyo
Isha laysku gaadhsii

Waa dad soo gubtoo jabay
Dhegahay gufaysteen!

Sii garooc hankiisii
Gu'rin qaalinuu yidhi
Yaa godkiisa hoosiyo
Geysanaaya aakhiro?!

Shirkii ruux garaaboo
Gacan taaga laga waa!

Iyadana ka sii gudub
Kuye gacallayaalow
Boqol shilin ha lay guro!

Goroddaa la wada lulay
Ku go' baana lagu yidhi!!

Gonduhuu u sii degey
Kuye Geed-is-mariskii
Gini lagaca yaa hura?

Laga gaabsey hadalkii!

Wuxuu yidhi galkiisiyo
Yaa Kitaabka naga gada?!
Gaw baa lawada yidhi
Go' boodhka laga tumey

La bannee gawaankii
Dadku galab carraabaha
Badhba gees u siigee
Raabe raabe loo guran
Golihii ku noqoy keli
Goobtaas la kala dhimey!

Isna Geeddi Baabow
Galalkiyo khamiiskiyo
Garangari Kitaabkii
Ged kaluu u diga rogey,

Miciyii gahaydhiyo
Daba goojinaysiyo
Gawsihii u sheellaa
Gibishii u duubnayd
Gashey saamihiisii
Gaaleemadii tuur
Gafi waa runtiisii!

Duq Guun Ah iyo Gashaanti

Mar kale isla maansada Goljanno waxa uu Hadraawi ku soo qaadanayaa sheeko dhaqameed ku saabsan nin oday ah oo gabadh gashaanti ah oo adhi la joogta isku deyaya inuu ka gaadhsiiyo guur degdeg ah, iyana ay ku fahmayso oo ay isla goobta ay ku foos-burburinayso.

Waxa ay ku bilaabmaysaa:

Waxa la yidhi duq guunoo
Golxoshoo idlaadoo
Lafta dheeri godatoo
Gaabshey oo cuslaadaa
Guudadley ku soo baxay
Mayracaysa galab adhi.

Gooli-baadhka sheekada
Haasaawe goo goo
Hadalkii gar adag iyo
Gendel iyo alool saar
Hadba garangar oodee
Hadba gooddi kala bixi

Galka ulo ku baadh baadh.

Goobyaalka inantii
Garan weydey baanuhu
Geesuu u dhacayoo
Waxay tidhi geddaa hadal!

Aan is guursannuu yidhi!

Alla yay gujay tidhi!

Kol hadduu gedmado hadal
Goobta waan ka dheelmaa
Ayay gololadii tidhi.

Wuxuu yidhi god bay hadhay.

Waxay tidhi Gadh Cawsow
Adhigaa galbanayee
Aan gadaal u soo rogo.

Isna yidhi ka gaadhsii
Guusha maanta kuu dagan
God-dalooladiisiyo
Gu'ga faraqa haystiyo
Gedihiisa qari yidhi,

Ganbalaashka sii luud
Gumar buu ka jaray qodax
Geed kaluu ku soo mudey

Gabbashada ku soo noqoy
Ku soo laabey goobtii
Gabadhiina ugu timi.

Gol castii dhacaysuu
Go'a sare hagoogtiyo
Gacantiisa ka hadhsaday
Wuxu yidhi "galoolkaas
Maxaa gaari dumareey
Gunta hoose kaga mudan?

Ma gammuun ku jabay baa?
Ma fallaadh ku ganan baa?
Ma gafuur maxaadh baa?
Ma atoor gadoodaa
Geesihii mid kaga tegey?

Geedka wey u jeeddaa
Waxa gaar u raacee
Guurdoonku sheegee
Gunta hoose kaga mudan
Indhaheedu gabadhii
Markay gaadhi waayeen
Waxay tidhi inoo gee
Runta aynu gunudnee.

Fadalkaa la wada gurey
Garo oo barbaarkii
Gebgebtiyo is waalkii
Wuxuu guudka kaga dhacay

Hal fadhida gelgelin shaw
Ka sokaysa geedkii!!

Qosol guuli keentay
Hayn weydey gabadhii!

Isaguna gilgilashada
Gebi dhaca is yidhi toos
Misna gudub u soo ciir
Gabaxdii is qaban waa
Gadhka ciidda kula duul
Shaw illayn gardaadkiyo
Garab iyo shanshaa jaban!

Jaljalleecday gegiduu
Ku burburay geyaankeed
Laye Guud-haldhaaley
Garangarisay laafyaha.

Isna gocasho sii dhawr
Baalal goof ku yaalliyo
Indha gudhay ka daba tuur
Dabadeed galgalashada
La gurguurey boodhkii
Gawdiidsey meeshaas
Salka dhigey go'doonkii
Ku wadhwadhay gabaahiir.
Waxa hodey garaaraha
Golxadiyo cabbaadhyaha
Goobtaasi hadal ma leh

Goolkaasi dhalan waa
Guurkaasi beenow
Gabow baa da' mehersaday.

Gurey baan xusuustee
Gobor iyo turxaan iyo
Ninku gaatir badanaa
Qudhun buu far geliyaa
Marka gacal la yaabuu
Guudkiisa mariyaa
Gaarriyow ma naagtii
Loo maydhay gacantiyo
Gambadii la sheegiyo
Gabaygii la tiriyaa!!!

Mar saddexaad isla Goljanno iyo Hadraawi oo ku maanso-sheekaynaya ayaa soo qaadanaya sheeko dhaqanka iyo hiddaha ka mid ah. Nin goolmoon oo gaajo hayso ayaa imanaya duleedka gurigii soddohdii. Waa soddoh garasho dheer, waxanay sheedda ka fahmaysaa in ninka inanteedaa qabaa gaajo iyo diihaal la ildaran yahay. Caano dhito ah oo ay godollo kaydinaysay ayay gaawe ugu soo shubaysaa. Marka uu caanahaas gondaha dhigo ayuu arkayaa intii fudka iyo faarka ahayd oo gunta gaawihii ku ururay. Waa ceeb oo oo gacanta kuma soo murdin karo, hase yeeshee xariif buu ahaayoo inta uu dagaal dhacay soddohdii uga sheekeeyey oo uu dhiilkii ruxay ayuu odhanayaa: "markii ay na gelayeen way na gilgileen oo na gun dhabeen oo afka nagu gaacsadeen!"

Waxa tixdu odhanaysaa:

Sheeko gaaban baa tidhi:
"Nin ay gaajo haysaa
Guri yimi duleedkii
Soddoh garasho dheer uu
Gabadheeda qabay baa
Dhito godollo sheellayd
Ugu geysey meeshii,
Isaguna guddoon yidhi,
Laysu guud mar toyashada,

Caanaha gadhoodhaa
Inay guura-guuraha
Weelka gaararkiisiyo
Gunta badi ku ururaan
Waa ged lagu yaqaannee
Godankii isugu tage.

Isaguna ka geyn waa
Inuu dhiilka gororsado
Gacantana ma diran karo.

Isagoo xil-gubashada
U daruuray gaashaan
Isma Gabe wuxu yidhi:
"Markii ay na gelayeen,
Waa nala gilgilayoo
Inta nala gun-dhebey baa
Afka nalagu gaacsaday!"

Wadnihiisu galow ma leh
Ku gadaangad ceebtii
Libintana ku geeraar
Xeeshiina lagu garey
Murti guun ah laga reeb.

Jiiftada gardhaladka ah
Waxan uga gol leeyahay
Allahayow gurracanaa
Marti goor xun socotood
Gobannimo ku soortood
Kugu tidhi gun baad tahay!

Maanso-ku-sheekaynta suugaanta Hadraawi innaga oo aan ka geyoonayn, mar kalena wax ka soo qaadan doonna gunaanadka ladhkeennan, aan jalleecno oo dhugasho galaabixinno dhawr abwaan oo kale oo inta aan ogaal ku gaadhey Hadraawi la wadaaga adeegsiga maanso-ku-sheekaynta iyo dheegashada sheekooyinkii hiddaha iyo dhaqanka. Abwaannada ay ka mid yihiin Cabdillaahi Macallin Dhoodaan, AHN, Cabdi Muxumed Amiin, AHN, Maxamed Xaashi Dhamac (Gaarriye), AHN, Cabdi Aadan Xaad (Qays), Xuseen Maxamuud Faarax (Dhiqle), AHN, Cabdi Iidaan Faarax, AHN, Xasan Xaaji Cabdillaahi (Ganey), Aadan Tarabi Jaamac, iyo Yuusuf Cismaan Cabdalle (Shaacir) ayaan suugaantooda kula kulmay intii aan baadhitaanka ku jirey meerisyo gabay ama maanso oo ka soo jeeda baddaas sheeko-ku-maansaynta aynu u bixinnay.

Garnaqsi iyo Dhoodaan

Mas ayaa beri wiil cunay. Odaygii wiilka dhalay ayaa gudimo afaystay oo raadkii maska guray. Meel kambalka reerka ah ayuu maskii oo galgalanaya ku soo gaadhey. Gudintii ayuu ku tummaati tuuray maskii. Wuu la seegay oo geed maska u dhow ayaa maskii oo arkaya gudintii gashay oo laba u kala goysay. Maskii iyo ninkii oo is-hor fadhiya ayaa la isku soo gaadhey.

Waa loo garnaqay. Ninkii waxa uu ku garnaqsaday in masku inankiisii Yaasir xalayto cunay, maskiina waxa uu ku garnaqsaday in gudinta geedkaas kala goysey ay isaga ku gannayd oo ninkani aannu waxba ula hadhin oo uu diley.

Adduun Caaryaale, rag isgurayee, bal adba ka sitee!

Dhoodaan iyo Aadan Tarabi baa sheekadaas soo qaatay, haddase ta Aadan Tarabi ha inoo yar dagamsanaato'e aynu ta Dhoodaan ku horrayno oo soo qaadanno.

Dhoodaan, AHN, waxa uu yidhi:

Maskii Good ahaa iyo ninkii loo garqaadaayey
Guurtida markii loo wacee talada loo guuley
Cid gudhaadha sheekada markii goobta laga waayey
Waxay gocatayoo eersataye gababow diiddey
Waa masaartu xididkay gashiyo gabanka Yaasire!

Nin ganiyo libaax waa og yahay kii galladayaaye
Adoose goomanaada kolkay ila gudboonaato
Nacabaan isaga kaa gudbiyo hiil gabaabsiya'e
Geeridii aan kaa celin jiraan gudin u soofayne.

Garnaqsaday guddoonkiina waa niniyo gaarkiise
Gadaafada haddaad odhan lahayd laguma gaadhsiinin
Ninka gebiga igu soo dunshayow saw ku garan maayo!!

Qumman iyo Cabdi Muxumed Amiin

Kaalinta kursi-ka-kacsiga iyo loollanka siyaasadeed isaga oo u gol lahaa xilligii mucaaridkii hubaysnaa ee SSDF iyo SNM ay dagaalka kula jireen taliskii Maxamed Siyaad Barre, ayaa Cabdi Muxumed Amiin, AHN, waxa uu soo qaadanayaa adeegsiga sheeko ka mid ah kuwa hiddo iyo dhaqanka ku saabsan. Nin barbaar ah ayaa gabadh gashaanti ah xoog kaga qalqaashanaya. Hooyadeed bay inantu u qayshanaysaa. Waldeys ama qaare ayay islaantu qolqolkeeda kala soo haadaysaa oo barbaarkii oo inanteeda ku raran ku qaadqaadaysaa. Barbaarku inta uu inantii ka boodo, ayuu hooyadeed isku qaadayaa. Inantii baa u hollanaysa in ay hooyadeed markeeda u gurmato oo barbaarka qaatan ka kiciso. Islaantii ayaa inanteeda ku odhanaysa: *anigaa qadaf iyo qallooc sameeyey ee qoodha lama dilo'e inanka iska daa, shiddo ma jirto'e!*

Wiil qooqay baa beri
Gabadh reer korsanayeen
Isagoon u amar qabin
Oo qaaddi loo gayn
Xoog kaga qalqaalsaday
Qaylay ku jiiddoo
Qumman hooyadayeey

Ninka iga qabay tidhi.

Habartiina qaar ay
Qolqolkeeda ku ogayd
Qabadsiisay laba jeer,

Yartu way u qalantoo
Baruurteedii qaar buu
Bishimaha ka qoystee
Intuu qaarka kala kacay
Islaantii ku qalam yidhi

Iyadoo qiyaastii
Qaabkeedii moodday
Qiirootay inantii
Qaar bay la booddoo
Kaga qaad kolkay tidhi
Qosol habartii laga reeb
Hooyo Qaali luuleey
Anaa qalad sameeyee
Qoodha lama diley tidhi!

Qamuunyootay inantii
Qawl waxa ka soo baxay
Illayn qaawintaydiyo
Qalashada waraabaha
Qayladaan miciin biday
Iigama aanad qabannine
Adigaa hunguri qabey
Oo qooq ku soo wadey!

Sheeko-xariirta iyo Cabdi-qays

Sida qaalibka ah, halabuurradu waxa ay gabayga ama maansadoodu qaybo ka mid ah ka soo dheegtaan, sidii aynu meelo hore ku soo carrabownay, degaanka sheekooyinka soojireenka ah ee hiddaha iyo dhaqanka. Si ay fahamka toyashadoodu u fududaato, si sahlanna ugu dhacdo dhegta maqlaysa ereyadooda ama isha dhuganaysa, ayaa waxa ay soo qaataan sheeko xariir ka mid ah kuwaas dhaqanka iyo hiddaha. Cabdi Aadan Xaad (Qays) ayaa ka mid ah abwaannada arrintaas adeegsada:

Sasabada dhallaankee
Suul-cayn iyo Dhegdheer lihi
Markaan qaydka sidanniyo
Seben layna bari jirey
Ma run baa salkeedii
Mise sebiga uun baa
Lagu seexin jirey waa'?

Cabdi Aadan (Qays) waxa kale oo uu soo qaadanayaa sheeko kale oo dhaqanka iyo hiddaha Soomaalida ka soo jeedda. Masku waxa uu cunaa goodaaddooyinka. Goodaaddooyinka waxa ku jira qaar aannu masku cuni karin oo uu iska ilaaliyo. Haddii uu talo xumoobo marka uu qabtaba wuu gartaa. Haddii uu liqo wuu dhimanayaa, haddii uu tufana wuu indhobeelayaa. Hase yeeshee si uu u badbaado wuu iska lalsadaa oo sitaa ilaa Ilaahay si uun u kala furdaamiyo:

Maskii qarada weynaa
Wuu qadhaabanaayee
Qorratada markuu helay
Afka Quduro loo geli
Markuu qoomay kala garey
Inay laba qisaasood
Qoortiisa sudhan tahay
Qaad oo ma dhigi karo
Qabey oo ma liqi karo
Ha qaniinsanaaduun!

Madax-goodir iyo Gaarriye

Sheekooyinka male-awaalka ah hadalka ayaa lagu la baxaa. Waxa ay ka dhexeeyaan carruurta iyo waayeelkaba. Waxa ay ka hadlaan nolosha bulshada dhinacyadeeda kala duwan. Waa ku qani dhinaca afka, taariikhda iyo kasmo-wadareedda ummadda. Waxa ay taabtaan meelo halis ah sida saamiqaybsiga iyo caddaaladda, hunguriga, dhegweynida iyo dhiiftoonaanta caqli badnaanta, gobannimada iyo deeqda, abaal-gudka iyo abaal-dhaca, xorriyadda iyo iscabbirka maskaxeed, cabbudhinta iyo gudhinta maanka, isla weynida iyo qooqa ama kibirka, iwm.

Maxamed Xaashi Dhamac, Gaarriye, AHUN, isaga oo kelitalisnimada iyo cabbudhinta aadmiga garashadiisa cabbiraya, waxa uu soo qaadanayaa sheeko ku saabsanayd nin timojare ah oo xog ka helay boqor waddan u talin jirey oo uu timaha u qusayn jirey, xogtiina cid uu sheego oo uu ku aamino la waayey, deedna god inta uu qodo u sheegaya oo ku aasaya.

Waxa uu yidhi:

Mar aan gaban ahaa beri
Galab aan adoogay
Geeduu fadhiyi jirey
Sheeko gaaban kaga guray

Wuxuu yidhi gu'yaal hore
Boqor geeso laa jirey
Oo goostay weligii
Inaan iinta lagu garan
Fule waa geddiisee
Wuxuu goorba hubiyoo
Gedfo oo cumaamado
Gadhxiir baa sirtii helay
Godob buu se taransaday
Garashadu u sabab tahay

Nin gefaana laga dhigay
Hadduu gaabsan waayana
Inuu gawrac jiro maqal

Hadba giirka loo kici
Goldaloolladuu helay
Inay gudubto loo diid

Isna waa gartiisee
Liqi waa' gasiinkii
War guntamay la fool qaad
Hadba gaadhka meel dhigey

Dadka uurka googo'ay
Sida garac ka wada qari

Sidii naag shinkeed go'ay
Ganacyadu hambaabuqe
Gabbashada miciin mood

Goobyaalkii laylkii
Kolkay gama' is waayeen
Gelin dhexe rugtiisii
Gurigii ka soo bood

Gudcur beegsey duurkiyo
Gellimada dugaagga leh
Mugdigii galaydhkiyo
Garanuugtu kala dide

Wuxuu gebidhacleeyaba
Kolkii waagu galac yidhi
Geed hoostii faadhfaadh
Sida bahal god dheer qodey

Dabadeed gafuurkiyo
Gadhka ciidda saaryoo
Intuu fiirshey geesaha
Goofkii xogtuu helay
Gaagaabsi ugu sheeg
Dulucdiina gaadhsii
Inuu boqorka goojaa
Madax goodir leeyahay

Geesigu warkiisii
Ku cabudhay markuu ganay
Garbihiisa laga duul
Gebigiis fudayd noqoy
Goobtiina aasyoo
Ka hurgufey go'iisii
Galbey oo ka sii socey
Ka gadaalna meeshii
La yeh goortii roob helay
Geesaa ka soo baxay!

Gaarriye iyo marka kale isaga oo adeegsanaya sheekadii carruurta ee maroodiga iyo hashii Cosob:

Miyaan caddo-loolka
Habeenkii cayaarta
Carruurtu ku heesin
Maroodi maroodi
Maroodi cadhoole
Haddii col la sheego
Cadaadda ku meere
Hashii Cosob waa tan!

Qiyaashmaash iyo Xuseen-dhiqle

Xuseen Maxamuud Faarax (Xuseen-dhiqle), AHN, waxa uu gabaygan soo socda u adeegsaday sheeko xariir ka mid ah kuwa hiddaha iyo dhaqanka ee ugu caansan, ugu xigmadda badan marka laga hadlayo saami-qaybsiga, sinnaanta, iyo caddaaladda. Waxaa la yidhi habar dugaag ayaa duullaan tulud geel ah ku soo dilay. Waxa la damcay in hasha la qaybsado. Libaax oo ah boqorkii duurjoogta ayaa dhurwaa ku amray in uu hilibka dugaagga u qaybiyo. Dhurwaagii wuxuu soo jeediyey in libaaxu hasha badh qaato, badhna habar dugaag intiisa kale u qori tuurtaan. Libaaxii arrintaasi uma qudhqudhsamin. Il iyo dhaban ayaanu dhurwaagii fujiyey oo dhirbaaxo shan farood in meel dhigay oo il kaga soo tuuray!

Libaaxii oo cartamaya ayaa soo qabtay dawaco ismashashuuraysa oo ku yidhi: Dayooy hilbaha dugaagga u qaybi. Soomaalidu waxa ay hadalka kula baxdaa in dawacadu khiyaamo iyo sir badan tahay oo aan gunteeda la gaadhin. Dawacadii waxa ay tidhi: libaaxow hasha qayb dhan cidi kugu labayn mayso ee bal horta taas hoo! Libaaxii baa giirka kiciyey, indhihiina galka ka saaray. Ha boodin, bay tidhi, boqorkii duurjoogtow—badhka kalena cidi kuugu iman mayso ee hasha hilibkeeda wada qaado.

Qosol guuli keentay ayuu libaaxii qawlallada kala waaxay, waxaana halkaas ka dhalatay maalintaas *qayb-libaax* iyo *Dayooy yaa qaybta ku baray* iyo *Ishaa Cali ka laalaadda* oo ay dawacadii iskaga furfurtay habar-dugaaggii ay qadoodiga dirtay!

Xuseen-Dhiqle sheekadaa ayuu gabaygiisa ku bineeyay, isaga oo u duurxulaya qolooyin haween ka qaaday markii ay Daraawiishtu jabtay ee ay Iimay tageen, Sayid Maxamedna baxay, AHN. Waxa uu yidhi:

Qiyaashmaash libaax baa dhurwaa, qaybi yidhi soore
Wuxuu yidhi hilbaha jeex bal qabo, qoon dhan baan nahaye
Markaasuu qabbabaalihii, qoonsadoo dilaye

Dharbaaxuu il kaga qaadayoo, hoor ka soo qubaye

Afqashuushle goortuu dhintuu, sii qataabsadaye
Qambaruursi iyo oohin buu, qoon dunuunucaye

Dawacuu kolkaa soo qabsaday, sida qisaaseede
Iyadoo qadhqadhi buu ilkaha, qoorqabkii xoqaye
Wuxuu yidhi qanjaafula xumeey, tali qaddaarkaaga

Adeer gacalle qaar iyo dalool, qaaxo iyo feedho
Qummud iyo baruuriyo legiyo, qawdhihii kuruska
Kuu wada qorsheeyeye Islow, neefka wada qaado

Markaasuu wixii qaday qabsaday, qoobab kadafleeye
Wax la yidhi qabiil ma leh dayooy, qayliyaha aare
Innagoo quruun dhanna maxaa, qado inoo diiday?

Qacdii hore haddaan dayey kobtii, weerku sii qulushay
Badh baa kuu qisma ah waa wuxuu, eeday Qaaryare'e
Aniguna qudhaasaan ahoo, lay qulqulateeye
Duqii noo qab weynaa waa kaa, qooqa loo dilaye

Qaddaarkii Ilaah iyo Rabbaan, quud ka sugayaaye
Qudhaydaan u yaabaye miyaan, idin qasaarteeyey
Ma anoon qudraba haynin baa, qamash ka soo waaqsan?

Anna qayb libaax weeye taad, igu qasbaysaane
Dadka igu qoslaayiyo kobtaan, ka qalbi diidaayo
Qadayeey adduunyo uma socon, waad i qaharteene
Qadankii dariiqiyo haddaan, qaniimadii waayey

Labadii qofee nagaga hadhay, qaafadii dumarka
Tii quruxda roonayd hadday, Cali la qooqayso
Qudhoo keliya baa nagu hadhoo, qalabku noo yiile
Tanna qaata Naadaba rag bay, qaac u shidataaye!

Abwaankii Cabdi Iidaan Faarax, AHN, ayaa isna Deelleydiisii ku soo qaadanaya sheeko-xariirtaas Qayb-libaax iyo Ishaa Cali ka laalaadda, waxaanu yidhi:

Dugaag baa ku shiray meel
Daawona way lahaayeen
Hal dubaax ah buu helay,

Waraabihii dedaalkiyo
Duqa weyn isaga buri
Daribtuu u wada dhigay
Waa kii dawrigii aar
Ku dellegey dhirbaaxada
Inuu dilose ma ahayn.

Wuxuu yidhi dayooy hee
Adna dib u qaroomee
Isku wada darsay tidhi.
Wuxuu yidhi Dayooy yaa
Daacadnimada kuu dhigay?
Dacawadiina waxay tidhi
Ishaa Cali ninkii dayey
Digniin wawgu filan tahay!

Habartii Roobku Helay iyo Cabdi Iidaan

Mar kale Cabdi Iidaan Faarax, AHN, waxa uu isla Deelley ku soo qaatay sheeko xariir kale oo ku saabsan habartii roobku helay ee u qaadatay in uu dad oo dhan jir hayo co dunidu wada roobban tahay, isaga oo u duurxulaya niman hantida ummadda jeebadaha ka buuxsaday oo sheekadoodu ka dhigan tahay: *haddii dadku ay roodhi waayeen, may keegga iska cunaan, maxaa waalay oo ay la qaylinayaan*.

Adduun Caaryaale weeye'e, waxa uu Cabdi Iidaan yidhi:

Habartii docdeediyo
Degelkay ku noolayd
Daruuruhu ku hooreen
Dadba wada hel mooddoo
Daad wararac bay tidhi!

Midna talada kuma darin
Inuu duul abaariyo
Gobol lagu darleefiyo
Degmo lagu harraadiyo
Darxumooyin muuqdaan
Dirqi-ku-nool u badan tahay
Danyartiyo shaqaaluhu
Daasad garow ah gadan karin
Malaa talada kuma darin
Waase dumare yeelkeed!

Fuleygii iyo Weylkii Baxsanayey

Nin fule ah ayaa goor galab ah fiidkii hore lo' soo xareeyey. Lo'dii irmaanayd ayaa waylihii markii lagu sii daayey, waxa xeradii waydaartey wayl yar. Meeshu bahalo badan ayay lahayd. Ninkii fuleyga ahaa waxa uu ka baqay in haddii waylkii cudcur dhex qaaday uu ka daba tago in isaga uu bahalku cuni doono, iyada oo dadkiina la hadlayaan oo ku leeyihiin waar waylka soo celi. Waxa la yidhi ninkii fulaha ahaa waxa uu la hadlay waylkii, waxaanu ku yidhi: "Waylyohow adiguna waraabaha ha isu loogin, anigana nimaan ku soo qaban karin oo aan ordi karin ha iga dhigin, sicii Dhiin-waal ee ku dhalayna yuu gudhin ee soo joogso."

Sheekadaas dhaqanka iyo hiddeed waxa adeegsaday oo sheeko-ku-maansood u soo qaatay Xasan Xaaji Cabdillaahi (Ganey), waxa uu yidhi:

Waylba nin waa yidhi
Adiguna waraabiyo
Hays cunsiinnin weeraha
Anna ruux wahsanayoo
Orod waayey hay tirin
Dhiin-waalla yuu gudhin!

Maskii Good iyo Aadan Tarabi

Aadan Tarabi Jaamac ayaa sheekadii garnaqsiga ahayd ee abaal-dhaca ku saabsanayd ee goodka iyo ninkii qariyey dhex martay ku soo qaaatay maansadiisa Good iyo Guuleed. Waa sheeko xariir ku biyo-shubaysa abaal iyo sida nin gala mooyaane aan loo arag nin guda. Sheeko xariirta hiddeed ee Soomaalidu si ba'an ayay u qofaysaa xayawaanka oo u adeegsataa, taas waxa ina la qaba caalamka oo dhan oo waa shay dabiici ah.

Wax la yidhi good baa cunay nin aroos ahaa oo habeenkaas aqal galay. Subaxdii baa la raad guray. Iyada oo guuto daba joogto, goodkiina uu cir iyo dhul diiday, illayn waa *dhagar qabe dhulkaa u dhaqdhaqaaqee*, ayaa waxa ku soo baxay nin Guuleed la odhan jirey oo socoto ahaa. Goodkii baa ku yidhi ninyohoow iga badbaadi gaadahan igu soo maqan oo i daba mari. Xaggeen kugu qariyaa iyo go'aaga i huwi aan qoortaada sidii geed is giraangiriyee oo igu qari, ayuu hadal ku gooyey oo Guuleedna ku raacay.

Colkii markuu daba mariyey ayuu ku yidhi: iga soo deg haddaba oo meelahaas god ka eeg-eego aad gasho. Doqonniimaa Guuleed gadhku kaaga soo baxay buu ku odhanayaa, waar i sid buu ku yidhi. Awr duq ah oo jabad lagaga guuray bay isu la imanayaan oo sheekadu hidde tilmaantaa oo ay Guuleed iyo Good odhanayaan noo garnaq. Awrkii markuu dhegaystay, ayuu odhanayaa abaal cid gasha waa la arkaa oo cid gudda lama arag oo anigaba halkaas baa la igaga guuray markii aan itaal gabay tiiyoo tobannaan sannadood la i raranayey ee orda i dhaafa.

Aakhirkii marka la eego sheekada dhaqanka iyo hiddaha, dawacaa la isu la tegayaa, kuna garnaqaysa laba isa saaran uma garnaqo ee horta soo kala dega. Aadan Tarabi waxa uu soo qaadanayaa sheekadaas dhaqanka iyo hiddaha. Isaga oo garnaqaas Good iyo Guuleed ku soo goosanaya, oo u bandhigaya abwaannada ay ka mid ahaayeen Alle ha u naxariisto'e Maxamed Xaashi Dhamac Gaarriye, Maaxamed Ibraahim Warsame Hadraawi, iyo Xasan Xaaji

Cabdillaahi- Ganey oo ku odhanayaa ka garnaqa. Waxa uu ahaa gabaygu duurxul siyaasi ah oo ku aaddanaa xilligii kelitalisnimada. Waxa Aadan Tarabi ku bilaabayaa:

Googga Hadraawow
Gaarriyowna cigallee
Ganey weeye xaajadu

Good baa nin cunay beri
Guursadey habeenkaa
Gabdhadii arooskii
Gogoshii ku keliyee

Geeri lama filaanaa
Guriyihii ku timiyoo
Gacalkiina subaxdii
Raadkiisii buu guray

Isagoon god helin weli
Meeshuna gawaan tahay
Geed la cuskadaa jirin
Buu gadaal jalleecada
Arkay guuto raacda ah

Guuldarrayste meeluu
Ku gabbado ma haysto'e
Gocoshuu miciisaday

In yar goortii loo jirey
Ayaa Goodkii nin u yimi

Guuleed la odhan jirey
Iska gooni socoto ah

Wuxu yidhi gantaalaa
Layla gaadayaayoo
Gurmad baygu soo dhow
Gudmaa lay sitaa badan
In lay gawracaa baa
Talo lagu guddoonsaday
Go'i waa i magan geli
Haddii aad nin goba tahay!

Garan maayo buu yidhi
Jilbiskaas galaasha leh
Iyo gooh dhegaystaha
Sidaan Good ku aamino!

Goormay dad iyo halaq
Gacansaarka yeesheen?
Colaad sii gun dheeroo
Guun ah baa dhex taalleye
Bini aadmi goormay
Gacal noqdeen abeesada?

Immikana waar Goodow
Aan kuu gabagabeeyee
Inaan goob xun lagu dhigin
Hay gunaanad seejine
Anna galabta hay dilin!

Wuxu yidhi in gawsaha
Waabayda gaaxsadey
Miciyuhu ku gaadhaan
Ha ka yaabin Guuleed
Mana ihi gabraartaha
Gunta habar-dugaaggee
Xor gurguurataan ahay!

Guuleed is muu odhan
Goodkani naftaaduu
Inuu gooyo jecel yahay
Guuxna wuxuu ku sii yidhi
Allahayow gurracanaa
Isu soo galkeennani

Wuxuu yidhi bal Goodow
Haddaan kuu gargaar falo
Goormaad iga hadhaysaa?!

Wuxuu yidhi goshaa dhow
Kula gaadhi maayo'e
Guutadaa i daba mari

Waayahaye Goodow
Ma guntigaan ku geliyaa
Mise garanka hoosiyo
Gaaddada dhexdoodaa?

Anaa garanayuu yidhi
Igu qari go'aagoo

Luquntaada sida geed
Aan is garangarshee keen!

Kuma diidin Guuleed
Geb ku soo dheh buu yidhi

Goodkii ninkii qari
Gaadihiina daba mari
Guutadii ka nabad geli

Markuu geeyey meelaan
Weerar laga la gaadhayn
Ee uu gadiid sidey
Iyo maalin gelinkeed
Goodow soo deg buu yidhi!
Waayahaye Guuleed
Allahayow gobsanidaa
Weligaa naf goolmoon
Kumaad dhaafin gaajee
Gartay deegsi baad tahay

Goobaha dagaalkana
Nin ku geesiyaad tahay
Goortay u daran tahay
Nin la magan galaad tahay

Garaad beelo daaja ah
Guun aqoon leh baad tahay
Geestii la eegaba
Garbo la dugsadaad tahay

Haddaan gabadh ku siin laa
Isma geyo dad iyo hee
Bahal hoose Guuleed

Ido gorod madow iyo
Geesleyda xoolaha
Weligay ma dhaqan geel

Xaggayaga gammaan iyo
Geenyo lagama qoofalo

Gebigeed wax lacagana
Ma hayaan guryahagu
Mar haddaanan garanayn
Guushii ballaadhnayd
Waxaan kaga abaal gudo
Anay ila gudboon tahay
Sidaan adiga kuu galo!

Waa yahaye Goodow
Goor dambaynu joognaa
Gabbood daydayuu yidhi!

Waxaan ahay nin godob qaba
Geyigaba dhammaantii
Laga goobayaan ahay
Waxse galabta sheeko leh
Nacasnimada Guuleed
Gadhku kaaga soo baxay!

Guuleed markaasuu
Ka dareemay Goodkii
Inaan laga geyoonayn

Wuxuu yidhi mar Goodow
Gondaha kaalay hoosoo
Garbahayga soo dhaaf!

Guuleed warlaawoow
Gaagaabso buu yidhi!
Good cuno ku maranoo
God dhul waayey baan ahay
Guudkaaga kama dego!

Ha gilgilannin buu yidhi
Gacmaa laabo buu yidhi
Go'a ha huwan buu yidhi

Markaan galo jidhkaagee
Dhiiggaaga gororsado
Guul la hel dheh buu yidhi

Garaac sacabka buu yidhi
Goortay u daran tahay
Gaadh iga qabuu yidhi

Inaan gam'ay ha moodini
Waan kuu il galaclayn
Waanan kuu gol leeyahay

Guuleed naftiisuu
Goor baas canaantoo
Gebi igu dun buu yidhi

Gabbal baasna hay dhaco
Dhib wixii i gaadhaba
Anigaysu geystaye
Goblan basha hoosay
Illayn Good abaal ma leh!

Ganeyow bal labadaas
Sidee baad u kala guri
Gaarriye maskii iyo
Kala saar bal Guuleed
Good iyo Hadraawow
U garqaad ninkii sidey!

Waraabe, Tuke, iyo Rah

Waraabe ayaa lagu yidhi waar ninyohow sida kale nin rag ah ayaad u tahaye bahal foolxumo la yidhaahdo ayaa ku dilootey oo qayrkaa iyo qayr xigeenkaa labadaba kaa reebtay ee ma isku og tahay? Waraabuhu waxaas lagu sheegayo waabu isku yar ogaayoo maba uu diidine, waxa uu cudurdaar ka dhigtay ka iga yar ee Dhidar la yidhaahdo ee aannu walaalaha nahay miyaydaan arag! Haddaad isaga eegtaan taydu wax saar ma yeelateen.

Yuusuf Cismaan Cabdille (Shaacir) ayaa sheekadan dhaqan iyo hiddeed ee waraabaha iyo labada ka dambeeya ee tukaha iyo raha ka hal-abuuray si farshaxan ah:

Beraa dhalankiisa
Dhurwaa socodkiisa
Dhegtiisiyo muuqa
Dharaar lagu maagay
Wuxuu yidhi dheegga
Malaa dhinacayga
Intuu Dhidar joogo
Dhalliil ma mutaysan.

Tanina waxa ay ka hawaale warramaysaa laba qolo oo wada dhalliilan oo haddana isdhalliilaya, sida xukuumadda iyo saxaafadda oo kale. Tuke ayaa lagu yidhi waar horta ma danlaawe ayaad tahay? Waxa uu tukihii yidhi noloshu waa afar qaybood: *colaad* iyo *abaar*, *nabad* iyo *barwaaqo*—aniga nabadda iyo barwaaqada wax dan ahi iiguma jiraan. Waxa dantaydu ku jirtaa colaadda iyo abaarta. Colaadda waxa aan helayaa meyd badan oo laga yaacay oo aan bakhtiisa feento, abaartana xoolo badan oo bakhtiyey oo aan indhaha kala baxo oo aan ka haago:

Tukow dhaqankaagu
Colaad iyo dhiillo
Haddaan dhib la sheegin
War dhiif lehi oollin
Malaa laf ma dhuuxdid?!
Wuxuu yidhi Dhuule
Hurweyn kuma dhaato
Habeen dhalad ma ihi

Qurbaha uma dhoofin
Colaad iyo dhiillo
Haddaan dhib la sheegin
War dhiif lihi oollin
Hadhuubkiyo dhiisha
Dhankaan ku hagaajin?!

Sheekadani waxa ay iyana qabanaysaa warfidiyeenka xilligan ee Soomaalida ee Alle aanu u ceeb asturin ee ay iskaga xidhmeen wixii uu sheegi lahaa, iyo wixii dalqadiisa iyo dhuuntiisa geli lahaa. Rahu xilliga barwaaqada waxa uu yidhaahdaa: "*Raggu rah, anna rag.*" Xilliga abaartana: "Raggu rag, anna rah!"

Rah baa harraaday xilli abaareed. Caasha-badhi ayuu u tegey. Waxa uu ku yidhi: "In yar oo biyo ah i amaahi marka roobku da'o ayaan iska soo celin oo aan ku siin doonaaye."

Way amaahisay.

Gu'gii markuu da'ay isaga oo balli buuxa ka dhex xareedinaya, ayay u timi oo ku tidhi amaah kugu raagtey iddaa baad mooddaaye dee kalaxii yaraa ee biyaha ahaa ee kugu maqnaa iska soo celi.

"Wax miyir qababa haddaad aragto la hadal!" Ayuu Rahii ku yidhi Caasha-badhidii.

Bal taas dafiraad ka weyn arag!

Caasha-badhidu biyaha ma gasho, isna u soo bixi maayo ee yaa haddaba u gar qaadi!

Siyaasiga maanta ee xilliga ololaha doorashada kadan ee nugul ee dadka daba iyo hor nahnahleeya, hadhowto marka uu dantiisa gaadho ee la doorto ee uu kursiga ku fadhiisto dhegaha furaysta ee illooba ee albaabka iyo *mobile*-ka ka xidha dadkii ballamaha uu u qaaday xilligii uu baahnaa iyo tan raha iyo Caasha-badhida kala haystaba waxa laga dhex akhrisan karaa maanso-ku-sheekayntan:

Rah baa dalandoolka
Harraadkiyo dhiifta
Markuu dhabankiisu
Dhulkii qaban waayey
Ayuu dhaqankeenna
Dhab eel garanaysa
Wax dhuunta u qooya
Dharaar ka amaahday

Markuu dhahardoodey
Xareedna ku dhaashtay
Ayuu dhacadiidka
Dhegaaba furaystay
Xusuusna ka dhaartay!

Marar Kale iyo Hadraawi

Sidii aynu wax uga xusnay, Hadraawi waxa maansooyinkiisa ka buuxa adeegsiga sheeko xariirta dhaqanka iyo hiddaha Soomaalida. Waxa aynu ka soo qaadan doonnaa laba kale oo ka mid ah oo ku jira maansadiisa Dibedyaal. Waa sheekocarruureeddii Suul-Cayn iyo *habar dhali waydey aleelo ku waalatay*. Waxa uu yidhi Hadraawi:

Wuxu yidhi "degmadayada
Waxa jira Duleedow

Habar doobir kululoo
Dhererkana Dijaal le'eg
Dadabkiyo ballaadhkana
Dhirta daray ka xoog weyn
Dhakadana il daaftow
Dawo karin ku leedahay
Mar inay wax dihatoo
Ubad daaddahaysay
Si kastaba u doontoo
Markay ciil dellegantee
Toddobaatan dayrood
Dedan iyo si daalacan
Nafta damac u gelisee
Baryadii ka daashaa
Rabbi deeqsi weeyee
Ducadeedi ka aqbalay
Da' baa wiil gurracanoo
Falanoo derderanoo

Denbi iyo xasarad badan
Curad guri danbaysna ah
Dirqi iyo si fool adag
Hoosteeda laga deyey
Iyadoo ha dagantii
Digta qalabka reenka leh
Kaga dananinaysoo
Demman guulaheedii
U dabbaal degeysaa
Suul-Cayn durduriyoo
Dubur buu ka xulay Hawd!

Damdamta iyo ciilkii
Dib waxaan u dhici karin
Duqdu sow khalaawaha
Wax kastaba iskuma deyin
Dulucana umay xidhan.
Kolba daw shixnadan bay
Sanqadhaha docdeeda ah
Hadba ruux la duushaa
Markay dayma bogashada
Weji dadabka quusta ah
Isha daawisiisay qofkaan
Duud carrale noqon
Daad xoor ku tuurtaa"
Illaa maalintii Dura
Sidii bay Duleedow
Xaajadu dudduuc iyo
Deji iyo dul gee tahay.

Mar kale Hadraawi isla maansadaas waxa uu soo qaadanayaa sheeko xariirtii ninkii hashu ka hallowday ee bahalku cunay, isaga oo raadcaynaya raqdeedii ku soo baxay ee inta uu isha ka dadbay isdiidsiiyey, waxaanu yidhi:

Ninkii dalawadiisii
Duhur geed ka seexdee
Dib jirtee habeenkii
Bahaluhu durduurteen
Dildillaaca waaberi
Dalag dalagta raacdada
Ku dul dhacay raqdeedii

Runta magan is diidsii
Indhahana dib ula noqoy
Ruuxeeda doon doon
Dad kaleeto weydii.

Hadraawi iyo sheekadii habartii doonnida ku dhooftay ee baddu ku kacday, markii ay ka badbaaddey ee dhulkii timi diiddey in ay kaba kacdo ayaynu mar kale iyana isla eegi, isaga oo duurxul siyaasi ah taas u adeegsanaya oo ku socda madaxda kuraasta marka ay fuulaan ku dhegta ee lagaga furfuri kari waayo, kana kici wayda sida habartaas. Waxa uu yidhi:

Dhillowyahankan geedkii
Lagu beeray dhiiggiyo
Dheecaanka wadhatada
Dhexda tolow iska maray
Dhirta maw abtiriyaa
Sida dhalashadeediyo
Dhaqankeedu kala yahay?

Mise wuxuu ka dhigan yahay
Habartii mar dhooftee
Doonnidu la dhacantee
Badda dheelligeediyo
Dhaxantiyo dabaylaha
Dhawawelan ka qaaddee
Iyadooy dhaqaaliyo
Nafba kala dhaqaaqeen
Ka dib dhawr ayaamood

Salka dhigatay ciiddee
Dhulow kaama kaco tidhi!

Waraabe iyo Xoolo Dibboodey

Wax la yidhi waraabuhu ma hungureeyo in uu cuno xoolaha aadmiga ee hallowga ah ama baadida ah ee dibbooda. Xoolaha lumaa marka ay waraabaha arkaan way ka didaan, isna wuu ka daba cararaa oo wuu eryadaa isaga oo isleh soo dabbaal oo soo celi. Hadba neef ayuu qabo isyidhaahdaa, kolba se muruq baa u sii siibma oo miciyihiisa soo raaca. Sarbeeb ahaan isaga oo uga jeeda in kelitaliska macangegga ahi la mid yahay dhaqan ahaan dhurwaagaas hororka ah ayaa Maxamed Ibraahim Warsame (Hadraawi) sheekadaas hiddaha iyo dhaqanka Soomaalida u adeegsaday maansadiisa Kala-Maan oo uu tiriyey horraantii 1980aadkii xilligii la is-hayey taliskii Maxamed Siyaad Barre oo u taagnaa waraabahaas, halka dadkuna ka ahaayeen xoolahaas dibboodey ee ka firdhanaya ee uu isna soo celi isleeyahay.

Waxa uu odhanayaa:

Maqal waxaan ku haystaa
Muslimkiyo waraabaha
Madmadowga tuhunkiyo
Mashaqada dhex taallaa
Inay tahay ismaandhaaf,

Muudaaga xooluhu
Marka ay la kulantee
Muuqiisa aragtay

Lugaheeda maashaa
Isna wuxuu majiiraha
uga daba maleegtaa
Celi maganta baadida
Ismaqiiqiddiisiyo
Mintidkiyo dedaalkaa
Hadba muruq u siibmaa,

Dee muxuu sameeyaa
Ilkahaa u midigoo
Micidaa u gacanee,

Aniguna mudducigow
Waxaan meel la joogaa
Muran li'i dhurwaagaa!

Maadi Waa Meel

Wax la yidhi gabadh rajo ah ayaa aayadeed la kortay. Marka ay habluhu yaryar yihiin waxa ay Soomaalidu u sameeyaan gudniin fircooni ah. Waa caado guun ah, aanse diinta Islaamka wax raad ah ku lahayn. Inantaas yar aayadeed ma ay gudin, baa la yidhi, u hagar-bax iyo daryeel la'aan awgeed. Inantu waa ay la socotaa xaaladdeeda iyo in dayacaasi ku dhacay maqnaanta (geerida) hooyadeed awgeed oo aayadeed aabbe ay hagratay.

Waa ay kortay oo kaalin qadday. Barbaar ay wada haasaaween ayay guur kula heshiisay. Wuu la baxay. Aroos laba daryaale ah ayaa gaggaabey. Gelbis ayaa caruuska iyo caruusadda midba gaar loogu samayn jirey. Inanka waxa soo gelbiya ragga, inantana haweenka. Galabtii markii inanta la soo gelbinayey ayay hadashay oo ku celcelisay:

"Wallee maadi waa meel
Qabsoo waana meel dhow!"

Isla maansadiisa Kala-Maan ayuu hadraawi sheeko dhaqameeddan u adeegsadey, waxanu yidhi:

Wallee maadi waa meel
Qabsoo waana meel dhow
Cagtan maagi weydee
Malafsiga ku dhacantee
Manka tiigsanaysiyo
Sida mool u qodan yahay
Waxay muujinaysaa
Sida aynu Moogow
Kala-Maan u kala nahay.

Hashii Hallowday ee Hororku Diley

Nin baa beri geelisii ka seexday oo dayacay. Tulud baa ka hallowday. Wuu raad guray. Gabbalkii baa u dhacay. Meel buu ku gataati dhacay daal dartii.

Markii ay libdhadu soo booddey ayuu ka kacay hurdadii oo uu raadkii hashiisa sii daba guray. Barqo kulul kolkay ahayd ayuu ku soo baxay raqdii hashiisa oo xalay waraabe horor ahi dooxay. Dhinacyada ayuu kaga weehday oo kolba dhan ka eegay. Waa hashiisii Ina Hebla oo wuu gartay. Hase yeeshee, waxa uu isdiidsiiyey runtaas mudduciga ku ah.

Hore ayuu ugu sii socdey baadidoonkiisii raad la'aan. Qofkii uu la kulmana waxa uu weydiiyaa hashii uu raqdeeda soo arkay. Tuulada uu tagaba wuu ka yaboohiyaa. Mudduu beentaas dacallada haystey oo uu isku maaweelinayey, run baa se ka daba timi oo beentii ka daadisay markii uu muddo suuxsanaa. Hadraawi ayaa sheeko dhaqameeddaas ku sheeko-maansooday 1980aadkii:

Ninka dalawadiisii
Duhur geed seexdee
Dib jirtee habeeenkii
Bahaluhu durduurteen
Dalagdalagta raacdada
Ka dul dhacay raqdeedii
Runta Magan isdiidsii
Indhahana dib ula noqey
Ruuxeedii doon-doon
Dad kaleeto weydii.

Xuquuq dhawridda Suugaanyahanka

Gabyaagii Soomaalidu waxa uu lahaa awood iyo garasho uu ku bal reebto. Sida uu sheeko xariirta ugu nisbeeyo in ay tahay kasmo-wadareed ummaddu wada leedahaday, ayuu u bixiyaa tixraacyo xuquuqo reebban oo aanu isaga sheegan karin, halabuurkiisa in uu ku adeegsadana uu uga maarmi waayey. Tusaale waxa ka mid ah oo taas u taagan dhawrkan tusmood ee ka bilaabmaya: *Wax la yidhi, waa' baa la yidhi, la yeh*, ama ku halqabsi qof kale, iwm.

1
Waa' horuu nin kale yidhi
Wax la waayey Geellow
Ruxii waalan baw duda!

2
La yeh way jabtaa lugi
Hadday dhaafto jeeniga!

3
Waxa dhaba Salaanow
Haddaad dhimato geeridu
Mar bay nolosha dhaantaaye!

4
Wayl baa nin waa yidhi
Adiguna waraabe iyo
Hays cunsiinnin weeraha!

5
Nin fagaare jaan dheer
Ficil heesay baa yidhi
Haddaan ciba kuu furin
Fiicnaantu kelidaa
Maxay kuugu filan tahay!

6
Wax la yidhi duq guunoo
Golxoshoo idlaadoo
Lafta dheeri godatoo
Gaabshey oo cuslaadaa
Guudadley ku soo baxay
Mayracaysa galab adhi!

7
Dani waa seeto, ayuu yidhi Ducaale Suldaan!

8
Waa dambaa laga sheekayn, ayuu Diiriye Kama dege yidhi!

9
Duncarbeed siduu yidhi
Diric keli ahaantii
Daleel guusha kama helo
Dadkaa geesi lagu yahay.

QORAAL, QABYO, IYO SAAMAYNTA QALAAD

Qabyada Qoraalka Af Soomaaliga

Afafku sidoodaba waa isirro qaabeeya hab fekerka aadanaha, waxna lagu ficil geliyaa waxqabadkiisa, ujeeddaduna waa in la isku fahmo oo lagu wada xidhiidho, loona adeegsado muuqaallada nolosha oo dhan—wax maskaxda laga hindiso iyo wax gacan laga hidiyoba.

Sidaas awgeed ayay afafku u baahdaan in la ilaaliyo, la daryeelo, la koriyo, lana taabbo geliyo tisqaad ahaan, iyo in gudahooda laga la soo dhex baxo sirta ku duugan ee ku dacal dhebaysa xeerarka iyo qawaaniinta qaab-dhismoodkoodu isugu rakiban yihiin iyo neefsiga xarakadooda la jaanqaadda kacaa-kufka, gedgeddoonka, iyo guclaha nololeed ee aadmigu ku jiro.

Saddex martabadood ayaa afafka la siiyaa oo lagu geeddi geliyaa adeegsigooda dusha sare ka muuqda:

1. Afka marxaladdiisa suuqdiga ah oo aan inta badan soo dhaafin wada macaamilka suuqa iyo dariiqa, maqaaxiyaha iyo majlisyada, iwm.
2. Afka qaybtiisa labaad waa ta rasmiga ah oo ah afka shaqada iyo maamulka, waxbarashada iyo warfaafinta (gaar ahaan idaacadaha iyo TV-yada), khudbadaha madaxda, culimada, iwm.
3. Qaybta saddexaadna waa afka marxaladdiisa qoraalka ee wargeysyada iyo buugaagta oo isaga laftiisuna qaybo hoosaadyo sii yeelanaya.

Saddexda martabadood waxa aynu soo qaadan karnaa tusaalahan:
- Gole weyn oo khamriga lagu fuudo magaalada London ayuu holac ka kacay (wargeyska).
- Meel khamriga lagu cabbo magaalada London ayuu dab qabsaday! (Idaacadda iyo TV-ga)
- Mukhbaarad khamriga lagu walaaqdo magaalada London ayaa gubatey! (suuqdi)

Af Soomaaligu kama duwana afafka caalamka, kamana maarmo xeer loo cuskado oo lagu kala xakameeyo badahaas kala duwan iyo dhigaallada qaabdhismeedyadiisa, gaar ahaan erey-afkeedka ku sargo'an xubinta hadalka ee dhegta (Idaacad), ama dhegta iyo ishu (TV) maskaxda u sii gudbiyaan, iyo ereyga qoran dhigaalkiisa ee isha iyo maanku wadajir fahamkiisa u miciinsadaan.

Af Soomaaligu waa guun, qoraalkiisuse waa cayddi. 21-kii Oktoobar 1972 ayaa dawladdii Kacaanka ee hoggaamiye Maxamed Siyaad Barre ku dhawaaqday in la hirgelinayo dhigaalka Afka Hooyo. 21-kii Oktoober 1973 ayaana qoraalka af Soomaaliga si rasmi ah loo hirgeliyey oo dhigaalkiisa lagaga shaqeeyey xafiisyadii maamulka dawladeed, dugsiyadii waxbarashada, iwm.

Tallaabo Lagu Tanaaday

Sannadahaas 1972–1973 ololayaashii qoraalka iyo cidhibtirka akhris iyo qoraal la'aanta ee magaalo iyo miyiba ka dhaqan galay waxa ay ahaayeen kuwo la mahadiyey, guulona laga soo hooyey. Manaahijtii waxbarashada (saynis; bayoolaji, kimisteri, fiisigis, xisaab iyo taariikh, juqraafi, iwm.), maamulkii xafiisyada, derajadii ciidamada iyo warfaafintii waxa ka dhashay fuf ereybixineed oo casri ah oo layaab lahaa. Horumar ballaadhan ayay sannadahaas afka iyo qoraalkiisuba sameeyeen.

Laamaha cilmiga sayniska iyo xisaabta, iyo maamulka, *metelan*, waxa ku soo kordhayey ereybixin cilmi ah oo ku cusub—tusaale ahaan:

Kimisteri: curiye, iskudhis kiimikaad, kaaftoon, milan kiimikaad, iwm.

Fiisigis: xawaare, kaynaan, cufnaan, cufisjiidad, daafad, mug, culays, iwm.

Bayoolaji: habdhiska dheefshiidka, qashinsaarka, dhiig wareegga, dareemayaasha, neefsiga, hiddo-sideyaal, ugxanside, dareerare, abla-ablayn, berri-biyood, bog-ku-socoto ama xammaarato, iwm.

Xisaabta: isle'egyo wada jira, isirrada ay wadaagaan, dhufsanayaasha, togane iyo tabane, tigraar, saddex xagal, shakaal, asal-tiro-ma-doorshe, iwm.

Juqraafiga: saadaasha hawada, dhul-badhe, cidhifyo, kulaaleyaal, carro iyo nabaad-guur, lama degaan, lama degaan-u-eke, lisan iyo rifan, iwm.

Maamulka: qorshayn, jaangoyn, maarayn, hab-raac, hab maamuus, iwm.

Siyaasadda iyo warfaafinta: xoogsato, wadajir, midnimo, dayax-gacmeed, cirmaax, badmaax, badmareen, warfidiyeen, asal-raac, barwaaqo sooran, diyaaradaha guuxooda ka dheereeya, gantaalaha riddada dheer ama liishaanka gaaban, gujis ama maraakiibta badda quusta, iwm.

Derajada Ciidamada: dable, alifle, xadhigle, xiddigle, gaashaanle, sarreeye guuto, sarreeya gaas, iwm.

Innaga oo ah ummad dhaqankeedu hadlaa yahay, afkeenna oo qoralkiisu fac yar yahay iyo duruufaha kakan ee ummad ahaan ina haleelay saddexdii tobanle ee u dambeeyey ee af, dhaqan, dhaqaale, siyaasad, dad, iyo dalka wada saameeyey, ayaa waxa ka dhalanaya dib u dhacyo ku yimaadda afka iyo waayihiisa; ku-hadalkiisa iyo qoraalkiisaba. Jidgooyooyin isdaba jooga ayaa afka haleelay.

Dib u dhicii ay afka ku keentay siyaasaddii kelitalisnimo, hulaaqii colaadaha iyo dagalladii sokeeye, burburkii weynaa iyo degganaan la'aantii xaaladdaas ka dhisaalan tahay ee weli taagan waxa ay horseedeen dib u dhac iyo halis afka ku yimaadda, gaar ahaan koritaankiisii, ilaalintii daryeelkiisa, iyo aayihiisiiba. UNESCO waxa ay af Soomaaliga ku dartay afkka looga cabsida qabo in ay dhintaan oo iilka iyo luxudka jiifsadaan dabayaaqada qarnigan.

Maxaa gabay tilmaannaa

Maahmaaho toolmoon
Maalmuhu tireenoo
Qalbigaygu tebayaa,

Maxaan erey tafiir go'ay
Maxaan maanso teeri ah
Tacab ba'ay ka joogaa!"

—Maxamed Xaashi Dhamac (Gaarriye), AHUN.

Rifidda Afka iyo Maydhaanka Afka
1. "Doonni badda quustay oo dadkii saarnaa ku le'deen!"
2. "Diyaarad hawada ku gaddoontay!"
3. "Weftigii madaxweynaha oo dalka ku soo guryo noqday!"
4. "Guddoomiyaha gobolka oo bogaadin iyo hambalyo guudka kaga tuuray xildhibaannada golaha degaan ee doorashada ku guulaystay!"
5. "Weftiga madaxweynuhu waxa uu cagta soo mariyey degaanno ka mid ah gobolka Maroodijeex!"
6. "Waxa uu madaxweynuhu ka dhawaajiyey ama ka sanqadhiyey!"
7. "Roob oo wayn ayaa maanta Beledweyne ku biyo baxay!"

'Sida uu dhawaajiyeyda' silloon ee beryahan carrabkeennu laasimay immisa erey oo toolmoonaa ayay barabixin doontaa, tusaale ahaan, soo qaado, sida uu yidhi, sida uu tilmaamay, sida uu sheegay, sida uu ka tibaax bixiyey, sida uu carrabka ku dhuftay, sida uu carrabbaabay, iwm.

Haddii ku hadalkii afka iyo qaayihiisii halkaas marayaan, maxaynu kaga tibaax bixin karnaa dhigaalkiisii? Waa qaabaddii ninkii adhiga yar haystey ee lagu yidhi maanta cadceeddu kulalaa ee yidhi: "bal xaynta xaggeeda u dareertay na ka warrama?!"

Waxa aad shaashadaha TV-yada ku arkaysaa ama wargeysyada kula kulmaysaa, ama jaaha hore ee meheradaha ama xafiisyada dawladda ku arkaysaa qoraallo iyo magacyadii oo si qadaf iyo qallooc leh loo dhigayo. Tusaale ahaan: *Ugaara* oo looga jeedo '*u gaar ah*'. *Lasoco* (la soco), *lamida* (la mid ah), *kayimi* (ka yimi), *Wakaalada*, *Hayada*. *Hayaada* ama *Wasaarada Xanaanada Xoolaha*, iwm., oo looga jeedo '*Wakaaladda, Hay'adda, Wasaaradda Xannaanada Xoolaha*, iwm. Waa arrin qallafsan oo maanka xaganaysa marka sidii la doono wax la isaga qoro ee xagaafka la isaga qaadsiiyo, iyada oo aan loo miidaan deyeyn ama aabayeelayn wixii xeer iyo xaagaan ah ee jira ee qoraalka afka loo cuskan lahaa. Maxaadse ka fili wixii qabyo ah ee ku jira qoraalka afkeenna ee u baahnaa dayactir iyo qabyobeel?!

Dadka waxbarta, ee gaar ahaan afafka qalaad wax bowsada, sida af Ingiriisida ayaa afka candadawla oo ku hadalkiisa muqle iyo gawlgawl geliya, iyaga oo ku badhxaya ereyo afqalaad ah oo marka ay laba erey oo af Soomaali ah yidhaahdaan ku dara erey ama laba afqalaad, sida tusaalahan ka muuqata:

"Markii aannu *apply* garaynay *fund*-kii *project*-gu u baahnaa, waxa *attractive* noqday *aims*-kii iyo *objective*-kiisii oo ahaa qaar *implementation*-koodu *easy* yahay. Sidaas awgeed waa *successful program*-kaasi".

Oggoli oo waxbarashadu way egtahee
Afqalaad ayaynu addoon u nahaee!

Anfariir iyo yaab argagax
Abbaayo macaaney hee
Afqalaad aqoontu miyaa?!

—Cali Sugulle Cigaal (AHN).

Yeelkeedee, dhugashadayda maantu waa baraarujin, waxana aan qabyada qoralka ka eegi doonaa saddex god oo waa weyn, kuwaas oo la xidhiidha dhigaalka farta ama qoralka afka: shibbaneyaasha labanlaabma, isku dhigid, kala dhihis, shaqal culus iyo mid fudud, iyo tumaalinta ereyada.

Doorka Shibbaneyaasha Labanlaabma

Xaalad kasta labanlaabku ma yimaaddo, waxse uu lagama maarmaan noqdaa mararka qaar iyo xaalado gaar ah. Daraaso aan waa' hore sameeyey waxa aan ku ogaadey in ay jiraan toddoba xaaladood oo labanlaabkaasi yimaaddo. Mid ka mid ahi waa dhalad oo ereyga laftiisa ayay cayntiisa labanlaab marka horeba ay iska tahay, lixda kalena waxa dhaliya isbeddel afeed ereyga ku yimaadda. Khaladaad badan ayaa la galaa marka ereyada labanlaabmaa yimaaddaan. Waxa marar badan laga tagaa halkii labanlaabka xaqa u lahayd, marar kalena waxa labanlaabka la siiyaa meel kale oo aan xaq u lahayn. Labada jeerba waa khalad laga gelayo afka iyo qaab-qoraalkiisa saxda ah.

Islaan Ingiriis ah oo gedihii 80-jirka ku jirta oo tukube miciinsanaysa ayaa maalin iigu soo gashay meherad *Internet Café* ah magaalada London oo aan lahaa. Gidaarka waxa ku qornaa ogeysiis ku saabsanaa qaab xisaabeed oo dadka sida joogtada ah Internet-ka naga macmiisha aannu ugu talagalnay in aannu qiime hooseeya oo jumlad oo kale ah ku siin doonno haddii ay furtaan xisaab ay dhigtaan (*account*) lacag ka bilaabanta saacad wixii ka badan oo ka jabnaan doonta sidii caadiga ahayd. Kelmedda *account* ayaa waxa si kama' ah looga tegey xarafka "*c*" labanlaabkii ku jirey oo waxa la qoray "*acount*".

Islaantii inta ay warqaddii ogeysiisku ku qornaa akhridey oo tiraba laba jeer himbiirsatey ayay jifidii bakooraddeeda inta ay ereygii khaldanaa dulsaartay oo ku yar gujisey si canaani ku jirto, ayay tidhi: "Oday ama warqaddan meesha ka fuji ama kelmedda *account* si khaldan baa loo qoraye dib u sax fadlan!" Waa aan eegay, waana runteed oo qoodh iyo xeradeed khaladkaasi waa uu jira. Waxa aan ku idhi waa aad mahadsan tahay, iyada oo taaganna waa aan ka soo fujiyey derbigii warqaddu ku dhejisnayd, waxa aanan ku wadhay mid cusub oo sax ah. Wejigeedii waxan ka arkayey maqsuud iyo riyaaq badan, waxase markiiba igu soo dhacday qoraalka af Soomaaliga iyo sida basarka xun ee loo candadawlo marka wax lagu qorayo. Waa maalintaas marka ay igu soo dhacday qiimaha labanlaabku afafka ugu fadhiyo iyo in xil la iska saaro oo la ilaaliyo, sida ay garatay islaantaas da'da ah ee Ingiriiska ah oo og in afku yahay aqoon Allihii abuurtay aadmiga ku galladay. In uu yahay nicmo ka mid ah deeqaha uu Alle aadmiga siiyey, waajibna ka saaran yahay gudashada xilka iyo mas'uuliyadda ilaalintiisa, dayactirkiisa—hadal iyo qoraalba.

Afkeennu sida afafka kale kama maarmi karo xeerar iyo qawaaniin dhigaalladiisa loo raaco. Guddidii qoraalka farteenna ayaa 1972 beyaamisey qaar ka mid kuwa ugu muhiimsan xeerarkaas. Shibbaneyaasha labanlaabma ayaa xeerarkaas ka mid ah. In kasta oo ay qaar kalena jiri karaan, haddana sida guddidaas af Soomaaligu isku raacday, toddoba ka mid ah shibbanayaasha afkeennu way labanlaabmi karaan. Tilmaan ahaan waxa toddobadaas shibbane lagu baadi soocdaa labadan hawraarood:

Ma nala garaad baa.
Badar galaamayn.

Sida muuqata toddobadaas shibbane ee labanlaabmaa waxa ay kala yihiin sida alifba'da ay ugu kala horreeyaan: b d r g l m n (B D R G L M N).

Mar kasta shibbanayaashaasi ma labanlaami karaan, hase yeeshee, waxa lama huraan ah in marxaladaha qaarkood la labanlaabo haddii kalese la gelayo khaladaad waaweyn oo mararka qaarkood dhiillo culus ah marka xagaafka la iska qaadsiiyo ee aan loo ab iyo isir eegin.

Tusaale ahaan, waxa marar badan lala kulmaa war sidan u dhigan:

Caasha waxa loo magacaabay wasiirada caafimaadka.
Golaha wasiiradu waxa uu ka kooban yahay sagaal rag ah iyo haweenaydaas.

Caashi waa wasiirad. Marka qodobka "-*da*" la raaciyo waa

in ay noqotaa *wasiiradda*. Haddii aan sidaas la yeelin oo loo qoro *wasiirada* waxa noqonaysaa wadartii ama jamacii *wasiir* oo weli isna khalad ku sii jiro oo sida saxani tahay *wasiirro* = *wasiirrada*.

Qaybta labaad ee warkeenna oo ku saabsan wasiirrada oo dhan waxa aynu u qornay *wasiirada* oo dhawaaq ahaan ereygu jabnaanayo haddii aan xarafka "*r*-da" carrabka lagu adkayn ama aan la shedin, waxaana sax ah in loo qoro "*wasiirrada*" sida aynu xagga sare ku soo taabannay. Waxa taas u dhiganta labka iyo dheddigga *wakiil. Wakiilad* x *wakiil. Wakiiladda* oo ah haweenay waxa qoraalkeedu ka duwan yahay wadarta wakiil oo ah *wakiillo* oo marka qodobka la raaciyo u dhigmaysa *wakiillada*. Bal ha loo fiirsado kala geddisnaan wakiila**dd**a iyo wakii**ll**ada.

Tusaaleyaal kale:
Bog waxa uu mar la macne yahay xaashida ka midka ah buugga, mar kalena waa xubin ka mid ah jidhka gudaha ee aadanaha ama xoolaha. Haddii qodob la raaciyo waxa uu u qormayaa *bogga*. Haddii aynu labanlaabkaas ka ilduufno waxa soo baxaya *boga* oo ah hal magaceed (Boga). *Hashayadii Boga boggaa laga hayaa* x *Hashii Boga bogaa laga hayaa*.

Labanlaabka ayaa kala duwaya sidaas oo kale macnayaasha ereyadan soo socdana:

Carab carrab la' ayaa carruurta la cayaarayey markii Cali kubbadda uu Cabdi kubada kaga dhuftay. Cabdi weli kubadaa xanuunaysa ka dib markii ay kubbaddu ka haleeshay. *Carab* x *Carrab*, *kubbadda* x *kubada*.

Jirridda geedka ka jiri roobka jirrida jiridda Eebbaa weyne. *Jirri* x *jiri*, *jirridda* x *jirrida* x *jiridda*.

Sallaan buu fuushanaa markii Cali uu salaan wacan na siiyey. *Sallaan* x *salaan*.

Cadaawe iyo Caddaawe waa laba walaalo ah. Cadaawe waa axmaq aan naxariis lahayn, Caddaawe se ha iska caddaadee waa mayeedhaan. *Caddaawe* x *Cadaawe*.

Durdurrada xajiinta leh durdurada ku dhaafa. *Durdurrada* x *durdurada*.

Dhammaan caanaha way dhamaan. *Dhammaan* x *dhamaan*.

Barre waa bare af Soomaaliga dhiga. *Barre* x *bare*.

Abaartii Daba-dheer waxa ay ku abbaarnayd 1974. *Abbaar* x *abaar*.

Qalad buu sameeyo qallad baa ku dhacday! *Qallad* x *qalad*.

Inta uu waran soofaysan tusay ayuu ku yidhi "warran". *Warran* x *waran*.

Shilalku waddanka waa ay ku bateen, lax kastaana shillalka ay is dhigtaa lagu qalaa. *Shillal* x *shilal*.

Berri waxa aannu jilaynaa riwaayad aannu beri hore dhignay. *Berri* x *beri*.

In marka shibbanuhu labanlaabmayo la gartaa waa wax fudud. Dhawaaqa ayaa dhegta iyo carrabkuba dareemi karaan oo lagu kala saari karaa in ninka Carabka ah ee reer Ciraaq iyo xubinta jidhkiisa ka midka ah ee carrabku ay ku kala duwan yihiin shedka ku dhacaya xarafka "r-da" ee xubinta jidheed ee carrab oo haddii shedku ka baxo noqonaysaa nin ama haweeney Carab ah.

Ereyadan soo socdaa asal ahaan ayay u labanlaabmaan oo isbeddel ku yimi dhismahoodu kuma keenin labanlaabka, waxase jira ereyo badan oo aan labanlaabmin asalkooda hore, hase yeeshee, isbeddel dhismahooda afeed ku yimi uu sababo labanlaabka ku yimaadda. Kuwa labanlaabkoodu asalka yahay ayaynu ku horrayn, waxana ka mid ah:

1. Magacyada iskood u labanlaabma
B: Kubbad, shibbane, Eebbe, aabbe, Cubbe, Cabbane, Cabban, Caabbi, Dubbe, cabbudh, abbaar, xabbad, dabbaal.

D: Caddaawe, caddaan, guddoo,n geeddi, waddan, maddane, addin, shiddo, xiddig, addoon, caddaalad, guddi, dheddig, cuddoon, gooddi, waddo, toddoba, siddeed, saddex, Caddib, giddi, geddis, eeddo, ciddi.

R: Carrab, jirrid, cirro, carro, curri, qorrax, berri, cirrid,

QORAAL, QABYO, IYO SAAMAYNTA QALAAD

Hurre, Barre, farriin, xarriiq, dhiirri, arrin, shirrabaad, jirri, marriin, xirribo, harraad, irrid.

G: Higgaad, hoggaan, higgo, hoggaamiye.

L: Sallaan, kalluun, ballan, loollan, dillaal, cillaan, illin, falliidh, raalli, faallo, dheelli, heello, dulli, duullimaad, gallad, qallad, ballaadh, shillal, Alle, hallow, balli, fallaadh, kelli, ballac, sallax, doolli, qoolley, qallayl, dhallin, dhalliil, shillal, dhallaan, dhiillo, kallahaad, xilli, jillab, Cabdalle, Cabdiillaahi,

M: Dhammaan, ammaan-darro, ummad, qummaati, lammaane, hummaag, ammaano, ammaan.

N: Bannaan, hannaan, janno, jinni, shinni, Xinnif, gunno, xinne, xannaano, cunnaabi, sannad, doonni, sinnaan, sunne, iwm.

Carrabka ayaa garta oo soo dhufta marka shibbanuhu uu labanlaabmayo. Waxse jira xeerar kale oo qudhoodu hoosta ka xarriiqa oo jid u bixiya in shibbanuhu xaalado gaar ah uu labanlaabmayo marka wax laga beddelo jirriddii ereyga ee asalka ahayd. Marka aynu ka tagno ereyada asal ahaan u labanlaabma sida kuwa sare, waxa aynu labanlaabka shibbane ku yimaadda ku salayn karnaa dhawrkan qodob ee soo socda oo isbeddel dhisme afeed keenay:

2. Magacyada lab ee isirkoodu kelida yahay ee ku dhammaada shibbaneyaasha *b*, *d*, *r*, *l*, iyo *n*, haddii aanay

alan keliya ka koobnayn wadartoodu way labanlaabantaa, "-*o*" dabaggelis ahna way qaataan.

Tusaale shibbanaha "*b*":
Albaab"-ka": albaabbo"-ada", qodob"-ka": qodobbo"-ada", qoqob"-ka": qoqobbo"-ada", baarqab"-ka": baarqabbo"ada", sacab"-ka": sacabbo"-ada", birqaab"-ka": birqaabbo"ada", sambab"-ka": sambabbo"-ada", iwm. qodobkii lab"*ka*" waxa uu u wadaroobey dheddig qaata "*da*", "*o*" waxa ay isu beddeshaa "*a*" sida sambabka: sambabbada.

FG I: ab"-ka": abab"-ka", saab"-ka": saabab"-ka", iwm., waa magacyo ka kooban hal alan oo keliya, taas baana ka saaraysa xeerkaas hore. Iyaga isma beddelo isirkoodii labaa, sida saabka : saababka.

FG II: Magacyo faro-ku-tiris ah (xubnaha jidhka u badan) ayaa dariiq kale wadarayntooda la raacin karaa oo xeerkaas hore aan la jid ahayn sidan oo kale: garab"-ka": garbo"-aha"= garbaha ka mid ah xubnaha jidhka; ama garabka : garabyo "yada" = garabyada siyaasadda ama jilib-"ka": jilbo"-aha" = jilbaha xubnaha jidhka ama jilibka: jilibyo"-yada" = jilibyada qabaa'ilka iwm.

Tusaale shibbanaha "*d*":
Wadaad"-ka": wadaaddo "-ada", garaad"-ka": garaaddo"ada", sharabaad"ka": sharabaaddo"-ada", iwm.

FG: cod"-ka": codad"-ka", cad"-ka": cadad"-ka", lud"-ka": ludad"-ka", bud"-ka": budad"-ka", iwm.

Tusaale shibbanaha "r"
Buraanbur"-ka": buraamburro"-ada", geeraar"-ka": geeraarro"-ada", nabar"-ka": nabarro"-ada", wasiir"-ka": wasiirro"-ada", barbar"-ka": barbarro"-ada", dhakhtar"-ka": dhakhtarro"-ada", durdur"-ka": durdurro"-ada", amiir"-ka": amiirro"-ada", cudur"-ka": cudurro"-ada" dakhar"-ka": dakharro"-ada", dabar"-ka": dabarro"-ada", iwm.

FG I: gar"-ka": garar"-ka", qar"-ka": qarar"-ka", qor"-ka"; qorar"ka", iwm., waxa ay raacayaan xeerkii magacyada alanka keliya ka koobnaa.

FG II: magacyada shimbir, daruur, bar, buur, habar, daar, iwm., isirkoodu waa keli dheddig ah oo qaata qodobka dheddigood ee "*ta*". Sidaas darteed wadaraytooda shibbanaha "*r*" ee ay ku dhammaadaan ma labanlaabmo. Tusaale shimbir"-ta": shimbiro"aha" ama bar"-ta": baro"-aha", iwm.

Shibbanaha "*l*"
Qoraal"-ka": qoraallo "-ada", dhigaal"-ka": dhigaallo"-ada", wakiil"-ka": wakiillo"-ada", aqal"-ka": aqallo"-ada", alool"ka": aloollo"-ada", qiraal"-ka": qiraallo"-ada", dhambaal"ka": dhambaallo, qabaal"-ka": qabaallo"-ada", gobol"-ka": gobollo"-ada", qawlal"-ka": qawlallo"-ada", awlal"-ka": awlallo-"ada", iwm.

Hase yeeshee waxa xeerkaas ka baydhaya magacyada hal alanleyaasha ah ee labka ah ee "*l*" ku dhammaada sidii aynu horeba ugu soo aragnay kuwa ku dhammaada *b*, *d*, ama *r*.

Gal"-ka": galal"-ka", qol"-ka": qolal"-ka", qul"-ka": qulal"ka", dhul"-ka": dhulal"-ka", dal"-ka": dalal"-ka", iwm.

Shibbanaha "*n*"

Marin"-ka": marinno"-ada", surin"-ka": surinno"-ada", duullaan"-ka": duullaanno"-ada", degaan"-ka"; degaanno"da", bannaan"ka": bannaanno"-ada", iwm.

Hase yeeshee sidaynu hore u soo aragnay waxa xeerkan diidaya magacyada hal alanleyaasha lab ee "*n*" ku dhammaada. Tusaale:

Ban"-ka": banan"-ka", wan"-ka": wanan"-ka", nin"-ka": niman"-ka", san"-ka": sanan"-ka", waab"-ka": waabab"ka", iwm.

Shibbanaha "*m*"

Ma jiraan ogaalkayga magacyo Soomaali ah oo xarafka "*m*" ku dhammaadaa, marka laga reebo ereyga "Qamaam" iyo ereyo-sanqadheed kale sida aynu meelo kale oo buugggan ka mid ah kaga tibaax bixinnay. Hase yeeshee waxa jira macagyo lab oo ku dhammaada "*n*" oo marka wadaroobayaan "*n*"-du isu beddesho "*m*" labanlaabanta. Tusaale:

Qaalin"ka": qaalimmo"-ada", qalin"-ka": qalimmo"-ada", kulan"-ka": kulammo"-ada", inan"-ka": inammo"-ada, iwm.

3. Qodobbada "*da*" iyo "*ga*"

Sida qodobbadu ka marag-kacayaan magac kasta oo af Soomaali ah haddii uu ku dhammaado shibbaneyaasha "*d*" ama "*g*" marka uu qodobku (da ama ga) raacayo waxa khasab ah in labanlaab yimaaddo.

Tusaaleyaal "*da*"
Wasaaradda, dawladda, xukuumadda, Jamhuuriyadda, siyaasadda, waddaniyadda, dimoqraaddiyadda, daacaadda, madbacadda, qaafiyadda, daaqadda, daasadda, nadaafadda, warqadda, doodda, nabadda, colaadda, niyadda, durriyadda, sariibadda, sayladda, sabuuradda, qabyaaladda, diyaaradda, majarafadda, moqorofadda, laambadda, badda, dalladda, maddiibadda, malqacadda, xawaaladda, maaliyadda, shirkadda, iwm

Tusaaleyaal "*ga*"
Bogga, doogga, diigga, dhiigga, taagga, tuugga, togga, aagga, udugga, saldhigga, unugga, adeegga, edegga, buugga, dheegga, dhuugga, duugga, laagga, mugga, maragga, gundhigga, ruugga, ragga, iwm.

4. Magacyada qaata dabaggeliska "-*nimo*" ee ku dhammaada shaqal sida "*i*" ama "*a*" iyo xarafka "*n*" iyana waa in dabaggeliskooda "-*nimo*" ay "*n*-da" ku jirtaa labanlaabantaa.

Tusaale: Ragannimo, waddaninnimo, Soomaalinnimo, ninnimo, doqonniimo, qarannimo, walaaltinnimo, qaxootinnimo, qaninnimo, hodannimo, geesinnimo, gunnimo, gobannimo, caasinnimo, muslinnimo, iwm.

5. Falka raaca magacuyaallada iyo tilmaameyaasha *annaga*, *innaga*, ama *idinka*, waa in "*n*-da" dabaggeliska ahi

had iyo jeer labanlaab ku dhacaa. Magacuyaalka *iyada* ayaa iyana xaaladaha qaar falka raacaa uu labanlaab ku yimaaddaa, gaar ahaan marka uu xarafka "*d*" ku dhammaado.

Tusaaaleyaal:
- Keenna, teenna, kuweenna ama kiinna, tiinna ama kuwiinna.
- Samaha waannu la safannaa.
- Ardaydeennu waxa badan kama bartaan taariikhdeenna.
- Ubadkiinnu waa aayatiinka dalkiinna.
- Aynu salaadda jamaca wada tukanno, iwm.
- Iyadu ha qoddo godka.
- Waxa ay qaadday tallaabo dhinaca fiican ah.

6. Labanlaab mararka qaarkood ku yimaadda ballaadhinta erey lagu sameeyo.

Tusaale: Bar"-ta": Barre, dakhar"-ka": Dakharre, bil"-sha": bille"aha", baal"-ka: Baalle, jaal"-ka": jaalle, iwm.

7. Ereyada ku dhammaada ama ka bilaabma xarfaha labanlaabma haddii xagga dambe ama hore erey kale lagaga kabo waxa yimaadda labanlaab.

Tusaale: Taab iyo gal: taabbogal ama taabaggal (sida loogu kala dhawaaqi karo), keeno iyo diid: Keenoddiid, ga'ma iyo diid: Gamaddiid, nabaddoon, nabaddiid, samoddoon, iwm.

Haddii afka iyo dhismihiisa uurbaadh fog lagu sii sameeyo waa la arkaa in siyaalo kalena loo soo saari karo xaalado kale oo labanlaab yimaaddo, hase yeeshee, hadda qoraalkeennan kooban waxa laga la soo dhex bixi karaa toddobadaas marxalood in ay muhiim tahay in loo dhug yeesho shibbaneyaashaas labanlaabma iyo xilliyada ay labanlaabmaanba. Ugu yaraan qof kasta oo wax qorayaa waxa habboon inuu arrintan ku baraarugsanaado, si looga baaqdo gef iyo gedmashooyin afeed oo hab qoraalkeenna ku dhex gaamura. Af aan qoraalkiisu qawaaniin la raaco lahayni kama duwanaado awr dabar la'aan dhacay ama qoon aan sharci kala dabbaalin. Afku xeerarkiisii afeed wuu leeyahay ee sirtaas ha la wada raadiyo oo dibedda ha loo soo saaro. Wixii badhitaar ah ee arrintan ku saabsan iyo ciddii xog dheeraad ah haysaba marti baan uga ahay talo bixinteeda.

Isku dhigid kala dhihis

Inta badan waa dheddig iyo labood. Isku si bay u dhigmaan, waxse dhawaqoodu muujiyaa kala duwanaantooda, taas oo ay ahayd in qoraalkooduna muujiyo oo shaqallada qaar cuslaadaan, qaarna fududaadaan sida aynu meelo kale ku arki doonno .

Tusaale:

Waxar (ta) x waxar (ka), qaalin (ta) x qaalin (ka), inan (ta) x inan (ka), wayl (sha) x wayl (ka), dameer (ta) x dameer (ka), nayl (sha) x nayl (ka), shilin (ta) x shilin (ka), diin (ta) x diin (ka), dhiil (sha) x dhiil (ka), haan (ta) x haan (ka), dayr (ta) x dayr (ka), dacal (sha) x dacal (ka), dheel (sha) x dheel (ka), xuur (ta) x xuur (ka), mood (da) x mood (ka), geed (da) x geed (ka), laan (ta) x laan (ka), iwm.

Magacyada gaarka ah waxa iyaga kala saaraya xarafka weyn ee magacu qaato mar walba, hase yeeshee, waxa loo baahnaa in qoraalka si kale loogu kala garto marka weedhi ka bilaabanto '*Xareed baan arkay*'. Ma qof baan arkay *Xareed* la yidhaahdo, mise biyo calcalyo ah oo *xareed* ah?!

Tusaale:

Seed x seed, Dharaar x dharaar, Maalin x maalin, Iid x Iid, Geeddi x geeddi, Xariir x xariir, Xareed x xareed, Maax x maax, Guhaad x guhaad, Guure x guure, Barkhad x barkhad, Deeq x deeq, Burhaan x burhaan, Sarmaan x sarmaan, Colaad x colaad, Nabad x nabad, Canab x canab, , Qorrax x qarrax, Cadceed x cadceed, Abees x abees, Nuur x nuur, Baaruud x Baaruud, Ayaan x ayaan, Cibaado x cibaado, Sureer x sureer, Iftin x iftin, Ubax x ubax, Hodan x hodan, Ladan x ladan, Luul x luul, Cawo x cawo, Suubban x suubban, Tusmo x tusmo, Shukri x shukri, Nimco x nimco, Barwaaqo x barwaaqo, iwm

Kelida iyo wadarta ereyo kale oo qoraalkoodu kala tilmaan iyo kala soocid u baahan yahay, sida dhawaqooduba u kala duwan yahay si la mid ah.

Tusaale:

Dibi (ga) = dibi (da), orgi (ga)/orgac (a) = orgi (da)/orgac (da), awr (ka) = awr (ta), yey (ga) = yey (da), ey (ga) = ey (da), iwm.

Shaqal culus iyo mid fudud

Shibbane (22) iyo shaqallo (10) ayay farta Soomaalidu ka kooban tahay. Shibbane waa kii aamusnaa (*B T J*), shaqalkuna waa kii codka samaynayey (*A E I O U* ama *AA EE II OO UU*).

Sida shaqallada afkeenna ka muuqata dhammaantood

waa shaqallo fudud, kamana dareemaysid wax culays ah, haseyeeshee, marka afka dib loogu noqdo waxa ka soo dhex baxaya ereyo shaqalkaas cusub hillaaban oo u qoraal ekaaday ereyo ay isku dhigmo yihiin oo shaqalkoodu fudud yahay.

Tusaale:
Duul (weerar, ama dad/ummad) iyo duul (haadid), dul (sanka) iyo dul (guudka ama sare), suul (isqari ama dhuumo) iyo suul (faraha), bah (sharafta, harqadda dadnimada) iyo bah (isku hooyo ah), mud (irbad ku dur) iyo mud (hilib ama cad geela kaga yaal sararta oo tahar, jiid iyo baruur ba leh), sug (ha tegin ama dhawr) iyo sug (hubi), mudan (turqan) iyo mudan (sharfan), xal (furdaamin) iyo xal (maydhid ama dhiqid sida maacuunka ama weelka oo kale), dug (seexasho) iyo dug (ku boodid qabsi la socdo), dumi (burburi) iyo dumi (isu keen, abaabul), diid (dhicitaan diifi iyo xanuun keeno) iyo diid (qaaddacaad ama ka hor imaanshe/diidmo), cad (midab) iyo cad (Hilib), sawir (Taswiir) sawir (daab gudimo), iwm.

Waxa halkan ka muuqata in toban shaqal oo kale afkeennu yeelan karo. Waa shan shaqal oo gaagaaban oo culculus iyo shan dhaadheer oo iyana culculus. Sida aynu ugu tegi doonno qodobka sooyaalka qoraalka farta Soomaaliga waxa shaqallo 20 ka kooban oo tobanna fudud yihiin, tobanna culus yihiin qoraalka afka Soomaaliga u adeegsadey fartiisii Cismaaniyada mufekerkii Cismaan Yuusuf Keenadiid.

Tumaalinta ama Ballaadhinta Ereyada

Tarminta iyo tayaynta afka waxa ka mid ah in la tumaaliyo ama la naaxiyo ballaadhin ahaan dhawr erey oo kala duwan, si ay u abuuraan erey kale oo cusub. Ereyda la tumaaliyaa waxa ay ka koobmaan laba erey iyo wax ka badan. Waa labaaley, saddexley, afarley, shanley, iwm.

Qaar waynu la qabsannay oo uma aragno ereyo midoobay in ay ka dhasheen qaarna way inagu cusbaan karaan. Tusaale waa sida: cir-san-ka-yeedh, bar-ku-ma-taal, ka-fool-ka-fool, war-xumo-tashiil, awkii cirka, nin-la-gigey, san-ku-neefle, uur-ku-taallo, war-sheeko, la-ma-huraan, laga-ma-maarmaan, geeddi-socod, bog-ku-socoto, suul-cawro, wax-ku-ool, si-xun-wax-u-sheeg, iwm.

Ereyada noocan ah marka ay qoraal timaaddo waxa loo maraa saddex jid oo kala duwan. Dadka qaar way isku daraan (sixunwaxusheeg), dad kalena xarriijimo ayay u dhaxaysiiyaan (si-xun-wax-u-sheeg), qaarna way kala googooyaan oo meelo bannaan bay kala dhex geliyaan (si xun wax u sheeg).

Intaas waxa soo raaca magaalooyin iyo gobollo dhawr erey iyana ka yimi, sida: Dhuusomarreeb (Dhuuso-mareeb), Gaalkacayo, Togdheer, Laascaanood, Oodweyne, Geed-loo-kor, Godmo-biyo-cas, Ballidhiig, Ballicabbane, Balligubadle, Ballicad, Kalabaydh, Balliweyn, Habari-heshay, Gar-loo-gubey, iwm.

Qormadani waa baraarujin uun. Waxa ay sahan u tahay in ay ka digto ifafaalayaasha aynu hayno ee hoos u dhaca ku yimi tayadii afkeenna, dib u gurashada dedalladii iyo isirradii u taagnaa ilaalintiisa, daryeelkiisa, korintiisa, tarmintiisa, hodanayntiisa, iyo taabbo gelintiisa, sida maqanaanta qaran iyo dawlad (dawlado) arrintaas ku baraarugsan, garasho u leh oo u darban.

Ereyadaas la tumaaliyey ama la ballaadhiyey, la iskuma rakibay ee markii hore ka koobnaa dhawrka erey ee kala madaxa bannaanaa, markii la isku karkaray ama kabkabayna ereyga cusub sameeyey, waxa habboon in aan ereyadaa la kala qorin ee ama la isku dhejiyo sidii hal erey oo keli ah ama xarriijimo loo dhaxaysiiyo sidan labada jeerba hoos ka muuqata: *Warxumotashiil* ama *war-xumo-tashiil*, *wax-ku-ool* ama *waxkuool*. Waxa aan qurux badnayn ama khalad ah haddii sidan loo qoro: *War xumo tashiil*.

SOOYAALKA QORAALKA FARTA SOOMAALIGA

Heerar kala duwan ayuu soo jibaaxay sooyaalka qoraalka farta Soomaaligu xilliyadii kala geddisnaa ee socotada Soomaalidu soo dalandashay. Muddooyin ka horreeyey ku dhawaaqii iyo hirgelinta farta Soomaaliga ayaanu qoraalka afka Soomaaligu geeddi-galay oo rag kala duwani siyaalo kala duwan iyo xuruufo kala duwan ku qoreen farta Soomaaliga. Si rasmi ah farahaas looguma shaqayn, waxana hortaagnaa duruufo iyo farsamooyin taab laga dhaqaajin waayey oo ay ugu qallafsanayd muran iyo isdiiddooyin ku aaddanaa fartii laga dooran lahaa farihii la soo bandhigayey ee loo adeegsan lahaa afka Soomaaliga.

Marka la eego farihii maxalliga ahaa ee wax lagu qori jirey, waraaqihii culimadu wax ku dhigi jireen iyo farihii lagu qori jirey xawaallada ama qabriyda, iwm., waxa muuqata in farta Carabidu ahayd ta ugu da'da weyn, ugana saamaynta badan ee qoraallada loo adeegsan jirey waayadii ka horreeyey soo gelitaanka gumeystayaasha ee geyiga Soomaalida iyo markii dambe ee ay yimaaddeenba wixii ka horreeyey ku dhawaaqa qoritaanka farta Soomaalida iyo hirgelinteeda. Farta Carabidu goortii ay Soomaaliya soo gashay lama yaqaan, waxse lagu hilaadin karaa in ay diinta Islaamka mar la soo gashay arlada Soomaalida. Sheekh Yuusuf al-Kawnanayn waxa uu xuruufta Carabida ee alifba'da Qur'aanka lagu barto af Soomaali ka dhigay higgaaddeeda: *alif la kordhabey, alif la hoos dhabey, alif laa go'dey* ama *alif wax ma leh, ba' hoos ku hal le*h, iwm.

Sida uu ka tibaax bixiyey qoraaga Soomaaliyeed ee Aw Jaamac Cumar Ciise, AHN, oo ka mid ahaa guddidii qoraalka farta Soomaalidu wixii ka horreeyey 1850 ma jirin dhulka Soomaalida wax magaalo ah oo naf leh oo ku yaalley dhulka xeebaha ka baxsan marka laga reebo Adari oo Herer loo yaqaanney. Waxa jirey tobaneeyo magaalo oo xeebaha ku yaalley oo mid waliba leedahay laba magac. Tusaale ahaan Saylac oo taariikh fog leh oo magaceeda labaad ahaa Awdal. Berbera oo Saaxil loo yaqaanney, Bosaaso oo Bender Qaasim ahayd, Muqdisho oo Xamar ah, iwm. Magaalooyinkaas farta Carabida ayaa laga adeegsan jirey oo wax lagu qoran jirey—haddii ay gabay noqoto iyo haddii ay farriin kale noqotoba, ama af Carabi ha ahaato ama xuruuf Carabi ah oo af Soomaali lagu qoray ha noqotee.

Fartaas Carabida waxa loollan kula jirey faro dhalad ah oo xilliyo dambe laabta la soo kacay iyo farta Laatiinka oo gumeystayaashii reer Yurub ee arlada Soomaalida qabsaday la yimaaddeen, saamayntoodana sii yeelanayay marba marka ka sii dambeeya. Farahaas waxa aynu eegi doonnaa far kasta iyo sidii ay ku dhalatay, heerkii ay soo gaadhey iyo sidii ay ku hadhay markii la sameeyey guddiyadii loo xilsaaray qoraalka farta Soomaaliga xilliyadii gobannimada la qaatay ilaa ku dhawaaqii iyo hirgelintii far u gaar ah af Soomaaliga.

Farihii Dhaladka ahaa

1920-kii waxa soo baxday fartii Cismaaniyada oo uu Cismaan Yuusuf Keeno-diid soo saaray, noqotayna far faafta oo saamayn yeelatay. Markii faro kale oo gumeysigu la yimi waddanka soo galeen, xuruufta Carabiduna buuxin kari weydey dhawaqyadii afka Soomaaliga, oo qofba sida uu doono ugu adeegsaday ayay muuqatay in si la isku afgarto qoraal ahaan la samaysto far la isku raacsan yahay. Cismaan waxa dhalay Yuusuf Keeno-diid oo ahaa boqorkii Hobyood. Gobolka Mudug, gaar ahaan xeebaha Hobyo ayay fartani si wanaagsan markii ugu horreysey uga dhaqan gashay. Ururkii gobannimo-doonka ahaa ee dhallinyaradii Leegada markii lagu dhawaaqay 15 May 1943 ka dib, ayay fartani sii faaftay oo ay gobollo kale iyo dad badan gaadhey. Aw Jaamac waxa uu tilmaamay in ahayd far shaqalladeeda iyo shibbanayaasheeduba ay hagaagsan yihiin oo buuxinaysey baahidii markaas loo qabey. Sida uu Aw Jaamac tilmaamay waxa ka mid ahaa oo fartaas ku jirey shaqalka culus oo baahidiisu maanta ay muuqato marka ay qoraal timaaddo in lagu muujiyo kala duwanaanta ereyo badan oo isku dhigid ah, kala se dhihis ah, oo shaqal culusi kala saarayo, sida aynu ku aragnay qaybta *Shaqal Culus iyo Shaqal fudud* ee buuggan.

Shaqallada farta Cismaaniyadu waxa ay ka koobnaayeen

20 shaqal. Toban ka mid ahi waxa ay ahaayeen kuwan maanta aynu far Soomaaliga ku adeegsanno ee shanta gaagaaban iyo shanta dhaadheer ee shaqallada farteenna. Tobankan shaqal ee aynu hadda naqaanno waxa uu Cismaan u yaanney *Leeddo gaaban* iyo *Leeddo dheer*. Leeddo waa faraska caddaysimaha ah ee waxba aanay dushiisa saarnayn. Shaqalladani waa caddaysimo oo waxba ma dulsaarna. Tobanka shaqal ee kale waxa uu u yaqaanney *Koore Gaaban* iyo *Koore Dheer*. Koore waa qalab ama heensaha faraska la saaro ee lagu fadhiisto.

Kooreyaashu waa shaqallo culus oo dusha wax ka saaran yihiin halka kuwa caddaysimaha ahi fudud yihiin. Cismaan Yuusuf Keeno-diid waxa uu hore ugu baraarugey qabyo hadda farteenna ku muuqata oo ah shaqallada culus oo uu markaas hore isagu fartiisa Cismaaniyada ku muujiyey. Tusaale Koore Gaaban (shaqal gaaban oo culus):

Waslad *cad* ah x midab *cad*.

Shaqalka 'a', *cad* oo hilib ah *a*-da ku jirtaa waa ay ka culus tahay *a*-da ku jirta midabka *cad*.

Dheg x *dhexe*.

Tanna waa la mid ta sare oo *e*-da *dhegtu* waa ay ka culus tahay ta *dhex* ku jirta. Waxa sidaas la mid ah *o* iyo *u* oo iyana yeesha shaqal culus iyo mid fudud, sida tusaaleyaashan ka muuqda: *Orgi* x *or* iyo *tuke* x *fure*.

Tusaale koore dheer (shaqallo dhaadheer oo culculus):
Taag (meel sare) x *taag* (itaal)
Dameer (lab) x *dameer* (dheddig)
Jiir (walo ama doolli) x *jiir* (dhul sare)
Xoor (bahal) x *xoor* (xumbo, daad-xoor).

Duul (dad ama duullaan) x *duul* (kor u haad)

Ereyada ay guddidii af Soomaaligu u bixisay "isku dhigid kala dhihis" ayaa halkan soo gelaya oo marka ay qoraal timaaddo u baahan in wax lagu kala garto loo sameeyo, sida dhihistaba loogu kala garanayo in midna shaqal fudud wato, midna uu shaqal culusi saaran yahay, sida farta Cismaaniyadu uga sal-gaadhey 1920-aadkii.

In kasta oo ay fartani hadda yeelatay *software* casri ah oo akhriyi kara, laguna qori karo, haddana ma ay helin teebab iyo mishiinno daabicitaan oo fartaas sii hirgeliya. Waxa ay ahayd fartii ay Leegadu farriimaha siraha ah isugu gudbin jireen. Rag fartaas yaqaanna ayaa min Jigjiga ilaa Raas Kaamboodi iyo Jabuuti la fadhiisiyey xafiisyadii SYL. Xafiisyada Leegada ayaa fartaas lagu baran jirey oo dhallinyaradu rag iyo haweenba galabtii isugu iman jireen. Ingirrisku waa uu dareemay markii uu arlada wada qabsaday xilligii dagaalkii labaad fartaas iyo saamaynteeda, waxanu u samaystay rag akhriyi yaqaan. Ma uu se danayn horumarinteeda oo ma taageerin, ismana uu hortaagin oo kama uu hor iman, hase yeeshee, markii Talyaanigu Koonfurta dib ugu soo laabtay waxa uu dagaal ku qaaday fartaas Cismaaniyada oo ka hor keenay faro kale oo uu taageeray samayntooda, gaar ahaan farta Laatiinka oo Waqooyiga iyo Koonfurtaba laga adeegsan jirey oo rag gaar ahina wateen, sida ay Carabidaba rag gaar ahi u wateen.

Farta Cismaaniyadu waxa ay ka koobnayd 41 xaraf oo shaqallo iyo shibbaneyaal ah. Guddidii farta Soomaaliga ee ugu horreysey oo la aas-aasay Oktoobar 1960, waxa ay fartaas Cismaaniyada ku qiimaysay in ay leedahay toddoba qodob oo faa'iido ah iyo 10 cilladood ama dhalliilood, sida uu qoraal ku tabaaxay qoraaga Axmed Haybe (Dawlo). Arrintaasi waxa ay keentay in guddidu ku taliso in aan fartaas la qaadan. Qofkii u baahda xog dheeraad ah oo ku saabsan farta Cusmaaniyada waxa uu ka heli karaa buugga Suugaantii Cismaan Yuusuf Keenadiid iyo Taariikhdii Far Soomaaliga –Cusmaaniya ee uu qoray Yuusuf Nuur Cismaan.

Sheekh Cabdiraxmaan Ugaas Nuur, oo ka soo jeedey qoyska ugaaska Gadabuursi ayaa waxa uu 1933 soo saaray far Soomaali markii dambe qaadatay magaca qabiilkiisa (Far Gadabuursi). Fartani uma ay hanoqaadin sida taas ka horreysey ee Cismaaniyada. Ma helin dad badan oo barta, lagumana sii samayn horumirin iyo daraaso weyn. Fartani waxa ay ka mid ahayd farihii la soo hordhigay guddidaas Oktoobar 1960 la aasaasay ee diyaarinta far af Soomaaligu yeesho. Guddidu waxa ay fartaas ku qiimeeyeen in tahay far leh shan qodob oo faa'iido ah iyo 12 cilladood ama dhalliilood, sida uu qoraaga Axmed Haybe daraaso ku tilmaamayna waxa ay guddidu soo jeedisay in aan fartaas la qaadan karin si la mid ah sidii loogu qanci waayey fartii Cismaaniyada.

Farta Kaddariya ayaa ahayd far kale oo labadan soo raacaysa. Waxa fartan qoray Xuseen Sheekh Axmed (Kaddare) 1952. Fartani ma yeelan dad badan oo yaqaanna, mana helin qoraallo badan oo lagu faafiyo. Sida faraha kale ma ay helin mishiinno iyo teebab lagu garaaco. Fartan oo ka koobnayd 41 xuruuf ah iyo afar nooc oo loo qoro markii la hor keenay guddidaas hore waxa ay ku talisay in dib u habayn lagu sameeyo fartan oo dib loogu soo celiyo.

Muddo ka dib markii loo keenay ee eegis lagu sameeyey waxa ay guddidu soo jeedisey in fartan loo qaato kaalinta labaad ee ku xigta Farta Laatiinka ee Shire Jaamac Axmed Sameeyey (Axmed Haybe).

Faraha kale ee ay Soomaalidu allifeen ee guddidaas af Soomaaliga la horkeenay waxa soo kala diyaariyey: Daa'uud Maxamed (1928), Mustafe Sheekh Xasan (1951), Cali Sheekh Cabdullaahi Qutbi (1952), Maxamed Jaamac Salaad, Xuseen Xaashi Halak iyo Qaasim Hilowle oo farahooda qoray (1960) iyo Cabdulqaadir Cadde Muunye iyo Maxamuud Axmed Maxamed (1961). Farahan dhammaantood wax xog ah oo badan lagama hayo, sida uu Axmed Haybe qorayna, waxa keliya oo soo hadal qaaday guddidaas Afka loo xilsaaray Oktoobar sannadkii 1960. Haseyeeshee dhammaan jiritaanka farahani waxa ay muujinayaan in rag Soomaaliyeed isku hawleen in ay sameeyaan far Soomaali wax lagu qoro oo Soomaalida u gaar ah, waxase ay wadeegeen cilladda ah in ay aad uga fogaadeen farihii kale ee dunida ka jirey, taas oo ku keentay cillad kale oo ah in ay waayaan mishiinno iyo teebab farahaas lagu garaaci karo.

Farihii Xuruufta Af Carbeedka

Farahaas xer-u-dhaladka ama fargurida waxa baal socdey oo la loollamayey faraha kale ee Carabida iyo Laatiinku ka mid ahaayeen oo dad wax bartay oo culimo af Carabi taqaan u badnayd markii hore iyo markii dambe oo aqoonley kale oo afafka Carabida, Ingiriisida, iyo Talyaaniga wax ku baratay ay dabada ka riixayeen. Sida aynu bilowgii soo xusnay Carabidu waxa ay ahayd farta ugu da'da weyn, uguna saamaynta badan Soomaalida dhexdeeda ee wax lagu qoran jirey. Rag badan oo Soomaali iyo shisheeyeba isugu jira ayaa daneeyey baahidii loo qabey in la helo far dabooli karta baahidii taalley ee ahayd in qoraal farriimaha la isugu gubdiyo bulshada Soomaalida dhexdeeda.

Rag badan ayaa horraantii iyo badhtamihii qarnigii hore isku dayey dedaallo ay ugu holladeen in farta Soomaalida lagu qoro xuruufta af Carabiga. Waxa raggaas ka mid ahaa Sheekh Aways Ibn Maxamed al-Baraawi, Maxamed Cabdille Mayal, Sheekh Cabdiraxmaan Qaaddi, Sayid Maxamed Cabdille Xasan, Sheekh Maxamed Cabdi Makaahiil, Dr. Ibraahim Xaaji Maxamuud, Muuse Ismaaciil Galaal, iyo Dhamme J.S. King oo ka mid ahaa saraakiisha Ingiriiska. Cillad weyn ayaa raggaas hunjaalliday oo is-hortaagtey dedaalladoodii. Waxa caqabadda ka hortimi ay noqotay cillad farsamo oo la xidhiidha shaqallada af Carabiga oo buuxin kari waayey baahidii afka Soomaaliga iyo dhawaaqyadiisa in la qoro u baahan. 1930 nin la odhan Cabdi Habboone oo reer Cadmeed ahaa buug ayuu ku soo daabacay Hindiya xuruufta Carabida ku qoran oo Soomaali ah. Sida Iiraan iyo Baakistaan ay afafkooda Carabida ugu qoraan ayuu ugu qoray, kuna soo daabacay (Aw Jaamac Cumar).

Sheekh Maxamed Cabdi Makaahiil ayaa ka mid ahaa ragga ugu horreeyey ee sida xoogga ah ugu doodi jirey in xuruufta farta Carabida loo adeegsan karo afka Soomaaliga qoraalkiisa. Waxa uu sheekhu qoray buugga "Insha' Al-Mukatabat Al-asriyya fi Lughat Al Sumaliyya (A Method of Modern Correpondence in Somali language", 1932.

Waxa uu sheekhu qoraalkaas ku soo bandhigay dooddiisa ku saabsan sida xuruufta Carabidu ugu habboon tahay in lagu adeegsado qoraalka afka Soomaaliga. Dood taas la mid ah waxa isna buuggiisa "Al Sumaliyah bi Lughat al Qur'an" ku soo bandhigay Dr. Ibraahim Xaashi Maxamuud (1963). Waxa ay raggani soo bandhigeen qoraallo habaysan oo midnimo leh, muujinayeyna sida xuruufta Carabiga loogu qori karo Soomaaliga. Hase yeeshee waxa uu mar kasta culays diidmo kaga imanayey culimadii diinta ee Soomaalida oo u arkaysey in haddii af Soomaaliga la qoro uu hoos u dhigi doono barashada afka Carbeed iyo dhigashada diinta Islaamka (Axmed Haybe).

Xaaji Muuse Ismaaciil Galaal ayaa isna soo bandhigay qoraal (1954) uu ku muujinayo sida af Soomaaliga loogu adeegsan karo xuruufta af Carabida. Galaal waxa uu fartaas ku kordhiyey xarfo cusub oo dabooli kara baahida afka Soomaaliga ee shaqallada aan ku jirin farta Carabida. Fartan Muuse Galaal iyo saddex farood oo kale oo xuruufta Carabida iyana ahaa oo ay soo kala bandhigeen: Ibraahim Xaashi iyo rag la socdey (1960), Sheekh Axmed Cismaan (1960) iyo Maxamed Cadi Khayre (1960), waxa la horgeeyey guddidii af Soomaaliga ee Oktoobar 1960 la xilsaaray oo markii ay qiimeeyeen afartaas noocba soo jeediyey in aan midkoodna la qaadan.

Guddidii Afka Soomaaliga

Mabaadi'dii Ururkii Dhallinyarada Soomaaliyeed (The Somali Youth Club – SYC), oo markii dambena loo bixiyey *The Somali Youth League* – SYL, Soomaalidu Leego u tiqiinney waxa ka mid ahaa in farta Soomaaliga la qoro marka dalku xoroobo. 1957 waxa uu xukunkii daakhiliga ahaa ee Soomaalidii Talyaanigu isku dayey in warar farta Laatiinka ku qoran lagu faafiyo wargeys rasmi ah oo Talyaani ah, taas uu u mas'uuliyaddeeda lahaa wasiirkii koowaad xukunkaasi Cabdullaahi Ciise, golihii dhexe ee SYL na uu ka hor yimi. Sida uu qoraa Axmed Haybe warbixintiisa ku tilmaamay waxa arrinta qoraalka farta Soomaaliga la isla gartay in dib loogu riixo marka gobannimada la qaato.

Gobolkii Soomaalida ee uu Ingiriisku haystay waxa uu xornimo gaadhey 26 Juun 1960. Gobolkii Talyaanigu gobannimada gaadhsiinayeyna 1-dii July 1960, iyada oo labadaas gobolna isla maalintaas israaceen. Markiiba waxa uu maamulkii cusbaa la kowsadey baahida loo qabo in la helo far midaysan oo lagu hawadin karo hawlihii maamulka iyo xafiisyada ee labadii gumeysi oo midna Ingiriisi lagaga shaqayn jirey, midna Talyaani. Sidaas awgeed ayaa Oktoobar 1960 waxa uu wasiirkii waxbarashada ee xilligaas oo ahaa Cali Garaad Jaamac saaray guddidii ugu horreysey ee qoraalka farta Soomaaliga, taas oo loo xilsaaray in ay baadhitaan cilmiyeysan ku soo sameeyaan sida ugu habboon ee far Soomaaliga loo qori karo (Qoraalka Axmed Haybe). Guddidaasi waxa ay ka koobnayd sagaal xubnood oo kala ahaa:

1. Muuse Xaaji Ismaaciil Galaal - Guddoomiye
2. Yaasiin Cismaan Keeno-diid - Xubin
3. Maxamuud Saalax (Ladane) - Xubin
4. Dr. Ibraahim Xaashi Maxamuud - Xubin
5. Khaliif Suudi - Xubin

6. Mustafe Sheekh Xasan - Xubin
7. Shire Jaamac Axmed - Xubin
8. Xuseen Sheekh Axmed (Kaddare) - Xubin
9. Yuusuf Meygaag Samatar – Xoghayn.

Xubnahani waxa ay ahaayeen oo lagu xushay rag markii hore ku hawllanaa qorista farta Soomaaliga, aqoon sarena u lahaa qaab-dhismeedka afka Soomaaliga. Dhinaca kalena waxa ay kala metelayeen oo ay aqoon u lahaayeen lahjadaha kala duwan ee ay Soomaalidu ku kala hadasho, waxa aanay kala taageersanaayeen farihii kala duwanaa ee la soo bandhigayey, in kasta oo arrintan u dambaysa dadka qaar si taban uga dareen celiyaan, tilmaamaanna in ay qadaf ahayd in rag faro kala wataa ama kala taageersan oo aan dhexdhexaad ahayn loo xilsaaro in ay faraha soo kala qiimeeyaan, haddana marka la eego duruufihii jirey, gaar ahaan dhinaca aqoonta afafka iyo gooni ahaan afka Soomaaliga, suurtogal ma ahayn in la helo dad iyo agab kale oo diyaarsanaa xilliyadaas iyo wakhtiyadii kale ee ka dambeeyey ee guddida kale arrintaas afka qoraalkiisa ka shaqaynaysey.

Farta Laatiinka

Adeegsiga Farta laatiinku waxa uu ahaa mid laabta la soo kacay xilliyadii ay bilaabantay qabsashadii gumeystayaasha ee arlada Soomaalida. Niman ka mid ah sahamiyeyaashii gumeystayaashaas ayaa ugu horrayn daneeyey in afka Soomaaligu yahay muhiin, loona baahan yahay in la qoro. Richard Burton oo ahaa sahamiye Ingiriis ah oo dhulka

Soomaalida soo booqday 1850-aadkii hortoodii waxa uu boqortooyadii Ingiriiska kula taliyey in af Soomaaligu qiimo weyn leeyahay, loona baahan yahay in baadhitaan lagu sameeyo. Buuggiisa *First footsteps in East Africa* (Waxaa af Soomaali u beddelay Boodhari Warsame: *Sahankii Richard Burton ee Bariga Afrika*) ee 1856, waxa uu Burton Soomaalida ugu yeedhay "*Quruuntii Gabayga*". Wixii intaas ka dambeeyey shisheeye badan ayaa xiiseeyey in afka Soomaaliga la qoro, loona adeegsado farta Laatiinka. Aqoonyahanno ajanebi ah oo isugu jira Ingiriis, Talyaani, Jarmal, Ostiriyaan (Austrian) iyo Faransiis ayaa arrintaas xiiseeyey oo bilaabay.

Aqoonleyda shisheeye ee farta Laatiinka u adeegsadey qoraalka afka Soomaaliga laga soo bilaabo 1887, waxa ka mid ahaa Dhamme J. S. King oo Ingiriis ahaa, kana mid ahaa ciidamadii mustacmaraddaIngiriiska ee Somaliland oo arkay dhibaatada qoraal la'aanta af Soomaaliga (Axmed haybe). Aqoonyahanno kale oo shisheeye ah ayaa ka dib arrintaas sii ambaqaaday, waxana ka mid ahaa: dhinaca Talyaaniga Mario Miano, Enrico Cerulli, Martino Moreno, iyo Bruno Panza; Ingiriiskana C.R.V. Bell, Liliad E. Armstrong, I.M. Lewis, B.W. Andrzejewiski, iyo John Drysdale; Jarmalkana waxa ka mid ahaa A. Klingnheben iyo Carl Lang; iyo Reinisch oo Ostiriyaan ahaa. Muddooyin dambena waxa arrintaas qoraalka afka Soomaaliga daneeyey aqoonyahanno Maraykan ah oo ay ka mid ahaayeen Joseph Pia, Jeanne Contini, iyo Dr. Castagno oo barnaamijkii *Peace Corps* uu dareenkooda u soo duwey dhinaca qoraalka af Soomaaliga.

Si kasta oo ay aqoonyahanno shisheeye ahaa oo

gumeystayaashii ka soo jeedaa u xiiseeyeen qoraalka farta Soomaaliga, haddana xilligii gumeystayaasha reer Yurub dhulka Soomaalida kala xukumayeen ma ay suurtogelin in qoraalka far Soomaaligu uu hirgalo sababo badan awgood. Waxa sababahaas ka mid ah—marka laga yimaaddo in aanay gumeystayaashu arrintaas u hagar-bixin oo aanay xil weyn iska saarin—waxa caqabad weyn ahaa farta Laatiinka lafteeda oo ay Soomaalidu, gaar ahaan culimada diintu diiddanayd, una aanaynayeen in ay hoos u dhigayso doorka barashada Carabida, waxyeellana ku keenayso diinta Islaamka.

1936 agaasimihii ugu horreeyey ee waxbarashada ayaa gumeysigii Ingiriisku Somaliland u soo magacaabay. Sida buugga Xusuus Qor (Timelines of Somali History 1400 – 2000) ee u qoray Faarax Maxamuud uu ka tibaax bixiyey waxa arrinta magacawgaasi mar labaad abuurtay mucaarad aad u weyn iyo bannaanbaxyo aan qiyaas lahayn. Bannaanbixii ugu weynaa oo ka dhacay magaalada Burco waxa ku naf waayey saddex qof oo Soomaali ah. Agaasimihii guud oo Burco yimid waxa lagu soo dhoweeyey or, qaylo iyo dhagax, taasina waxa ay ku kelliftey in uu lafihiisii la baxsado. Qoraaga kale ee Axmed Haybe ayaa isna qoraalka farta ku saabsan ku tilmaamay in dagaalkii labaad ee dunida wax yar ka hor ay mustacmaraddii Ingiriiska ee Somaliland xukumeysey isku dayday in ay hirgeliso qoraalka farta Soomaaliga oo loo adeegsanayo xuruufta Laatiinka. Arrintaasna ay horseedday muddaharaad dhagaxtuur ah oo ka dhacay magaalada Burco, laguna weeraray saraakiishii waxbarashada u qaabbilsanayd gumeysiga.

Dadweynuhu waxa ay lahaayeen *"Laatiin waa Diin*

La'aan". Dadweyne gadoodsan iyo ciidammada bileyska ayay iska horimaadyo ba'ani dhex mareen, taasina waxa ay dhalisey in arrintaas hirgelinta qoraalka farta Soomaaliga laga noqdo. Sida aynu la soconnona waxbarashadii baaderigu hor socdey ee lagu xidhay dugsigii Dhaymoole ee duleedka Berbera 1891 waxa ka dhashay dareenkaas shakiga caqiido ka soo jeeda.

Markii uu dhammaaday dagaalkii labaad ee dunidu, Talyaanigu waxa uu dib ugu laabtay dhulkii Soomaalida ee uu dagaalkaas hortii xukumayey. Waxa uu 1950 isku dayey in fartaas Laatiinka lagu qoro farta Soomaaliga, hase yeeshee taas iyana waa lagu kacay oo waxa muddaharaad kaga horyimi Soomaalida oo ay hormuud u ahaayeen Shariif Maxamuud, Xaaji Diiriye Cumar, Macallin Jaamac, iyo rag kale. Sababta ugu weyn ee Laatiinka loo diiddanaa waxa ay ahayd dadkii culimada ahaa oo u fahmey "*Laa Diin*" dadka diinta lagaga fogeynayo oo masiixiyaddu ku soo dhuumanayso (Aw Jaamac Cumar Ciise).

Somaali badan ayaase ku dhiirratey oo muhiim u aragtay in ay farta Laatiinka u adeegsadaan qoraalka far Soomaalida. Shire Jaamac Axmed, Muuse Ismaaciil Galaal, Cabdi Khayre Cawaale, Xaliimo Maxamed Cali, iyo Cabdillaahi Xaaji Maxamed (Insaaniya) ayaa dadkaas ka mid ahaa. Dadkani waxa ay qaadashada Laatiinka ku saleeyeen dhinaca faa'iidooyinka farsamada iyo wixii suurtagal ahaa ee la heli karayey, waxna lagu hirgelin kari lahaa. Bruno Panza iyo Cabdillaahi Insaani oo iskaashanaya ayaa markaas soo saaray buug far Soomaali ah oo farta Laatiinka loo adeegsadey, waxana ka barbar qaatay Shire Jaamac Axmed oo soo saaray wargeys af Soomaali ku soo baxa oo loo yaqaanney *Iftiinka Aqoonta*, kana soo baxayey Muqdisho sannadihii 1965, 1966 iyo 1967 (Aw Jaamac iyo Idaajaa).

Sannadkii 1965 waxa xukuumaddii Soomaalidu hay'adda UNESCO ka dalbatay khubaro guddidii qoraalka farta Soomaalida arrintaas ka taageerta. UNESCO waxa ay Soomaaliya u soo dirtay aqoonyahannada B.W Andrzewiski, S. Strelcyn, iyo J. Tubiana. Waxay ka barabar shaqeeyeen guddidii loo xilsaaray qoraalka farta Soomaaliga ee uu Muuse Ismaaciil Galaal madaxda u ahaa, aqoonyahannadaas shisheeye waxa gundhig u noqotay hawshii iyo warbixintii ay guddidaasi diyaariyeen ee ku saabsanayd in farta Soomaaliga qoraal loo sameeyo. Guddida far Soomaalidu waxa ay 1965 soo daraaseeyeen farihii la soo bandhigay oo ay ka soo qaateen farihii dhaladka ama waddaniga ahaa, Cismaaniya iyo Kaddariya, fartii Carabida iyo fartii Laatiinka ee Jaamac Shire Axmed oo dib u habayn lagu sameeyey, taas oo guddidu ku talo bixiyeen in la qaato. Markii aqoonyahannadaas shisheeye yimaaddeen waddanka waxa ku muddaharaaday bishii Maaj 1965 taageerayaashii faraha Cusmaaniyiinta iyo Carabida ee Muqdisho ku sugnaa (Axmed Haybe). Dhinaca kalena waxa taas kaabayey muddaharaaddo iyo dhagaxtuur mar kasta ka imanayey dadweyne ay culimadu ugu badnaayeen oo lagu diiddanaa qaadashada farta Laatiinka oo loo macnaystay "*Laa Diin*" diinta Islaamka dadka lagaga fogeynayo (Axmed Faarax Idaajaa).

Marka la eego dhanka madaxdii xukuumadaha rayadka, waxa jirtey in qaarkood aanay ku qanacsanayn in farta Laatiinka loo adeegsado farta la qorayo ee Soomaaliga.

Tusaale, wasiirkii waxbarashada ee guddidii u horreysey magacaabay, Cali Garaad Jaamac, ma uu jeclaysan warbixintii guddidaas ee ku talinaysey in farta Laatiinka la qaato. Cali Garaad Jaamac waxa uu ka mid ahaa raggii xuruufta Carabida in la qaato jeclaa. Raysalwasaare Cabdirashiid Cali Sharmaarke waxa laga weriyey in uu sheegay in inta uu xafiiska joogo aan farta Soomaaliga Laatiin lagu qori doonin (Axmed Haybe oo xiganayey Adam 1968). Markii dambe ee uu Raysalwasaare noqday Maxamed Xaaji Cigaalna waxa uu arrintaas ku ridey khaanadda, oo waxa uu ka hadalkeeda dib ugu dhigay wakhti kale.

Ku Dhawaaqii Qoraalka Farta

Arrinta ugu weyn ee hunjaalliyeysey ama hortaagnayd in muddadaa dheer af Soomaaligu uu qoraal la'aadaa waxa ay ahayd mid siyaasadeed. Bulshada dhexdeeda waxa ka jirey isdiiddooyin iyo kala duwanaan weyn oo ku saabsan farta loo qaadanayo qoraalka Soomaaliga. Kala ra'yi geddisnaantaas oo wakhtiyo hore bilaabantay waxa ay heerkii ugu xumaa gaadhey markii gobannimada la qaatay ee guddida arrinta farta loo saaray. Waxa sii xoogeystey qabitaannadii horeba u jirey ee lagu diiddanaa in farta Laatiinta la qaato. Xaalka oo sidaas u mutuxan ayaa waxa taladii waddanka afgembi ku qabsaday ciidammadii qalabka siday 21-kii Oktoobar 1969. Ballanqaadyadii askarta waxa ka mid ahaa in ay afka Soomaaliga qoraalkiisa hirgelinayaan. Si haddaba qoraalka farta looga sal-gaadho waxa ay kooxdii Kacaanku xoojiyeen guddidii hore ugu xilsaarnayd diyaarinta qoraalka af Soomaaliga. 20-kii Janaweri 1970 ayaa guddidaas dambe la magacaabay, waxana ka mid ahaa sida uu magacyo dhebey Aw Jaamac Cumar Ciise:

1. Shariif Saalax Maxamed - Guddoomiye
2. Yaasiin Cismaan Keeno-diid
3. Xirsi Magan
4. Muuse Ismaaciil Galaal
5. Aw Jaamac Cumar Ciise
6. Xaaji Maxamed Xuseen (Sheeko Xariir)
7. Xuseen Sheekh Cabdi (Kaddare)
8. Ibraahim Xaashi Maxamuud
9. Cabdullaahi Abubakar Gacmo-dheere
10. Shire Jaamac Axmed
11. Mustafe Sheekh Xasan
12. Cabdi Daahir Afey
13. Axmed Cali Abokor
14. Dahabo Faarax Xasan
15. Cumar Aw Nuux - Xoghayn
16. Maxamed Shire Gaab
17. Cabdillaahi Xaaji Maxamuud (Insaaniya)
18. Cabdillaahi Ardeeye
19. Cabdi Khayre Cawaale

Mar dambena waxa lagu soo kordhiyey, sida Aw Jaamac yidhi:

20. Axmed Ashkir Bootaan
21. Axmed Faarax Cali (Idaajaa)
22. Jaamac Xaaji Xasan
23. Aw Caaqib Cabdillaahi

24. Cabdillaahi Diiriye
25. Xaaji Aadan Axmed Xasan (Afqallooc)
26. Yuusuf Maygaag Samatar.

Guddidaas looma igman in ay go'aan ka soo gaadhaan oo soo dooraan farta uu afka Soomaaligu yeelanayo, waxse loo diray in ay soo diyaariyaan buugaag kala duwan oo af Soomaali ku qoran. Waxa buugaagta loo diray ka mid ahaa mid naxwe ah iyo qaamuus ereybixinta saynisku ku taallo oo shan kun oo erey ka kooban. Waxa kale oo awood loo siiyey in qoraalladaas ay ku sameeyaan farta ay isleeyihiin waa ay ugu fududdahay, uguna habboon tahay, arrintase go'aan qaadashada iyo awooddiisa waxa loo sheegay guddida in golaha sare ee Kacaanku leeyahay.

Aw Jaamac Cumar Ciise oo arrintaas ka hadlay waxa uu yidhi: "Madaxweynuhu laba jeer buu guddidayada kula kulmay *Afisyooni*. Laba arrimood buu guddida u sheegay oo kala ahaa: 'haddii aan nafta nalaga qaban ama cid kale xukunka nagala wareegin waa ay naga go'an tahay in aannu farta Soomaaliga dhaqan gelinno ee wixii lagu qori lahaa diyaariya. Ta labaadna sumad wax lagu qoro oo aad ka hadli kartaanna ma jirto. Nin walibana wixii uu hayo waa in uu gaarkiisa u diyaariyaa'. Habeenka kale ee uu madaxweynuhu guddidaas la shirayna riwaayad ayaa la dhigay la yidhi guddidu ha ka soo qayb gasho. Markii riwaayaddu dhammaatay ayuu madaxweynuhu yidhi guddida ha la iigu yeedho. Waxa uu nagu yidhi habeenkaas dambena: 'dhowaan waa aannu ku dhawaaqi doonnaa in afka Soomaaliga la qoray, ma diyaariseen wixii lagu qori lahaa?' Haa, baa la yidhi, waa diyaar. 'Guuleysta' buu yidhi, 'annaguna waa aannu idin ku barbar taagan nahay ee yaan intaas la idin ka waayin'. Intaas buu amarku ahaa. Sidii aannu u sugeyney ayaa 21-kii Oktoober 1972 saqdii dhexe na loo yeedhay. Waxa nalagu yidhi afkii berrito ayaa lagu dhawaaqayaa ee ogaada. Diyaarad baa kacday oo Muqdisho iyo magaalooyinka oo dhan waraaqo la diyaariyey oo aniguba aannan ogayn ku daadisay. Intii aan lagu dhawaaqin ayaa gobol kasta magaalooyinka waaweyn waraaqahaas lagu daadiyey. Barqadii baa la isku yimi oo qoraalkii Soomaaliga lagu dhawaaqay, wax nacay iyo wax ka hor yimina ma ay jirin".

Waxa muuqata in golaha sare ee Kacaanku uu ka war hayey khilaafyadii hore ee dib u riixayey in la hirgeliyo qoraalka af Soomaaliga xilligii xukuumadihii rayadka ahaa oo ay ku xisaabtamayeen. Taas in ay ka sii tabaabulshaysteen ayaa laga arki karaa sidii ay wax ku wadeen oo ay si aan toos ahayn talooyinkii hore ee guddida u qaateen, guddida qaarkeedna ay si dadban u maalayeen, wixii go'aan iyo awood ahna uu goluhu gacantiisa ku urursaday. Taasi waxa ay ka dhex muuqataa jawaabta su'aal ay BBC-du weydiisay 2003-dii Aw Jaamac Cumar Ciise oo ahayd: "Haddii aydaan idinkii hawsha ku jirey ee loo xilsaaray aydaan waraaqahaas iyo waxa ku qoran ogayn, yaa qoray? Aw Jaamac waxa uu toos ugu jawaab celiyey, "Iyagaa qoray," waxa aanu sii raaciyey waxa qoray niman xoghayeyaal ah oo Xasan Cali Mire iyo Qoorsheel madax ka ahaayeen oo sidii wasiirrada u shaqaynayey. Nimankaas annagana waa ay noo yimaaddeen oo wax na weyweydiiyeen. Cabdirisaaq Abubakar oo waxbarashada ugu xilsaarnaa golaha sare ayaa guddida iyo xubnaha dawladda u kala dabqaadi jirey. Waxa la diyaariyey oo la isku googooyey xuruuftii Laatiinka ahayd oo Shire Jaamac iyo Muuse Galaal in ay qoreen baa laga soo qaatay, Yaasiin Cismaan Keeno-diid in uu qoray baa laga soo qaaday. Intaas oo dhan baa la isku hagaajiyey, rag naga mid ahaa oo Yaasiin Cismaan iyo Cumar Aw Nuux ka mid ahaayeenna habeenkaas waa loo yeedhay oo waa ay la shaqaynayeen.

Cumar Aw Nuux oo ahaa xoghayntii guddida farta ayaa isna waraysi ay la yeelatay laanta af Soomaaliga ee VOA u sheegay, "In loo tilmaamay in aan far laga hadli karin, nin walbana lagu yidhi fartaada jeebka gasho oo wax soo diyaariya, soona bandhiga. Laatiin baa la isku raacay oo wax lagu diyaarinayey, tii baana la hirgeliyey." Axmed Haybe ayaa isna qoraalkiisa ku tibaaxay la tashi khubaradii afka ka dib in uu golihii sare ee Kacaanka iyo golihiisii xoghayeyaashu (wasiirradii) go'aan ku gaadheen in farta Laatiinka ee Shire Jaamac loo qaato farta rasmiga ah ee af Soomaaliga lagu qori doono, haseyeeshee, isbeddello aan badnayn lagu sameeyey nidaam ahaan ereyada sida loo kala qaybinayo.

Shariif Saalax Maxamed Cali, AHN, oo ahaa guddoomiyihii guddida qoraalka farta loo saaray Jannaayo 1971 oo qoray buugga "Halgankii Loo Galay Qoridda Afsoomaaliga (1949 - 1972) oo Muqdisho lagu daabacay, waxa uu xubnihii guddidaas isna ku sheegay in ay 23 ahaayeen kala ahaa:

1. Shariif Saalax Maxamed Cali, oo isaga ah, guddoomiyena u ahaa,
2. Muuse Ismaaciil Galaal

3. Yaasiin Cismaan Keenadiid
4. Sheekh Ibraahim Xaashi Maxamuud
5. Cabdiraxmaan Nuur Xirsi
6. Skeekh Jaamac Cumar Ciise
7. Mustafe Sheekh Xasan Cilmi
8. Cabdillaahi Xaaji Maxamuud (Insaaniye)
9. Xuseen Sheekh Axmed (Kaddare)
10. Maxamed Sheekh Xuseen (Sheeko Xariir)
11. Xirsi Magan Ciise
12. Axmed Cartan Xaange
13. Iikar Bana Xaddaad
14. Cabdillahi Ardeeye
15. Cabdi Daahir Afey
16. Maxamed Xasan Aadan (Gahayr)
17. Dr. Yuusuf Xirsi Axmed
18. Dahabo Faarax Xasan
19. Cabdillaahi Xaaji Abuubakar
20. Maxamed Nuur Caalin
21. Maxamed Shire Maxamed (Gaab)
22. Axmed Cali Abokor
23. Cumar Aw Nuux.

Warqaddii guddida lagu magacaabay waxa ku saxeexnaa Gaashaanle Cabdirisaaq Maxamed Abuubakar oo ahaa wasiirkii waxbarashada iyo barbaarinta, sida Shariif Saalax uu buuggiisa ku qorayna, waxa guddida loo xilsaaray:

b. in uu dejiyo buugaagta dugsiyada hoose ee dalka

t. in uu dejiyo buug naxwe ah

j. in uu dejiyo qaamuus Soomaali – Soomaali ah.

Sida Shariif Saalax buuggiisa ku tilmaamay, guddigu waxa uu ahaa koox farsamo, waxanu fasax u haytey, keli iyo kooxba, in uu adeegsado farta uu doono, ciddii awooddaana diyaariso buugaagtaas la faray. Inta badan guddidu bilowgii waxa uu ku shaqeeyey farta Laatiinka, iyada oo aan loo baahan makiinado wax lagu qoro oo gaar ah. Guddidu waxa uu lahaa guddiyo hoosaadyo, sida kan qaamuuska, ka taariikhda iyo juqraafiga, kan cilmiga sayniska, ka diyaarinta kutubta dugsiyada iyo naxwaha. Xubnaha guddidu waxa ay u badnaayeen kuwo toos ugu xidhan wasaaradda waxbarashada ama madax ka ah hay'ado hoos yimaadda, sida jaamacadda ummadda. Ma jirin cadaadis gaar ah oo guddida kaga imanayey dhinaca dadweynaha si farihii tartamayey middood loo soocdo, mana jirin doodo magaalada ka socdey oo ku saabsanaa bulaan lagaga munaaqishoonayo afka iyo faraha hawshooda lagu jiro sidii waayadii hore dhici jirtey. Wakhtigan xukunkii milateriga ahaa aad baa looga haybadaysan jirey. Dhinaca kale ma jirin faro-gelin guddida kaga imanaysey xagga Golihii Kacaanka.

Shariif Saalax oo arrintaas sii wada: "Annaguna lama aannu kulmi jirin xubnaha Golaha Kacaanka, si aannu ugu bandhigno arrimo la xidhiidha hawlaha guddida. Waxa wixii warbixin ah ee la xidhiidha horumarka hawshayada la socodsiin jirey Cabdirisaaq Maxamed Abuubakar, wasiirkii waxbarashada iyo barbaarinta, oo qudhiisu ka mid ahaa Golaha Kacaanka. Farta 90% guddidu ku hawlgeleysey waxa ay ahayd Laatiinka (*Roman Script*), xubnaha badidoodna iyada ayay ayidsanaayeen. Guddigu isagaa rasmiyeeyey oo salka u dhigay xarfaha Laatiinka.

Dhinaca faraha kale, Shariif Saalax waxa uu tilmaamay in ay jireen laba farood oo kale oo kala ahaa Cismaaniyada iyo Carabida. Cismaaniyada waxa taageersanaa Yaasiin Cismaan Keenadiid iyo Xirsi Magan Ciise, waxa aanay guddida soo hordhigeen hal buug oo dugsiyada loogu talogalay, kuna qornaa fartaas Cismaaniyada. Farta saddexaad oo taariikh iyo halganba lahayd waxa ay ahayd farta af Carabida oo Sheekh Ibraahim Xaashi Maxamuud horseede u ahaa, uuna xanuunsanayey intii badnayd ee hawsha guddidu waddey, qayb weyna ka qaatay hawshaas.

Saddexda farood ee Laatiinka, Cismaaniyada iyo Carabidu waxa ay lahaayeen naadiyo taageera, gaar ahaan Muqdisho gudaheeda. Waxa kale oo jirey oo in lagu qodbo hubaasha taariikheed u baahan laba farood oo kale oo kala ahaa: Konton Barkhadle iyo Kaddariya. Ta hore waxa hindisey Mustafe Sheekh Xasan Cilmi, ta labaadna Xuseen Sheekh Axmed (Kaddare). Labaduna waxa ay ka mid ahaayeen guddidaas la xilsaaray, guddidana marna lama soo hordhigin labadaas farood, kamana ay doodin oo lama falanqayn qaabka iyo dhismaha ay leeyihiin. Mar haddii far walba la siiyey awood in wixii la doono lagu soo qoro, waxa ay ahayd in taageerayaasheedu awood u lahaayeen in ay qoraallo fatooda ka dejiyaan, guddida soo hordhigaan, mana dhicin taasi. Ma jirin far iyo lahjad Soomaaliyeed oo la xaqiray ama cidhiidhi la geliyey, si looga saaro kaalinta ay xaq u leedahay.

Maanta waxa inoo soo baxaysa sababaha in la qaato farta Laatiinka loo cuskaday in ay ugu muhiimsanaayeen dhinacyada dhaqaalaha iyo farsamada oo haddii far kale la qaato waxa loo baahan lahaa dhaqaale culus oo lagu beddelo makiinadihii wax lagu daabici jirey iyo teebabkii waddanka yaalley ee farta Laatiinka ee la qaatay ku qornaa, dhinaca kalena dadkii ugu badnaa ee aqoonta lahaa waxa ay wax ku barteen fartaas Laatiin oo ay ku shaqaynayeen ama Ingiriisi ha ahaato ama Talyaaniye. Waxa kale oo sabab laga dhigaa in xidhiidhka debeddana ay fartaas Laatiinku u fududayd.

Hirgelintii Qoraalka Farta

Qoraalka farta Soomaaliga iyo ku dhawaaqiisu waxa uu ahaa talo farsamo oo aqooneed iyo go'aan siyaasadeed oo taariikhi ah. Isla markiibana waxa lagu dhaqaaqay sidii fartaas loo hirgelin lahaa, loogana dhigi lahaa farta rasmiga ah ee lagaga shaqeeyo meel walba sida xafiisyada dawladda, warbaahinta, dugsiyada waxbarashada iyo nolosha kale oo dhan. Muddo lix biloodgudahood ah ayaa shaqaalihii xafiisyada lagu tababaray qorista iyo akhriska farta Soomaaliga oo imtixaan la qaaday, qofkii ku gudbi waayana shaqada laga ruqseeyey. Sannad ka dib ku dhawaaqii qorista farta waxa la hirgeliyey ku shaqaynta fartaas si rasmi ah, waa aanay ka dhaqan gashay si baahansan reer magaalka dhexdiisa 21-kii Oktoobar 1973. Waa markan kolka guddidii qorista fartu ay doorka weyn ka qaateen hirgelinta qoraalka.

Aw Jaamac Cumar Ciise oo guddidaas ka mid ahaa oo arrintaas ka hadlaya: "Markii dambe ee qoraalkii farta lagu dhawaaqayna waxa la isu kala qaybiyey guddiyo ka soo shaqeeya buugaagtii oo qolo waxa loo lagu qaybiyey naxwihii, qolona ereybixintii, qolo waxa loo daayey gabayadii iyo sheekooyinkii, qolona waxa loo dhiibey buugaagtii manhajka dugsiyada waxbarashada. Waxa uu ahaa guddi nidaamsan oo ismaqal iyo wada tashi ku socda. Markii farta la qaatay ee la dhaqan geliyey waxa la go'aamiyey oo dhaqaale loo meeleeyey, guddi qiimaysana loo saaray in buug kasta oo farta Soomaaliga lagu qoray qoraagiisa la abaal-mariyo oo ugu yaraan kharashkii buugga ka galay loo celiyo haddii uu dalka gudihiisa ka soo saaro iyo haddii uu dibeddiisa ka soo saaraba, billadna la siiyo. Waxa ay taasi ka mid ahayd tallaabooyinkii lagu dhiirrigelinayey hirgelinta farta iyo horumarinteeda. "Saddex martabadood ayay billadda abaalmarintu u qaybsanayd. Waxa ugu sarraysey ta kacaannimada, waxa ku xigtey ta waddaninnimada, waxana ugu hooseysey ta hawl-karnimada". "Anigu, Aw Jaamac Cumar ahaan, waxa aan markaas qoray gabayadii Sayid Maxamed Cabdille Xasan, oo 116 gabayadiisii ka mid ahi ku jiraan iyo 16 gabay oo kale oo rag kale lahaayeen, kuwiisa se la xidhiidha, waxana la i guddoonsiiyey billaddii hawlkarnimada."

Axmed Faarax Cali (Idaajaa) oo isna guddiyadaas ka mid noqday oo arrintaas isna ka hadlay waxa uu yidhi: "1973 markii lagu jirey hirgelinta qoraalka farta waxa la go'aamiyey xafiisyadii dawladda ee af Carabiga, Ingiriisiga ama Talyaaniga ku shaqaynayey in ay Soomaali ku shaqeeyaan. 18 wasaaradood ayaa xukuumaddu ka koobnayd. Wasaarad kasta waxa la amray in ay soo diyaariso taxa kelmedaha xafiiskeeda khuseeya ee ay ereybixintooda u baahan yihiin." Waa ereybixintii maamulka ama shaqada, waxana ka mid ahaa guddidaas Dr. Yuusuf Xirsi, Sheekh Yuusuf Cali Samatar, iyo Axmed Faarax Cali (Idaajaa) oo aniga ah. Buug ayayna soo saareen oo ay wasaarad kasta ka heli karto ereybixinta ay u baahnayd. Waa marka ay baxayaan ereyada shaybaadh (laboratory), hooso (workshop), cayayaan (xasharaad). Si sidaas la mid ah waxa jirtey guddi hoosaadyo kale oo loo xilsaaray ereybixintii waxbarashada dugsiyada oo iyana door weyn qaadatay."

Markii qoraalka fartu uu ka hirgalay magaalooyinka ayaa 1974 loo boqoolay dhulka miyiga ah oo la qaaday Ololihii Cidhibtirka Jahliga, kaas oo akhriska iyo qoraalka lagu baray malaayiin reerguuraa ahaa. Ardaydii dugsiyada, macallimiintoodii, shaqaalihii dawladda, iyo ciidammada ayaa si weyn oo aan loo kala hadhin uga qaybqaatay ololahaas oo lagu tilmaamay kii ugu weynaa ee qaabaddiisa ah ee Afrika ka dhaca. Dadkii ugu badnaa Soomaalida ayaa ku bartay sida wax loo qoro, loona akhriyo. Qoraalka farta Soomaaligu waxa kale oo uu gudbey, kana hirgalay dhulalka kale Soomaalida ee Geeska Afrika sida Jigjiga, Jabuuti, iyo Gaarisa. Qoraalka farta Soomaaliga iyo hirgelinteedu waxa uu sii xaqiijiyey hodantinnimada afka Soomaaliga oo markii uu qoraal galay awoodda ereygiisa qorani sii calanwalleeyey oo iska dhex cabbiray nolosha oo dhan doc kasta; maamul, warbaahin, aqoonta sayniska, xisaabta, taariikhda, juqraafiga, iwm., sidii aynu qayb hore oo buuggana wax kaga soo tibaaxo bixinnay.

Gunaanad ahaan, tallaabadan uu golihii sare ee Kacaanku ku hirgeliyey in af Soomaaligu far u gaar ah yeeshaa waxa inta badan la isku raacay in ay ahayd mid go'aan qaadasho adag iyo geesinnimo lahayd, kuna xardhan maanka iyo maskaxda Soomaalida oo aan la hilmaami doonin. Waxa tallaabadaas lagu tilmaami karaa guushii ugu weynayd ee ay Soomaalidu hanatay intii ay gobannimada qaadatay iyo ka horba, waana dhaxalka ugu dheefta batay ee ka soo hadhay burburkii Soomaalida haleelay iyo qaranjabkeedii. Soomaali badan oo daafaha dunida ku kala filiqsan ayaa, tayo kasta qoraalkoodu ha lahaado'e, maanta ku wada xidhiidha qoraalka af Soomaaliga, iyaga oo ka faa'iideysanaya teknoolajiyada xiimaysa ee casrigan, xidhiidhka bulshooyinkuna sahlanaadey markii la adeegsadey '*social media*' kala duwan. Qoraalka af Soomaaligu kama uu hadhin ee waa uu raacay horumarkaas farsameed ee dunida ku soo kordhay xilli ay ummaddiisu gashay waayo iyo nolol kala daadsan oo hurgumooyin iyo isdiiddooyin badan leh.

Suugaantii Hirgelinta Farta

Suugaan badan oo lahayd heeso, gabayo, iyo halqabsiyo ayaa qayb ka ahaa ololihii lagu hirgeliyey farta Soomaaliga. Waxa kaalinta suugaantu ka dhignaa shiidaal dhaqaajinayey dareenka iyo shucuurta dadka oo soo bandhigayey faa'iidada iyo ahmiyadda weyn ee ay hawshani qaranka ugu fadhido. Warbaahinta oo door weyn ka ahayd ololahaas ayaa gaadiid-qaad u ahayd suugaantaas iyo soo bandhiggeeda. Abwaannadii Soomaaliyeed ee xilligaasi uma aanay kala hadhin in ay dadka suugaan ku dhiirrigeliyaan. Si wanaagsan ayay ugu iidaameen, uguna hagoogeen maryo xariir ah, malabna dusha ugu marmariyeen dadka, oo ku dhiirrigeliyeen fartaas cusub iyo dhaqan gelinteeda.

Halqabsiga laga duulayey waxa uu ahaa mid aan cidna reebaynin, waxa aanu dadka u kala qaybiyey qof fartaas baranaya oo arday ah iyo mid baraya oo macallin ah. "*Bar ama baro*" ayuu hal-ku-dheggu ahaa, waana uu hirgalay.

Dadka ayay abwaannadu dhiirrigelinayeen, tusayeenna in barashada fartani tahay tu fudud oo carrabku la qabsan karo, lana dareerin karo. Xasan Sheekh Muumin Gaafane waa kii lahaa:

Afkii qalaad ha moodin
Carrab ku qaldi maayee
Sidii caanaha qudhqudhiyaay!

Halabuur kalena waxa uu tilmaamayey qiimaha farta iyo sida loogu baahan yahay in loo hirgeliyo, dhegahana looga furaysto cid kasta oo guushaas ka horjeedda—shisheeye iyo sokeeyaba:

Ayaan lagugu gaadin
Oo yay ku gaadin
Godadka labanlaabma
Iska giiji shaqalladaa!

Gumeysi iyo la jire
Fartaydu ninkay gubi
Guushayadu ninkay dhibi
Gidaarka madaxa ka dhutee
Maxaa iga galay waxba!

Iyada oo suugaanta qoraalkii afka iyo dhaqan gelintiisu badnayd waxa aan tusaale kale u soo qaadanayaa laba gabay oo ay kala lahaayeen labada abwaan ee Cabdulqaadir Xirsi Yamyam iyo Xaaji Aadan Axmed Xasan Afqallooc. Gabayga Yamyam waxa uu si qotadheer uga hadlayaa afka, hodantinnimadiisa, kaalintiisa iyo markii la qoray qaab-dhismeedkiisa (naxwihiisa), qawaaniintiisa loo habraaco marka la qorayo, adeegsiga hab-qoraalkiisa toolmoon, iyo quruxdiisa. Gabaygan Yamyam oo la yidhaahdo *"Anaa Macallinkiisiiya"* waxa aan ka qoray barnaamij uu Axmed Faarax Cali (Idaajaa) u qabtay Somali Channel, 2012.

Ma og tahay Afsoomaaligii heerka uu marayo
Meerisyada laguu qoro naxwaha mooska kaa celiya
Magac muuqda meeleeye guud falalka maansheeya
Weedhaha macnaha faafiya iyo hadal maqaam weyn leh
Isku midab murtida laysku qoro mid iyo muuqiisa

Codad afartan meelooda oo laba mataanayso
Oo toban dhawaaq lagu maldahay lagana maarmaayo
Hamse qalinku kuu muujiyo oo meel hakada saaran
Maamuus tilmaamaha halkuu marayey loo eegay

Maahmaahda kii loo hayey iyo magac-u-yaal taagan
Cayn magac falkaab soo mudh baxay shaqallo miisaaman
Shibbanaha aan kala maarminoo meel u wada jeeda
Ma weydiin ah su'aal maro ku dedan moqor la soo nuugey
Toddobada mataanaha noqdiyo meeris labanlaabma
Ma taqaan miyaad baratay weli mana laguu sheegay?

Ma og tahay la yeelaha halkuu marayo xaalkiisu
Fal lahaansho kuu muujiyoo keligii meel taagan
Jamac murugsan qaar kaa maldahan oo midigtu
  gaadhaynin

AFKA HOOYO WAA HODAN

Meelaha xidhiidhiyuhu galaan sheeko kala miiran

Marka qodob tusaaluhu ka galo feedha midigaysa
Mashxarad dhiillo hayaay soo mur tidhi weerar laga maago
Marna qaylodhaan iyo layaab faraxna meeshiisa
Sanqadh aan midabna raacsanayn oo qantaal muruqa
Mar kaloo cuskiiniyo Rabbigay mahadnaqiisiiya
Marka teeb makiinadaha qora oo tii madbacaddeenna
Ama aad qalinka maalayso waa lagama maarmaane
Ha moogaan midhkaan soo wadoo maanka ka xusuuso,

Hakad mudane joogsiga ku maran jiitin madax taalla
Marmaroorka qaansada dhigmaha xarafka kuu muuja
Mudka hadalka weeyee kolmaha meerisyada laabma
Sumad-jiid maqiiqanaha xidhan midab hadduu raaco
Bil magaabo weedhaha muhiimee midiba gees taallo
Intaasoo aan kala maarmin ood meel isugu keento,

Murti buuxda heesaha macaan mudan afkeennaa leh
Xigmad ay maskaxi keentayoo lagu muraaqoodo
Milic qariye roob maalin da'ay dhibic ku maanshaysay
Subag miid ah dhuux mooye le'eg buur macdani jiifto
Maahmaahyo lagu kaydiyiyo mudan afkeennaa leh.

Talo murugtey meel laysku jabay oo mixnadi taallo
Nimaan male aqoon baa diloon marin abaalkiise
Garta macallinkeed weeye oo mudan afkeennaa leh.

Man geed saaray ubax muuqda oo midho hareereeyey
Waa madheedh bislaadoo kaloo mudan afkeennaa leh

Cod macaanka sheekooyin milan muhasho haasaawe
Abwaannadu siday noo marsheen mudan afkeennaa leh.

Madax doodday hadal lagu mergedey talo is maandhaaftay
Mid uun baa macnaha soo ridoo laga maqsuudaaye
Muquunada raggii bixin jiriyo mudan afkeennaa leh.

Aniguba markii aan niyadda muranta faalleeyey
Maqal arag markii aan ra'yiga marag u soo taagey
Marna dhaafi weydoo aqoon lagama maarmeene
Maalintii Kacaanku u dhashiyo mudan afkeennaa leh.

Ergo mahadsan runsheeg la isku milay oo kartidii muujey
Ma nastooyinkii soo furfuray guusha magaceenna
Ilaahi xaq maamuli jiraa marin abaalkoode
Guddidii se maamuustay iyo mudan afkrrnnaa leh.

Makaab taagan arar meel martiyo erey la maansoodo
Maya haa wax laysugu qabtiyo mahadho taariikha
Aduun baa i maangaranayee mudan afkeennaa leh.

Anigoo aan wada muujinayn madax-ka-kawgiisa
Waxaan gabayga miimka ka kaca ugu madiix raagey
Faallada waxaan ula marmaray meelo kala gaara
Yamyam baa midhkaa yidhi haddaan uunka maqashiiyey
Muraadkaan ka leeyahay ninkaan garani waa mooge
Mar haddii la ii qoray anaa macallinkiisiiya!

Gabayga labaad ee Xaaji Aadan Axmed Xasan (Afqallooc) waxa uu isna ka mid ahaa suugaantaas dhiirrigelinta ahayd ee ka hadleysey ku dhawaaqii qoraalka afka iyo hirgelintiisii, qiimaha ay arrintaasi lahayd iyo sida ay lagama maarmaanka u ahayd ee loogu baahnaa. Gabaygan Xaajiga oo la yidhaahdo *"Afka Hooyo"* waxa aan ka soo qaatay buuggayga *Hal Aan Tebayey* ee baal-taariikheedkii iyo gabayadii Afqallooc.

Mudduu shacabku rabey inay af qoran magane yeeshaane
Kolkay madaxdu sheegtay xamdiyo mahad yidhaahdeene
Muxubbuu dadweynuhu la dhacay meeluu joogaba'e
Intay mu'ayideen bay haddana muusik u garaaceene
Waataa mashxaraddii guryaa laga maqlaayaaye,

Mastar iyo Sinyooreba waxa beddeley magaca Jaallaa'e
Mubaayiyo la dhaaf nin yidhi taayadaa mudane
Layskuma masayro'e la tuur tay meseleyeene
Marmarsiinyo lagu soo gabbado meesha laga saarye
Waxa muuqday Soomaali oon midab ku dheehnayne
Nin waliba wuxuu maansadiyo malihi beenowye,

Muddo boqol gu'yaa dhaqankaygu nagu magoognaaye
Maantuu bilow yahay codkeen oo laysku maamulo'e
Ka macaan maggaabada listiyo malabka Daaloode
Maskaxdii jirroon dayaxu waw madow yahay
In yar oo qalbiga maal ku leh baa ka murugoone
Waa mahadho taariikhi ah iyo madhax la tuugaaye
Ku mintida afkii hooyo waa lagama maarmaane.

SIR-AFEED OGAALEED

Afka Soomaaliga haddii loo sii kuurgalo oo la sii rogrogo wax badan baa sirtiisa af ahaaneed laga ogaan karaa, taas oo hadantinnimadiisana kaalin ku yeelanaysa. Labada erey ee tirooyinka ah ee 'laba iyo toddoba' oo keliya ayaa afkeenna ku jira wax magac jirrideed ah oo xer-u-dhalad ah oo ku dhammaada shaqalka '*a*'!" Labadan magacba waxa kale oo loo dhigi karaa "labo iyo toddobo" saw ma aha?!

Fiirooyin gaar ah:

(1) Maanta, saaka, caawa, waaga, iwm., ma aha magacyo ee waa fal-kaabyo gooreed.

Magacyo jirrideedkoodu waa: maalin, habeen, waaberi, iwm.

(2) Halkan waxa kale oo aan soo gelayn sifooyinka ama magac-sifeedyada, sida Dayaxa, Dila, Bila, Hira, Kaaha, Beerlula, Baaha, Hawaara, Hargo-cuna, Dagaara, Dura, iwm.

Dhinaca kale, waxa jira magacyo jirrideed aan badnayn oo ku dhammaada "*aa*", sida xagaa, haldhaa, ardaa, dhurwaa, maraa, iwm.

(3) Jilaa, heesaa, qoraa, halgamaa, dilaa, dumaa, Odowaa, Warfaa, iwm., waa magacsifeedyo oo xeerkaas sare ma raacayaan.

Waxa xiiso leh in magacyada afkeenna ee shaqal dheer ka bilaabmaa ay iyana aad u yar yihiin, sida: aar, aabbe, aafo, Eebbe, eed, eeddo, iin, iil, oog, oon, oof, uur, uud, uub, iwm. Waxa kale oo xiisaheeda gaarka ah iyana yeelan karta in aannu afka Soomaaligu lahaynba ereyo ku dhammaada shanta shibbane ee kala ah *t*, *j*, *k*, *kh*, iyo *m*. Shibbanaha *kh* xitaa ma jiraan ereyo ka bilaabmaa marka laga reebo *khuuro* iyo dhawr erey oo kale oo iyana sanqadh ka tibaaxo bixiya sida, *khaakh*, *khiikh*, *khuukh*, iwm.

(4) Ereyada *manhaj*, *taaj*, iyo *barnaamij*, iwm., waxa halkan loo aqoonsan yahay af Carbeed ergis ku yimi in ay yihiin. Kuwa laga hadlayaa waa ereyada xer-u-dhaladka ah ee af Soomaaliga. Cabdi Aadan Cabdalla (Ceelow) oo arrintaas baadhitaan ku sameeyey waxa uu ii sheegay in xarafka *m*'haddii laga tegi waayo uu jiro ereyga la adeegsado marka xooluhu darka ceelka ku soo yaacayaan ee *qamaam* oo *qamaan*-na la odhan karo.

Hase yeeshee, waxa jira ereyo kale oo afafka Carabiga iyo Ingiriisida inaga soo galay xarafka *m*-na ku dhammaada, sida: *maqaam*, *manaam*, *qiyam*, *nidaam*, *maam*, iwm. Waxa kale oo jira ereyo jabaqeed dhawr ah oo xarafka *m* ku dhammaada sida: *Jalam*, *qalam*, *qidhim*, *alam*, *am*, *qam*, *bum*, *bam*, *bim*, *dam*, iwm., waa ereyo jabaqeed sanqadhi keento, sida ay xoojinayanayaan Cabdixakiim Ismaaciil iyo Xaaji

Hoos. Waxase kale oo baadhitaankan daabacadda labaad ee buuggani soo kordhisey ereyo dhawr ah oo xarafka *m* ku dhammaada oo ay ka mid yihiin: *Sidirigam* oo ah ciyaar hiddeed caan ka ah gobolka Togdheer, gobollo kalena laga ciyaaro, gaarna u ah haweenka. Odhaah ahaanna waa loo adeegsadaa ereygan alankiisa u dambeeya oo marka arrini dhan tahay waa ta la yidhaahdo "*hadalba gam*". "*Habeen dam ah*" ayaa halkan soo gelaya oo ereyga *dam* wuu soo dhaafayaa heerkiisii jabaqeed oo mugdi buu muujinayaa. *Agaraadam* oo tilmaamta rejo la'aan iyo baaba' ayaa ka mid ah ereyada kale ee xarafka *m* ku dhammaada. Dhinaca kalena waa ta lagu bineeyo ciyaarta:

Alam dheh
Alam gariir dheh
Goodirooy rig dheh!

Isha iyo isrogroggeeda

"Gudcur aan caddaba jirin
Indhahaa cadceedoo
Cidla' kaaga weheloo
Cabsi kaala cararee
Labadeennan caynaan
Haddii caad ku xidhan yahay
Carrabkiyo inshaarada
Illayn laguma ciil baxo!"

—Hadraawi, Aqoon iyo Afgarad, 1972.

Marka la eego hannaanka dhisme-afeedka Soomaaliga, ishu waxa ay ka koobantaa, oo unka samays ahaan, laba erey ama xaraf oo keliya oo kala ah shaqalka *Ii* iyo shibbanaha *Ll* = *IL* ama *il*. Taasi waxa ay ka tibaax bixinaysaa in ay ka mid tahay ereyada af Soomaaliga ugu kooban dhisme ahaan. Hase yeeshee waxa isrogroggeeda afeed keenaa in ka badan boqol kelmadood oo macneyaal kala duwan yeesha iyo siyaalo kala duwan oo loo adeegsado.

Dabayaaqadii 1990-aadkii ayaa waxa Holland noogu yimi Maxamed Xaashi Dhamac (Gaarriye), AHN. Waxa uu marxuunku na durduursiiyey oo nagu habay cashar ka hadlayey hummaagaynta afka iyo hodantinnimadiisa. Tusaaleyaal isha ku saabsan iyo sida ay isu bedbeddesho ayaa casharka ka mid ahaa. Maalintaas wixii ka dambeeyey waxa aan sii daraaseeyey isha iyo rogroggeeda, waxana iiga soo baxay oo tibaaxdii Gaarriye i geysey dhul fog iyo badweyn aan laga geyoonayn oo isha iyo kaalinteeda la xidhiidha.

Ishu af Soomaaliga dhawr macne ayay yeelataa. Waxa ugu muhiimsan oo jirridda ereygu salka ku haysaa nuxurkeeda weyn ee ah in ay tahay xubin ka mid ah shanta dareenwadayaal ee noolayaasha. Ishu waa dareemaha qaabbilsan aragga—dhegta ayaa maqalka u taagan, sankuna urinta, carrabkuna dhadhanka, gacanta ama maqaarkuna taabashada.

Macnaha labaad ee kaas guud soo raacayaa waa in ili noqonayso meel biyo ka imanayaan ama ka soo burqadaan oo biyo loogu hagaago. Biyuhu nolosha waa ka badh oo "biyo la'aani waa nolol la'aan", gaar ahaanna waxa ay biyuhu Soomaalida uga mid yihiin waxyaalaha mudan ee macduunka ah maddaama dhulalka Soomaalidu oomane lama-degaan-xigeen ah yihiin, oo biyuhu ku yar yihiin. Taas ayaa markaas malahayga keenaysa in il-biyeeddu la macne noqoto ishii aragga oo muhiimaddeeda ereygaas ka dhambalmay lagu mataaneeyo.

Waxa ishu ka buuxdaa magacyo badan oo dadka loo bixiyo oo qurux iyo amaarado kaleba yeesha. Tusaale ahaan hablaha oo kale waxa loo bixiyaa:
- Ilwaad
- Indha-deeq
- Aragsan
- Indha-u-roon
- Indha-deeraley
- Indhacad, iqk.

Ragga waxa lagu naanaysaa magacyo ka soo jeeda sifooyin iyo muuqaallo indhahooda la halmaala. Tusaale ahaan: Indhocaad, indhofariidle, Indhotaag, Indhocawl, Indhosheel, Indho-goodle, Indho-bahalle, Indho-deero, Indho-bir, Indho-indho, Indho-guduud, Indhocase, Indhocadde, Indhoyare, Indho-balac, Indho-buur, Indhoyalowle, Ilfas, Indho-god, Indho-biyo, Indho-biijo, Ilqayte, Iljeex, Ilxidh, Ildab, Ilweyn, Iley, Ilgiir (huruuf), iqk.

Ereyo badan oo qurux ahaan adeegsigooda looga gol leeyahay ayaa mar kale isha loo cuskadaa magac bixin ahaan degaanno ama magaalooyin, iwm. Tusaale ahaan: Ilbulsho, Ilbarwaaqo, Iljanno, Isha Boorame, Isha Baydhabo, Isha Caynabo, Isha Gobka, iqk.

Ereyo kalena waxa ay isha u raacaan si togan oo tayo, qurux ama wanaagyo kale u doonyoqaad ah. Tusaale ahaan: ilbogasho, ilwaadsi, ildoogsi, ilqabatin, ilqabowsi, ilxaaxsi, ilka-buuxsi, il-ka-bogasho, ilfurraan, ilbax ama ilbaxnimo, indha-dillaacsi, indhafiiqni, ildheeri, indha-garad, ilays, iqk.

Ereyo kalena waxa ay isha u raacaan muujin hoosta ka xarriiqaysa layaab, ashqaraar iyo amankaab. Tusaale ahaan: indhosarcaad, indho-daalis, indho-daraandar, iqk.

Kelmado kalena waxa ay isha ula falgalaan si taban oo waxa ay salka ku hayaan cudurro ama wax ishu ka hawooto oo foolxumo, aqoondarro, iwm., ku dacal dhabaya. Tusaale: indha la'aan. Indha-beel, indhatir, indha-burur, indha-adayg, ilnugayl (khajilaad badan), ilayn (gelid ama inkaarid, cawri), ilmayn (oohin), ilfuur (xaasidnimo iyo dul yuurur ama yu'asho xilliyada haasaawaha oo kale), ilwarrah (caas iyo culays nafsadeed), indhacaddayn (dafiraad), indha-gal-ka-saarid (yaab ama u qaadan waa indhuhu soo baxeen), indha-ku-gubis (canaan, maag iyo huruuf), ilgiirasho (giir iska kicin iyo huruuf wada socda), il-qalloocan (si xun u eegid), ilwiirsi, ilfashaq, ilfashuuq, ilgabax, ilxumo, ildaran, ilgo', ilgeeriyaad, ilduuf, indha-madoobaad, indhahabeeno, ilwareen (cudur geela indhaha kaga dhaca xilliga jiilaalkii, dabaylina keento), iqk.

Ereyo salka ku haya wax la ilaalinayo ama la qarinayo ama si kale loo beeqaaqayo dareen ahaan. Tusaale: indhasaab, indhashareer, indha-duub, indhaqabad, indha-indhayn, indha-la-raac, indha-ku-hayn, il-ku-dhufasho, il-ku-biniixid, il-ku-xadis, iljebin, indha-isku-qabad (iskhasbid), indha-iska-tuur (diidmo iyo is-yeel-yeel), indha-ka-lalin, indhacasaysi, indha-is-gashi, indha-guduudsi, ilgalaclayn, ilmiriqlayn, ishaaqsi, ka-il-helid, ishaafalataysi, ilfaashlayn, iqk.

Ereyo macne guud yeesha, ishana la hawl gala. Tusaale: indho-ku-garaadle, ishiqaate (hadba sida xaal yahay ayuu u dhaqmaa oo wuu isdaadraaciyaa wax kasta oo dhacaba), indhokuul, indhafur, ilbidhiqsi, ilaxidh, ilrooni, ilqoodh, ilwareen, ilbiyeed, ilhadhuudh, ilweyn (nooc malkhabadeed), ili-aragtay, ili-ma-aragto (waxyaalaha aanay ishu kelideed awoodda u lahayn in ay aragto ee weynaysada lagu arko), iwm.

Dhinaca kale ku-halqabsiga ishu waxa uu ka buuxdaa suugaanta Soomaalida sida, maansada laamaheeda, maahmaahyada, halqabsiyada, halhaysyada, hal-ku-dhegyada, iyo fal odhaahyada afka. Tusaale ahaan:

Il iyo saxar looma kala taag helo.
Indho laga baqaa Allay ku yaalliin.
Ruuxii baxaya indhahaa casaada.

Indha caashaq isma eegi karaan.
Ishiisa laga arkaa ushiisa la la dhacaa.
Kor waayeel waa wada indho.
Siday u il xun tahay ama Alle la'a.
Wan weyn ilaa la gawraco indhihiisu cirka ma arkaan.
Ninkii isha dabana uumiyahaa arka, ninkii uurka dabana Allaa arka.
Indha la'aanta waan ku ogaaye, dad cunowna ma ku darsatay.
Ishii buktaay ku bikaacso (ku quuso qudhaanjooy).
Aqoon la'aani waa iftiin la'aan. (waa aqaliyo ilays la'aan (iftiinka ama ilayska iyo ishu waa isirro halmaala).
Ishii aragtaay burur oo biyoodoo baf dheh.
Ishiisuu u dhacay.
Wuu ishaaqsaday.
Wuu ka-il-helay.
Indhahaa casaaday = qosol iyo firixdii baa ka dhammaaday.
Isha Cali ka laallaadda (dawacoy yaa qaybta ku baray).
Ishuu ka ridey = wuu asiibay ama qar buu ka tuuray.
Ilqalloocan buu ku eegay (gardarro iyo daandaansi).
Ishuu ka laliyey (wuu quudhsaday, wuu yasay).
Indhuu ku gubey (canaan, maag iyo huruuf).
Ilyartaa is qabatay (mahwi la isku arkay).
Ishuu miirta ka dhigay (ismiskiinin).
Il iyo baal lama saarin (lama arag).
Ishuu canka ka lulayaa.
Indhuhuu galka ka saaray.
Il iyo cawri la'aw.
Ishaa macallin ah.

Ummulo udgoon iyo afar indhood oo is eegaya.
Indhihii ku arkaa ayaan badan.
Ninka ilo biyo leh soo arkee oomman baan ahaye!

Qalbigaa indhaha ka eegmo fog
Wax aanay arag buu ogaadaa!

Yay ku dhicin ilmadu
Dhir abaarsatee
Isha sacabka mari.
Ninka ilo biyo leh
Oommane harraad
Addimada ku maray.

Baalal goof ku yaalliyo
Indho-gudhay ka daba tuur.

Indho yaab badan baa
Kugu eegmo batee
Maxay soo uriyeen.

Indhihii basaasow
Boorame ma aragteen.

Ereyga Far iyo Adeegsigiisa Kala Duwan

Beri dhexdaas ah ayaa waxa aan u baahday ereybixinta Soomaaliga ee *fingerprint*. Doodo iyo soojeedin badan ka dib, waxa aan ogaadey in *"faro"* ereybixintaas hore loo siiyey. Maalintaas ka dib, waxa aan raadraacay ereyga far iyo siyaalaha uu isu rogrogo iyo doorkiisa afka Soomaaliga ee adeegsigiisa; hadal iyo hawraartiisa. Ereyga *far* marka uu yahay xubintii jidhka aadmiga waxa uu sameeyaa ereyo badan oo macneyaal kala duwan sameeya. Tusaale marka la wadareeyo:

Faro = xubno jidheed
Faro = summad geela lagu dhigo
Faro = faraha afafka, sida far Soomaali
Faro = tiro badan, faro ayay sheegteen
Faro = jeexyo biyuhu raacaan ama dhul laba jeex ah oo u dhexeeya laba taag, sida meelaha loo yaqaan Faro-guul, Faro-dameero, iwm.

Faro = raadka xariijimaha faraha marka la sawiro (*fingerprint*)

Ereyadan soo socda oo ah kuwo ereyga farta ka wada simani waxa ay leeyihiin macneyaal kala duwan oo tilmaamaya dabeecado, astaamo, iyo ficilooyin kala duwan. Tusaale ahaan: faryari, farweyni, farsamo, farshaxan, farcan, faro-xumayn, faro-ka-qaadid, faro-gelin, far-yaro, far-dhexo, far-guri, far-gashi, fara-dheer, faraley, faro-xuunsho, farraarro, fara-ku-hayn, fara-kala-bixid, far-barad, fara-barad, fara-diid, farayaqaan, faracad, fara-guudkood, fara-laab, faraxal, faradhaq, fara-maroojin, faracas, far-hunguri, far-dhurwaa, farafarayn, far-ma-gaadho, fara-ka-hadal, fara-ka-cayaar, ka-fara-baxsi, isku-fara-baxsi, fara-ka-bax, faraha-la-gelis, fara-isku-taag, fara-ka-laabasho, fara-qabsi, fara-saar, fara-madhnaan, fara-ku-tiris, fara-qarrar, fardaar, iwm.

Waxyaalaha kale ee sii kordhinaya xiisaha farta iyo adeegsigeeda waxa ka mid ah marka ay gasho degaannada iyo juqraafiga. Halkan fari waa jeex ama iliilad laba buurood ama taag kala dhex marta oo mararka qaar noqota wadar ahaan, sida *Fara-deero* oo wadar ah ama *Far-barwaaqo* oo keli ah. Tusaale ahaan: Fara-deero (Saaxil), Fara-guul (Sanaag), Fara-weyne (Maroodijeex), Far-barwaaqo (Gedo), Far-haawaay (Shabeellada Hoose), Far-maraa (degmada Caynabo), Far-dhiddin (Sool), Far-libaax (Hiiraan), Far-janno (Hiiraan), Far-barako (Shabeellada Dhexe), Far-meygaag (Gobolka Bari), iwm.

Mar kale fartu waxa ay noqotaa naanays loo bixiyo dadka ama magac kale oo walaxeed, iyada oo laga eegayo xagga xubnaha jidhkiisa oo fartu raacayso iyo astaan qofkaas ka muuqata ama dabeecad uu leeyahay. Tusaale ahaan: Farlajo, Fara-diid, Fara-teeb, Fara-gocos ama fara-gocosh, Fartaag, Faroole, Faracadde, Faradheere, Fara-badane, Fargod, Farayare, Farey, Faratoon, Faratol, Faraqallooc, Faratooyo, Fara-gooye, iwm.

Mar kalena waxa loo adeegsadaa kaalinta hawraarta ama tixda iyada oo ereyga *far* la cuskanayo. Maahmaahyo, fal-odhaaheedyo, hal-ku-dhegyo ama maansooyin ayaa macnayaasha badan ee farta ka dhasha oo loo adeegsadaa: Tusaale ahaa aan ku horrayno maahmaahda:

Fari togdheer bay kula xushaa.

Far keliyihi fool ma dhaqdo.
Abeesadii fartaa loo taagaa fanaxay u booddaa.
Meel bugta iyo far looma kala taag helo.
Faro aan dufan lahayni wax ma duugaan.
Faro (gacmo) geeljire hoos baa loo maydhaa.
Fuulmo waa faro-ku-hayn.

Hal-ku-dhegyada iyo fal-odhaaheedkana waxa ka mid ah meelaha loo adeegsado farta, tusaale ahaan:
Faro been ma sheegaan.
Faanoole fari kama qodna.
Ninkii sharci kaa dabbaali waayo shan farood baa kaa reeba.
Maanta na far baa maydh la' ee hay fadhiyo geelu.
Fal aan laabta lagu hayn iyo faruhu ways diidaan.
Faro yaraa faxane waa Ilaahe.
Fartayda ayaa subagga ku dhuugey.
Fartu diiddaye ma fulaa dhaqay.
Shan farood iyo calaacal.
Farahaa Togdheer baan ku foosayaa.
Far-yaro bidix buu ka baxay.
Uma faro baxsana.
Uma faro dhuudhuubna.
Faryaro bidix buu ka baxay.
Farahaa lagaga gubtey.
Farta oo dhexda laga qaniino!
Farta oo la eersado!
Faro ayaa ka yaalla!
Far baa ku godan!
Talo faro ka haaddey!

Faro baas ku haya!
Waa far dheeraad ah!
Waa faraha laga qaad!
Far iyo suul lagugu qaad!
Hebel fartiisaan aqaan!
Faraha ayuu kala raacay!
Farahaa baranbaro loogu burburiyey!

Halabuur ayaan ka maarmin adeegsiga farta ama ha gabyayo ama geel ha u heesayo ama fagaare ciyaareed ha joogo'e. Tusaale ahaan:

Mintid faro-yar midhihii bataa kama macaashaan.
Faro been ma sheegaane Faarax Cabdille baan ahay.

Fara-guul waa meel ka mid ah, sida aynu soo xusnay, gobolka Sanaag. Geela ka cabbaya Ban-cadde iyo Karamaan waxa loogu hesaa:

Fadhi-gaab iyo
Weynow Fara-guul
Fadka kuu mari
Aad ku faydide.

Far waxa kale oo loo adeegsadey walxo, sida hilib, qaad iyo maydhax. Tusaale ahaan:
Far kurus geel ah.
Far maydhax ah.
Far Miiroo ah.

Hodantinnimada farta iyo adeegsigeeda waxa aan ku soo gunaanadayaa sheekadan xigmadda taariikheed leh ee ka soo jeedda qarnigii hore ee 20-aad, wakhti laga joogo haatan in ka badan 50 sannadood. Sheekadan waxa iiga mariyey Cismaan Abokor Dubbe oo ah nin wax ka qora arrimaha siyaasadda, ahna qoraaga buugga *Felegmeer*.

Soomaaliya waxa sannadkii 1968 ka dhacay doorasho lagu khasaaray oo dhiig badani ku daatay. Reero badan ayaa jilibyo hoose oo ka mid ahi iswareemeen oo xabbad iskala daaleen ama kala fogaanshe cadaawadeed ka dhex oogantey markii reer kasta ay dhawr iska soo sharraxeen, islana degeen ama wada hungoobeen. *Food Khasaaray* ayaa doorashadaas loo bixiyey, waxana ka qayb galay in ka badan lixdan xisbi. Reer kastaa ugu yaraan laba xisbi buu samaystay.

Food Khasaaray waa doorashadii uu Xaaji Aadan Axmed Xasan (Afqallooc) ku sifaynayey beydadkan gabaygiisii *Aar Gaboobey* oo uu tiriyey doorashadaas ka dib:

Kuwii doorashada noo galaa gabay halkoodiiye
Khalqigi oo horuu guurayey dib u gucleeyeene
Googooye Soomaali oo gobolba meel aadye
Guryaha iyo ceelkaa dartood laysku gawracaye
Waa taa gamaaduhu bateen goobtii lays dhigaye
Gildhigaanka waxa loo sitaa goosankii hadhaye
Caawana kursi aad gaadhid baa guure loo yahaye
Gurdan baan maqlaayaa sidii guuto weerarahe
Gawaadhidu tolla'ay bay siddaa guuxu baxayaa.

(Buugga Hal Aan Tebayey, bogga 122 – 125.)

Raggii siyaasiinta ahaa ee doorashadaas ku loollamayey waxa ka mid ahaa Cabdiraxmaan Axmed Cali (Tuur), AHN, oo noqday guddoomiyihii u dambeeyey (5-aad) ee SNM (1990 – 1991) iyo madaxweynihii ugu horreeyey ee Somaliland (1991 – 1993) ayaa xilligaas *Food Khasaaray* ka mid ahaa raggii xisbiyada furtay. Waxa xisbi kale isna iska la soo sharraxay nin ay isku raas ahaayeen oo la odhan jirey Maxamuud Cabdi Carraale, AHN.

Astaanta xisbigii Cabdiraxmaan Tuur waxa ay ahayd: "*Shan Farood iyo Calaacal*" oo sarbeebteedu ahayd xoog iyo awood sheegasho. Dhinaca kalena hal-ku-dheggii taageerayaashiisu marka ay isu baxaan ku heesi jireenna waxa uu ahaa: "*Shantaa Farood Baan Ku Foosayaa, Farahaa Togdheer Baan Ku Faanayaa*", waayo Cabdiraxmaan waxa uu ka soo jeedey gobolka Togdheer, *Farahaa Togdheer*-na waa ay muuqatayoo waa faro-badni oo la macne ah "*Faro Been Ma Sheegaane, Faarax Cabdille baan ahay*".

Nasiib-darro Cabdiraxmaan Axmed Cali iyo Maxamuud Cabdi Carraale waa ay isrambasiyeen ama isla degeen oo midkoodna ma uu soo bixin. Cabdiraxmaan Tuur se in ka badan 20 sannadood ka dib hal-ku-dheggiisii "*Shantaa Farood Baan Ku Foosayaa, Farahaa Togdheer Baan Ku Faanayaa*" waa uu u rumoobey.

Shirkii ururkii dhaqdhaqaaqa Waddaniga Soomaaliyeed (SNM) waxa uu Tuur isla soo sharraxay rag kale oo ay ka mid ahaayeen Maxamed Xaashi Cilmi iyo Ibraahim Maygaag Samatar, AHN. Waxa loo tartamayey jagadii guddoomiyennimo ee ururka oo uu markaas hayey Axmed Maxamed Maxamuud (Siilaanyo). Waa Balligubadle xaruntii halganka. Waa 1990 markii dibedda magaalooyinka loo soo maato-baxay. Cabiraxmaan Axmed Cali Axmed (Tuur) waxa uu ku guuleytey cod aqlabiyad markii ay codkooda siiyeen, si isku duubni ah, xubnihii golaha dhexe ee SNM ee ka soo jeedey Togdheer.

Ereyga Af iyo Adeegsigiisa

Marka laga yimaaddo labada erey ee *il* iyo *far* oo aynu hore wax uga tilmaannay, waxa soo raacaya *af* oo isna siyaalo kala geddisan loo adeegsado. *Af* mar waa xubin ka mid jidhka noolayaasha, marna waa hadalka laftiisa, mar kale waa dhinaca hore ee dhuuban ee waxyaalo badan, sida mudaca, waranka, murjiska, iwm., marar kalena waa horta ama meel halka laga galo, sida dooxa, ceelka ama aqalka, iwm.

Ereyadan hoose ayaa ka mid ah kuwaa aynu ereyga *af* u adeegsanno:

Af, afaaf, afeef, aftahan, afdhabaandhab ama afdhabaandhow, aflagaaddo, afxumo, afxanuun, afqadhmuun, aflax, afkalaqaad, afduub, afgembi, afsaar, afrogid, afudhac, afgoosi, afweyn, afgelin, afayn, afdaran, afbadan, afbeel, afdarro, afwaajihin, afcelin, afgarasho, afqalaad, afur, afxidh, afgaabni, afdheeri, afdaboolan, afgaabsi, afqaad, afkalahayn, afgurracan, afdhuubyaalays, afkalawaaxid, aflibaax, afdhaabid, af-isa-saarid, af-isu-dhuubid, afyuubid, aftaagid, af-ku-maal, afdhalaal, afhayeen, afmaris, aftir, afmeer, afjar, afgoyn, afdhaq, afmaydhasho, afdalool, afaggaal, afgarooc, afgobaadsi, afguri, afmiinshaar, afqabad, afti, aftoolin, afqashuushle, afwaranle, afyuur, afmalable, af-furasho, afcas, af-ku-dhufasho, af-ka-waalasho, afmadhandiid, afku-xoogle, af-ku-dable, afshimbireed, afcarruureed, Af-ku-siran, afo, aftax, iwm.

Dadka, gaar ahaanna ragga, iyo degaanno ama hub, iwm., ayaa afka naanayso iyo magacyo ku saabsan loo bixiyaa, waxana ka mid ah:

Afweyne, Afyare, Afdhuub, Af-ku-waranle, Afwaax, Afdahab, Afqallooc, Afbuur,, Afdhanle, Afey, Aflow, Afrakuuble, Aftooje, Afxakame, Afguduud, Afqarshe, Aftaag, Afgaab, Aflahaar, Afqudhac, Afqamash, Afdiinle, Afwaranle, Af-ku-rubadle, Afdheere, Afdabayl, Afjeex, Ceel-afweyn, Afdheer, Afgooye, Afbakayle, iwm.

Maahmaahda iyo suugaanta laamaheeda kale ayaa ereyga *af* aad loogu adeegsadaa, sida:

- *Af jooga looma adeego.*
- *Af daboolani waa dahab*
- *Af wax cunay xishoo.*
- *Hadal inta uu afkaaga ku jiro ayuu ammaanadaa yahay.*
- *Hadal af dhaafay afaaf dhaaf.*
- *Af buuxaa erey ma karo.*
- *Afkeennu waa isku ammaan.*
- *Af baa billaawe baxsha.*
- *Af macaan gacan macaan baa dhaanta.*
- *Af aanad lahayn lama aamusiiyo.*
- *Af nooli waa hadlaa eyna waa ciyaa.*
- *Af af loo waayey ayaa ba'ay.*

- *Afkaygow buus!*
- *Haddaan afxumaan gacani ma xumaato.*
- *Afka biyo ku qaad uurku ha kuu sanaado'e.*
- *Afxumo nabadna way kaa kaxaysaa colaadna waxba kaagama tarto.*
- *Nin weyn afkaaga aan arkee kalawaax lagu ma yidhaahdo.*
- *Ama afeef hore lahow ama adkaysi dambe.*
- *Haddii aannu aamusnana adhiga sidaas laga deyn maayo, haddii aannu hadalnana waa af sallax ku dheggayagii.*
- *Afkaaga oo ku xidhay oo ku furi waayey Alle goo' baa la yidhaahdaa.*
- *Bahal higlo afqadhmuunna la ma kala tagto wax na isku ma biiriso.*
- *Afku wuxu la xoog yahay magliga xawda kaa jara.*
- *Alle qabey afkana waa yaqaan waana ka agnaan.*
- *Afdhabaandhow ninkaa aadyar kaa aamusaan ahay.*
- *Afqashuushle goortuu dhintuu sii qataabsadey.*
- *Afmacaane uurkana ka xume Faarax Ina Aadan.*
- *Afqlaad aqoontu miyaa?*
- *Afdhabaandhab haddaad*
  Oofin weydo xilkaas
  Way ahaan jirtey saas.
- *Ambaqaadka geeddiga*
  Sida awrta loo raro
  Waxa lagu aloosaa
  Magac Eebbeheen iyo
  Addin iyo af wada jira.

- *Ama afkaaga hayso*
  Ama Afweyne raac
  Ama Afgooye aad.

Dhegta iyo Erey-adeegsigeeda

Dheg mar waa xubin jidheed maqalka qaabbilsan, mar kale waa sharaf iyo wax la ilaashado gumaro ahaan, marar kale waa weel sida dhegta u samaysan oo meel la qabsado ama siddo leh.

Sida ereyada *il, far*, iyo *af* ayaa dhegtana isrogroggeeda siyaalo kala duwan loo adeegsadaa.

Tusaale: dheg, dhego, dhegeysi, dhegeystayaal, dhega-adayg, dhega-nugayl, dhegafiiqni, dhega-waddani, dhega-cuslaan, dhega-beel, dhega-barjow, dhegahadal, dhega-raaricin, is-dhega-marin, is-dhega-tir, dhegoolayn, dhega-furaysi, dhegaati, dhegley, dhegaley, dhegjeex, dhegweyn, dhegxumo, dheg-ka-maqal, dhegmaal, dheg-u-jalaqsiin, dhegi-diiddey, dhegadhegayn, dhega-nuugsi, dhega-la'aan, dhegagufeysi, dhegaxanuun, u-dheg-taag, dhegbas, cilmidhegood, iwm.

Dhegaweyne, Dhegayare, Dhegcas, Dhegacadde, Dhegoole, Dhegooley, Dhega-bacayr, Dhegdalool, Dhegataag, Dhegbakayle, Dhegcaleen, Dhegaqool, Dhega-laab, Dhegdheer, Dhegadheere, Dhegxareeye, Dhegajoqor, Dheg-dheri, Dhegajuun, Dhegaweel, Dhegawaranle, Dhegjar, Dhegasayn, Dhega-madoobe, Dhegafiiq, Dhegayuub, Dhegahoor, Dhega-ma-leh, Dhega-dacal, Dhega-duub, Dhega-buur, Dhegey, iwm.

- *Dameero kir way u wada dhego taagaan.*
- *Miidaamo dhego ma leh haddii malag dhawaaqaayo.*
- *Dheg wax xun maqashaa wax san ma weriso.*
- *Dhegta haddii la gooyo daloolkaa hadha.*
- *Dhegihii Alle waanshaa waansan.*
- *Dhegta iyo isha dhegtaa da' weyn.*
- *Dhego laab u daloola iyo dhego laydh u daloola.*
- *Dhegdheer dhimatoo dhulkii nabad.*
- *Dhegxumo waa loo dhintaa.*
- *Dhan kasta ha lagu qadee dhegley ku shub.*
- *Laba caddaaladda waa u cadow: dhego cugan iyo calool cokan.*
- *Lax dhukani abaar moog.*

- *Inantaada dhega-culus*
  Dhiidhiibso kula tali.
- *Nin dhukani hadduu jiro*
  Anba maan is-dhega-maro.
- *Nin dhegeystey fara badan*
  Nin se dhuuxay sheekada
  Wax ka dheefay mooyaan.
- *Dhega awdmey miyey*
  Odayayntu gashaa.
- *Dhegihii furaysnaa*
  Baaruud ma lagu furay.

- *Dhawdhawda kala quban*
  Hal-abuurka dhabaqda leh
  Hawraarta kala dhiman

Tixahaan dhugta lahayn
Way ku dhega-barjowdaa.

- *Wixii dhiif la soo maray*
  In kastoo la dhabar jabay
  Laysma dhiibin goobii
  Dhederbiga la geylamey
  Mana jirin qof dhawrsaday
  Dhaqan iyo hiddaa jirey
  Dheg la xeeriyaa tiil.

- *Qayla-dhaanta Sama-doon*
  Nin hadhkiisa uga dhacay
  Dhaeaaqayga sahashadey
  Inuu ii dheg taagoo
  I dhegeysto maan baro.

- *Dhegi diiddey weeyaan warkaas caawa soo dhacay.*
- *Warka shalayto nagu soo dhacay een aad u dhega-beelnay*
  Dhinbiilaha sidooduu wadnaha nooga dhaawacaye
  Nin dhegeystey Caliyo ma tumo dhaanto iyo luuq.

Ereyada kale ee *lug, cag, cidhib, gacan,* iyo *madax* ka mid yihiin ayaa iyana la sii tarmin karaa oo sida *isha, farta, afka,* iyo *dhegta* ereyo badani ka sii farcami karaan.

Hodantinnimadaa afkaa iska leh oo isaga iyo noloshiisuba aftahannimo ayay ku dhaadan jireen, ayse maanta caad iyo habaas ku sii dahaadhmayaan, haddii aan boodhka dib looga jafin.

RAADADKA AFAFKA QALAAD IYO AF SOOMAALIGA

Sida la wada ogsoon yahay quruun kastaa waxa ay leedahay af u gooni ah oo muujiya isirkeeda ummadnimo, sidii aynu bilowgii buugga kula soo kulannay. Af Soomaaligu waxa uu mideeyaa dadka Soomaalida. Waxa iyana jira bulshooyin kale oo afka Soomaaligu bahaysto isir iyo ab ahaan. Afafka ay Soomaaliga isirka wadaagaan ee la isku kooxeeyo waxa loogu yeedhaa *Afkii Bahda Kushitagga*. Sida aynu hoos ugu tegi doonno afafka bahdan isir-wadaagta ahi aad bay isugu dhow yihiin, waxana la dareemi karaa in ay wakhtiyo hore isku hal af ahaayeen, haseyeeshee, uu isbeddel ugu dhacay si tartiib tartiib ah markii reer Kush tarmeen ee ay u kala hayaameen degaanno kala durugsan, yeesheenna lahjado kala duwan oo qarniyo ka dib noqday af gaar ah markii afkii hore tasoobey ee lumay ama baaba'ay.

Af Soomaaliga oo Kushitigga ka soo dhambalmay waa af guun ah oo kumannaan sannadood ku abtirsanaya. Ma ahayn af qoraal u dhaqan galay wixii ka horreeyey 1973 ka dib markii qoraalkiisa lagu dhawaaqay 1972. Tiro ahaan waxa ku hadla dad lagu qiyaaso 25 – 30 milyan oo ku kala baahsan dhulalka qawmiyadda Soomaalidu ka degto gobolka geeska Afrika ee Soomaaliya, Somaliland, Jabuuti, Itoobiya, iyo Kenya. Waxa kale oo Soomaali badani ku nooshahay waddamada Yurubta Galbeed, Bariga Dhexe, Waqooyiga Ameerika, Ustaraaliya iyo Niyuu Siilaand (New Zealand).

Af Soomaaliga iyo Bahda Kushitigga

Labada lahjadood ee Afka Soomaaliga ugu xoogga iyo saamaynta badani waa Maay iyo Maxaad. Qaar kale ayaa ka jira gobollo iyo degaanno ka mid ah Soomaaliya, hase yeeshee labadan ayaa ugu ballaadhan. Dhinaca kale se waxa jira dad aan badnayn oo ku hadla afaf kale sida afka Baraawaha oo Baraawe lagaga hadlo iyo afka Baajuuni oo lagaga hadlo meelo ka mid Jubbada Hoose.

Marka dusha sare laga eego, waxa la ismoodsiin karaa in Maaymayga iyo Maxaygu yihiin laba af oo kala duwan, haseyeeshee, kolka hoos loogu dhaadhaco qaabdhismeedka weedhahooda iyo habraaca codaynta ereyada iyo isirintooda macne ahaan, sida ay qabaan aqoonyahanno uu ka mid yahay Cabdalla Cumar Mansuur oo aqoonta afafka ku xeeldheer, waxa soo baxaysa in aanay laba af oo kala madaxbannaan ahayn, balse ay isku yihiin af keliya oo degaanka iyo habka nololeed ee dadka ku hadlaa uun kala duwanaanta yar ee la dareemi karaa keeneen.

Ereyo badan oo Somaliland, Jabuuti iyo Kililka Shanaad laga adeegsan jirey waayo hore ayaa maanta ku badan afka Maayga, ereyo kalena waaba isku mid Maayga iyo Maxaygu dhisme ahaan iyo macne ahaanba.

Maxaa	Maay
Ollog/deris	Ollog
So'/hilib (neefku so' iyo saan toonna ma leh)!	So'
Barbaar	Barbaar
kurey	Kurey
Asal	Asal
Dabagaalle	Dabagaalle
Geel	Gaal
Inan-la-yaal	Inan-la-yaal
Bed	Bed
Kow	Kow
Laba	Lama
Saddex	Saddi
Afar	Afar
Shan	Shan
Lix	li
Toddoba	Toddoba
Siddeed	Siyeed
Sagaal	Sagaal
toban	Tumun

Bah ahaan, sidaan soo taabannay, Af Soomaaligu waxa uu la isirroobaa afafka Kushitigga oo loo kala qaybiyo Kushitigga Waqooyi (Beja oo lagaga hadlo Suudaan iyo

Ereteriya meelo ka mid ah), Kushitigga Dhexe oo ay ka mid yihiin afafka Agaw, Bilin, Khamir, Quara iyo Awiya oo lagaga hadlo meelo ka mid ah Itoobiya iyo Ereteriya, Kushitigga Koonfureed oo ay ka mid yihiin afafka Iraqwa (Tansaaniya) iyo Dahalo (Kenya). Af Soomaliga waxa lagu tiriyaa Kushitigga Bari oo ay ka mid yihiin afafka Saho, Canfarta, Oromada, Randiile iyo Burjigu.

Afafkaas Kushitigga waxa la isu raaciyay xidhiidhka ka dhexeeya iyo tilmaamaha ay wadaagaan oo aad u xoog badan, aadna isugu dhow marka loo eego afafka kale ee lagaga hadlo mandaqaddaas, sida afka Semitigga oo kale oo ay ku abtirsadaan afafka Axmaariga, Tigrinyaha, Guraagaha, Hereriga, Carabida, Cibriga, iwm.

Marka la doonayo in wax laga ogaado wax-isu-ahaanta afkka iyo isku dhowaanshahooda isirnimo, waxa laga eegaa waxyaalaha aasaasiga ah iyo ereyada gundhigga afafkaas u ah ee amaahda ama ergiska ka caaggan, sida tirada, xubnaha jidhka, magac-u-yaallada, degaanka, iyo magacyada dhirta iyo xayawaannada, iwm.

Af Soomaali	Af Oromo	Af Canfar
Laba	Lama	Nama
Saddex	Sadi	Sedixa
Afar	Afur	Affara
Dhal	Dhal	Dhal
Ilmo	Ilmo	Ilmo
Laf	Lafe	Laf
Ilko	Ilkaani	Iko

Af Soomaali	Af Oromo	Af Canfar
Shimbiro	Shimbira	Kimbiro
Af	Afaan	Af
Ani	Ani	Ani
Adi	Ati	Atu
Aabbe	Abe	Abba
San	San	San
Wadne	Wadne	Wadne

Marka laga tago afafkaas Kushka ee ay Af Soomaaliga isku bahda yihiin, waxa jira afaf kale oo saamayn ballaadhan ku yeeshay af Soomaaliga, waxaana ka mid ah af Carabiga, Ingiriisida, Talyaaniga, Urduuga, Faarisiga, iyo Sawaaxiliga. Saamaynta afafkani waxa ay ka soo jeeddaa erey amaahasho ama ergis salka ku haya wada macaamil bulsheed oo xidhiidh la leh ilbaxnimada ganacsi, aqooneed, diimeed, iwm.

Af Carabiga ayaa saamaytiisa uu af Soomaaliga ku leeyahay ugu awood badan tahay. Diinta Islaamku markii ay ka soo baxday jasiiradda Carbeed meelihii ugu horreeyey ee ay dunida kaga soo fidday waxa ka mid ahaa gobolkan Geeska Afrika oo Soomaalidu ka mid tahay quruumaha dega. Yaman iyo Cumaan ayay Soomaalidu la ganacsan jirtey. Masar iyo Suudaan ayay ardaydii Soomaalida ugu horreysey ee ugu badnayd ee dibad waxbarasho u tagtaa ka soo aflaxeen, iyada oo xagga barashada diintana loo tegi jirey Sacuudiga. Fankeenna ayaa isna ka soo dab qaatay ka Carabta, gaar ahaan Suudaan. Dhaqdhaqaaqyadii gobannimo-doonka Soomaalida iyo dawladnimadeennuba waxa ay iyana ka dhimbiil qaadanayeen kuwii Carabta ee ka jaanqaadka horreeyey tallaabo ahaan. Guddidii af Soomaaliga qoriddiisa loo xilsaaray waxa ay soo jeediyeen in marka ereybixin loo samaynayo erey cusub in marka hore Soomaali loo raadiyo oo nolosha iyo degaanka Soomaalida laga soo dhex baadho, haddii laga waayana in Carabida laga eego, haddii laga waayana in sidii uu inagu soo galay loo qaato.

Taas awgeed, boqollaal erey oo Carabi ah ayaa af Soomaaliga ku dhex milmay. Xagga diinta, ganacsiga, aqoonta, fanka, iyo siyaasadda ayay ereyadaasi af Soomaaliga ka soo galeen. Qaarkood waxa ay raacayaan ergiska afafku ay ereyada ku kala qaataan, qaar kalena waxa ay barabixiyeen oo ka awood bateen ereyo af Soomaali ah oo hore u jiri jirey, qaarna kuwa kale ayay hadhaynayaan. Saddex qaybood ayaynu u qaybinaynaa saamayntaas af Carabigu ku leeyahay af Soomaaliga. Ereyo af Carabi ah oo ka xoog batay kuwii jirey ee Soomaaliga oo ama barabixiyey ama hadheeyey oo sii shiiqinaya, ayna u dhow dahay in ay suuliyaan, ereyo Carabi ah oo aynu qaadannay oo xagga diinta ka soo galay iyo ereyo ay ilbaxnimo keentay sida aqoon, ganacsi, siyaasad ama fan, iwm. In ka badan 400 oo erey oo Carabi ka soo jeeda oo siyaalo kala duwan afkeennu ula qabsaday ayaa halkan ku urursan. Waxa kale oo soo raaca in ka badan 120 erey oo inaga soo galay afafka Ingiriisida, Talyaaniga, Urduuga, Faarisiga, iyo Sawaaxiliga. Faransiiska iyo Axmaariga ayaa iyagu daraasayn u baahan saamaynta ay ku yeelanayaan afka Soomaaliga.

Ereyada Diinta Islaamka Soo Raacay

Haddii aad Qur'aanka akhrido ama dhegeysato muxaadiro, dersi ama cashar diini ah waxa aad kula kulmaysaa ereyo badan oo af Soomaaliyoobey dhalad ahaanse Carabi ah. Laga yaabee in ereyada qaar isbeddel yari ku dhacay. Ereyadaasi waa kuwa soo raacay diinta Islaamka, iyaga oo ciiddaas iyo camaarkaas ka bandanna waxa ka mid ah, tusaale ahaan:

Naar, cadaab, janno, sabir, salaad, shar, khayr, duco, digri, sadaqo, ruux, xijaab, raxmad, naxariis, nimco (nicmo), duhur, casar, makhrib, subax, cishe, sharci, macallin, xaq, baaddil, eedaan, ashahaado, shuhuud, sunne, waajib, cilmi, culimo, caalim, yaqiin, tasbiix, suxuur, daakiraad, camal, afcaal, ficil, cibro, cibaaro, cashiiro, ceeb, caar, toobad, taqwa, tacaawin, musaacido, mucaawimo, rooxaan, xadro, suufi, saatir, siyaaro, iraado, jin, carshi, Alle, Ilaah, Rabbi, caqli, malaa'ig, malag, shaydaan, waxyi, aakhir-semaan, malakulmawd, makhluuq, rasuul, nebi, qalin, duni, aakhiro, kitaab, meher, dalaaq, masalle, masaajid, maqaam, mujaahid, shahiid, cibaado, werdi, waalid, sijaayad, qiblo, qabri, qubuur, qiyaame, qaaye, qiime, dulmi (dulin), dembi (dunuub), daallin, khaa'in, khiyaano, axsaab, ixsaan, khudbad, cashar, daacad, niyad, xalaal, xaaraan, xaasad, xiqdi, xuruuf, kaddaab, muumin, munaafaq, taariikh, xisaab, xujo, nabiibiye, ibliis, nijaas, nuur, nadiif, kaafir, murdad, jaahil, caamiye, musiibo, fitno, awliyo, cafis, musaamax, caqiido, iimaan, tawxiid, xukun, ciqaab, cadow, xadiis, xijaab, sujuud, rukuuc, taraawiix, salaatul leyl, leylatul qadri, qudbi, qisaas, qubuur, ajal, janno-firdawsa, samhariira, jahannama, saqiir iyo kabiir, xaakin, faraj, faataxo, faqiir, fasahaad, fusuq, suldaan, saldanad, qanaacad, khuraafaad, akhlaaq, ajar, arxam, edaab, cawro, cumaamad, khamiis, cigaal, qaddar, iwm.

Ereyada Soo Raacay Ilbaxnimada

Ereyo badan oo dhinaca af Carabiga inaga soo galay ayaa la socdey oo uu keenay xidhiidhka ilbaxnimo ee ka dhexeeyey Soomaalida iyo Carabta ee soojireenka ahaa. Meelaha ugu badan ee ereyadaasi qabsadeenna waxa ugu ballaadhan ganacsiga iyo siyaasadda, waxana soo raacaya waxbarashada iyo fanka. Ereyadani aad bay u badan yihiin, waxana ka mid ah, tusaale ahaan:

Raasamaal, maal, baayacalmushteri, dukaan, tijaarad, taajir, beled, qaali, qiime, badeecad, biic, suuq, sicir, baayac, sariir, kursi, miis, xariir, qaddiifad, furaash, sonkor, shaah, milix, dahab, dubuur, dakhli, damac, damaaci, daaqad, digaag, diig, dariiq, dacwad, daciif, diiqad, derejo, daqiiq, duqad, dalcad, dawlad, ra'iisal wasaare, wasiir, wakiil, wasaarad, warqad, wershed, wefti, wufuud, siyaasad, xisbi, xirfad, xabsi, xabbad, xarbi, xuduud, xad, xawaalad, qaddiyad, qawmiyad, qiyam, qaanuun, distoor, nidaam, nasiib, nidar, naaqus, naxwe, caddaalad, xuquuq, jamhuuriyad, waddan, waddaniyad, wasakh, wacad, durriyad, qabyaalad, qabiil, shahaadad, shaambad, shandad, xukuumad, faham, ciyaal, awlaad, samo, arad, saxan, qado, wakhti, saacad, hawo, mawjad, maraq, malqacad, macaamil, macmal, muxubbo, fan, naqdi, xeelad, xaafad, laxan, fan, fannaan, qaafiyad, suuf, khalfad, khasnad, khaanad, khamri, khamaar, khalad, xigmad, bullaacad, seef, sir, sumcad, sabuurad, tamaashiir, loox, khariidad, quwad, quluub, qalbi, qalad, qadaf, qiddad, qasacad, qaniimad, quful, miisaan, marfash, sabaayad, nashqad, tawrad, muraayad, cishqi, caashaq, baytalraaxe, maqasalo, riyo, nifaaq, maxalli, jaraa'id, saxaafad, suxufi, ummad, axmaq, xaaduq, xammaal, sannad, qarni, usbuuc, farxad, fasax, fasal, ficil, fooq, saf, saqaf, dulli, dallad, faras, calaamad, cuqdad, cillad, canaad, xor, ikhtiyaar, luubaan, cadar, cudbi, saaxiib, ruqsad, xaal, xal, xaajo, marxalad, martabad, mushkilad, musaabibad, munaasib, fursad, firaaqo, fasaq, shandad, shebeked, shuqul, shaqsi, shaqsiyad, derbi, daar, daarad, gidaar, qaniimad, sanco, khad, khilaaf, kharaab, mu'aamarad, amiir, amiirad, khasaare, faa'iido, iwm.

Barabixinta iyo Hadhaynta Ereyo Kale

Waxa jira adeegsiga ereyada af Carabiga ah iyada oo la hayo ereyo af Soomaali ah oo la macne ah, arrintaas oo barabixisa ereyga Soomaaliga ah oo af Carabigu ama ka xoog bato oo meeshaba ka saaro ama uu hadheeyaba ka dib markii aynu ereyadaas af Carabiga ah af Soomaaliyeysannay. Waxa kuwaana ka mid ah:

Af Soomaali	Af Carabi
Aqoon	Cilmi
Cir	Samo
Rubad/ qudh	Naf/ ruux
Iftiin/ ilays	Nuur
Qallooc	Khalad/ Qadaf

Af Soomaali	Af Carabi
Garasho/ dhugmo	Caqli
Arooryo/ hiir	Subax
Cusbo/ soo guddo	Milix
Dhul	Arad
Fuud	Maraq
Fool/ jaah	Weji
Hir	Mawjad
Carruur	Ciyaal
Kas	Faham
Bare	Macallin
Bid (biddaa huurtay)	Mayd
Eebbe/ waaq	Alle/ Ilaah/ Rabbi
Alab/ tab	Xeelad
Dal	Waddan
Xilli/ amin/ goor	Wakhti
Fudud	Sahal
Jaal	Saaxiib
Oggolaansho	Ruqsad
Xildhibaan	Wakiil
Furriin/ kala tag	Dalaaq
Gef/ gabood/ jawrfal	Dembi
Gaar	Khaas
Xilli/ waa'/ beri	Semaan
Maalmo/ dharaaro	Ayaamo
Toddobaad	Usbuuc

Af Soomaali	Af Carabi
Gu'	Sannad
Arrin	Xaajo
Dhibaato	Mushkilad
Hab/ maamul/ hannaan	Nidaam
Liinbax	Fasaq
Qashin	Xashiish
Gadiid	Duhur
Fiid	Cishe
Cilcillow	Makhrib
Hadhaa	Baaqi
Jaranjaro	Sallaan
Nabdaado	Salaan
Walax	Shay
Gaashaanbuur/ ishabahysi	Xulufo
Dayax-gacmeed	Qamarsanaaci
Farsamo	Sanco
Madaxbannaani	Xornimo
Sabool	Fakhri
Hodan	Qani
Jacayl	Cishqi/ caashaq
Mahadnaq	Shukri
Qarad/ ujeeddo	Muraad
Bahalnimo	Waxshinnimo
Meel	Makaan
Hantiile/ maalqabeen	Taajir

Af Soomaali	Af Carabi
Ganacsi	Baayacalmushateri
Iib	Biic
Gorgortan	Baayactan
Uur-ku-gaal	Munaafaq
Guri-Eebbe	Baytullaah
Ilbaxnimo	Xaddaarad
Toosan/ hagaag	Sax
Anshax	Akhlaaq/ edaab
Xeeldheere	Khabiir
Magaalo-madax	Caasimad
Magaalo	Bender
Duul	Ummad
Abuur	Makhluuq
Jilicsan	Khafiif
Sah/ qabasho xiska ah	Khamrad/ xaraarad
Soohdin	Xuduud
Jaad/ cayn	Nooc
Xigto/ sokeeye	Ehel/ qaraabo
Xabaal	Qabri
Hufan	Suubban
Joojin	Mamnuuc
Badh	Nus
Hoodo/ cawo/ ayaan	Nasiib
Inbiig/ aqoondarro	Jahli
Hadhimo	Qado

Af Soomaali	Af Carabi
Ollog/ deris	Jiiraan/ jaar
Dhooy	Damiir
Xeer	Dastuur/ sharci
Ubad	Awlaad
Abdo (abdo ma leh)	Rejo (rejo ma leh)
Qaaddo	Malcaqad/ Malqacad
Ukun	Beed
Bulsho	Mujtamac
Dadweyne	Shacab
Carro-edeg	Caalam
Haseyeeshee/ Ha ahaatee	Laakiin
Qolo/ reer	Qabiil
Af	Luqad
Shisheeye	Ajnabi
Tuulo	Qaryad
Maangal	Macquul
Farguri	Lahjad
Dhalad	Asal
Sooyaal	Taariikh
Irrid/ illin	Albaab
Dhagar	Khiyaano
Hoobal	Fannaan
Wanaag	Ixsaan
Waano	Wacdi

Af Soomaali	Af Carabi
Erey	Kelmed
Wadaad	Sheekh
Ballan	Wacad
Yar iyo weyn	Saqiir iyo kabiir
Hed	Ajal
Agabar	Xaqul qalin

Waxa jira afaf kale oo af Soomaaligu ka soo ergistay ereyo badan oo la xidhiidha arrimaha wada macaamilka bulshooyinka dhinacyada wax-is-waydaarsiga, sida ganacsiga, maamulka, iwm. Afafkaas waxa ka mid ah Urduuga, Hindiga, Faarisiga, Sawaxiliga, Ingiriisida, iyo Talyaaniga.

Urduuga ama Hindiga iyo Faarisiga waxa inaga soo galay ereyo badan oo la xidhiidha baayacalmushteriga, wada macaamilka ama habraaca maamul oo ay keeneen shaqaalihii gumaystayaasha, gaar ahaan Ingiriiska la socday iyo ganacsigii Soomaalidu la lahayd ummadahaas, iwm.

Urduuga iyo Faarisiga

Badhasaab, jago, karraanni, badhiwale, bakhsiis, sarkaal, nayruus, baaruud, bafto, dariishad, hayl, rinji, doobbi, gaadhi, istanbar, xaraash, baaldi, shaah, caanad, digsi, gaadhi, saambuuse, rooti, faynuus, surwaal, siidhi, siidhiwale, laangadhe, googarad, bakeeri, kildhi, bender, iwm.

Afka Ingiriisida, waxa isna inooga yimid ereyo aan yarayn

oo maamulka iyo ilbaxnimada ku saabsan, Somaliland ayaa ereyadaasi nolosha ku badhxameen laga soo bilaabo ilaa xilligii mustacmaraddii Ingiriis ee geyigaas gacanta ku haysey muddada qarni ku dhowaadka ah, waana ereyo habraac maamul, waxbarasho, iyo macaamil ganacsi inta badan ku saabasan:

Ingiirisida

Baroo (brand), buluug (blue), badhin (button), koodh (coat), buug (book), siidh (seed), kabadh (cupboard), foog (fork), gool (goal), koob (cup), moog (mug), Joog (jug), baasgeelad (bicycle), dhakhtar (doctor), Iskuul (school), cusbitaal (hospital), neeras (nurse), miyuusik (music), roog (rug), jeel (jail), shaadh (shirt), mayl (mile), kiilomitir (kilometre), rayfal (rifle), tay (tie), kijin (kitchen), kalaas (class). galaas (glass), bas (bus), wayter (waiter), gaadh/haye (guard), matoor (motor), biin (bin), isteediyum (stadium), boosto (Post), booskaadh (postcard), kildhi (kettle), bilaydh (plate), teeb (type), ruum (room), telefoon (telephone), berendaha (veranda), kalladh (collar), shadhaab (shut up), girawdh (get out), ooraydh (all right), ayskiriim (ice-cream), raashin (ration), fuudh (feet), waayir (wire), suudh (suit), layn (line), tagsi (taxi).

Talyaaniga laftiisa waxa aynu ka qaadannay oo afkeenna ku milmay ereyo badan, gaar ahaan dhulkii hoos tegayey gumaysigii Talyaaniga. Waa ereyo iyana ku yimi wada macaamil:

Talyaani

Baasta, suugo, boorso, beeso, okiyaale, fargeeto, kuleeti, kulleejo, kuriyeeri (Bas), kabalyeeri (muddalab), iskerso, alloore, isbartiimo, isbarmuuto, jalaato, kastuumo, shukumaan, rajabeeto, armaajo, raajiyo, farmaajo, shamiito, ooliyo.

Ereyo aan badnayn ayaa inaga soo galay dhinaca berri Sawaaxil. Kuwaasna waxa keenay wada macaamil, gaar ahaan askar la gayn jirey Sawaaxil ama dadkii Soomaalida ahaa ee dhulkaas degeyi ay la soo noqdeen oo ay inoo keeneen:

Sawaaxili

Taano, kumi, yaambo, meseggo, moofo, yaanyo, jiko, baaquli, hoodi iwm.

Dhinaca kale, marka la eego xilligan dawaar-nololeedkiisu xiimayo ee teknoolojiyada casriga ah iyo cahdigan *Digital*-ku dunida ka calanwallaynayaanna waxa af Soomaaliga soo gelaya tobannaan erey oo cusub oo sidooda loo qaadanayo oo ilbaxnimada, carro-edegaynta iyo farsamadu la imanayaan. Afka Axmaariga laftiisa ayaa waayadan dambe ku soo fidiya Soomaalida dhexdeeda oo ereyadiisu barabixinayaan ereyo Soomaali ah meelo waddanka ka mid ah. Waxa dhinaca galbeed kaga soo fidaya af Soomaaliga afka Axmaariga oo laabta la soo kacaya Soomaalida dhexdeeda, iyada oo dad badan oo afkaas ku hadlaa ku soo badanayaan degaannada Soomaalida, gaar ahaan magaalooyinka waaweyn iyo dhulka xeebaha ah. Dhinaca koonfureedna waxa kaga soo siqaya afka Sawaaxiliga oo isna dad badan oo ku hadlaa ku soo badanayaan degaannada Soomaalida.

Dalalka laga hadlo afafkani waxa hoos taga degaanno Soomaalidu leeyihiin oo ka tirsan, taas oo werwerkeeda leh marka lagu dhereriyo aayatiinka dembe ee af Soomaaliga. Jabuuti oo Faransiisku saamayn ku yeeshay ayaa Soomaalida ku nooli si weyn ula falgashay afkaas oo af Soomaaligu dhaxan badan ka dareemayaa, in kasta oo dedaallo koobani ka jireen muddooyinkii dambe. Halka se ugu muhiimsan ee godolka afku ku gaaggixi ama gudhi karaa, ama dhinaca kale lagu maali karaa waa labadii gobol ee israacay 1960, kalana daatay 1991, welina dawladnimo rasmi ah ay ka hanaqaadi la' dahay. Halka uu afku gabayooxa iyo gabaddanada ka dareemayaa marka laga yimaaddo afafka qalaad waa halkaas; waa maqnaanta dawladnimo adag oo waxtar leh oo la iman karta talo aqooneed, farsamo iyo go'aanno siyaasadeed. Waxa muuqanaysa in afku ereyo qalaad uun qaadanayo ee aanu isagu ereyo cusub samaysanayn ama kuwiisii hore u jirey aannu ballaadhsanayn ama fidsanayn oo ku soo ururayo inta maalinlaha ah ee caanaha iyo biyaha lagu cabbo, taas oo aynu aragno sida ereyada qalaadi ugu sii badanayaan marba marka ka sii dambaysa.

Marka haddaba aynu dhuganno halistaas jirta ee aynu arkayno afkii oo xagga luxudka u sii socda oo iilka qarkiisa jiifsanaya, barbardhignana xaaladda dadka ku hadla karti iyo taag yaraantooda iyo teknoolajiyada casriga ah oo muquuninaysa, teellana aan u dhiganayn cid kasta oo itaal iyo awood yar, waxa aynu dareemi karnaa khatar afka inagu soo kala qadday oo afkaas hodantinnimadiisu xaraarta hore u jalabutaysatay ku keeni karta in uu dib u gurasho sameeyo, habaas fuulo oo ka dibna uu dunida ka suulo.

AF SOOMAALIGU MA BADBAADI KARAA?

Welwelka maanta ee hoos u dhaca afka Soomaaligu waa mid dareenkiisa leh marka la eego xaaladda qallafsan ee dadka ku hadlaa ku sugan yahay saddexdii tobanle ee u dambeeyey iyo isbeddellada waaweyn ee dunida ka socda saamayntooda, iyo da' yaraanta xilliga afku qoraal ahaan u ciidaminayey oo ka soo jeedda hirgelintiisii 1973. Waxa kale oo walbahaarka sii kordhinaya sida ay Soomaalidu u sii kala fogaanayso ee xidhiidhkii ummadnimadeedu uu u sii yaraanayo ama go'ayo ee xitaa aanay u jirin meelo afka lagaga shaqeeyo oo lagu koriyo ama lagu ilaaliyo ama kaydiyo wixii ka lumaya.

Afku waa isir la xidhiidha ummadda ku hadasha iyo nolosheeda. Horumarka afkuna waa arrin baal socota horumarka ama dib u dhaca ummadda nolosheeda xag dhaqaale, dhaqan, aqooneed, ilbaxnimo iyo maamul, iwm. Afku waxa uu ku boqran yahay oo wax ka dhiga kartida iyo aqoonta dadkiisa. Dhinaca kalena waxa afka iyo nolosheexa kala dhantaala awood la'aanta iyo kartidarrada dadkiisa.

Xilliyadii qoraalka afku hirgeliyey ee 1970-aadkii, waxa ummadda ka dhex socday horumar iyo isbeddello la jaanqaadayey. Afku horumarkaas wuu raacayey oo kama uu hadhi karayn. Waxa afku iska dhex cabbiray nolosha oo dhan, gaar ahaan rugihii cilmiga iyo aqoonta. Ereybixin buuxda ayaa wax kasta loo helayey, taas oo beenineysa aragtida gaaban ee dadka qaar qabaan ee odhanaysa afka Soomaaligu awood iyo karti uma laha in loo adeegsado culuunta casriga ah iyo ilbaxnimada adduunka. Laga soo bilaabo xilliyadii gumeysigu Soomaalida qabsaday ilaa laga soo gaadhey hirgelintii qoraalka af Soomaaliga ee 1973, afku waxa uu ahaa mid uu habaas fuulay oo luggooyo badan afaf kale ku hayeen, gaar ahaan afka Carabida iyo afafkii gumeystayaashu la yimaaddeen ee Ingiriisda iyo Talyaaniga. Waxa uu afku neefsaday intii la qoray ka dib, haseyeeshee, laab-la-soo-kacaas waxa curdan dhadhiyey oo hagaas ku keenay dagaallada sokeeye iyo burburkii qarannimada oo wixii ka dambeeyey afku waxa uu galay xaaladdaas welwelka iyo walbahaarka badan.

Shariif Saalax Maxamed Cali oo ahaa guddoomiyihii guddidii qoraalka Soomaaliga ee 1971 oo dhowaan intii aanu geeriyoon qoray buugga "Halgankii Loo Galay Qoridda Afsoomaaliga (1949 – 1972) waxa uu welwelka maanta jira ee xaaladda af Soomaaliga uu qabey in saddex arrimoodba lagama maarmaan yihiin, loona baahan yahay in aynu ku qanacno, haddii aan u guntanayno in aan wax ka qabanno horumarinta af Soomaaliga:

1. In uu af Soomaaligu yahay afkeenna rasmiga ah, loona baahan yahay in aynu sii casriyeyno oo aan cilmiyeyno, una adeegsanno teknoolojiyada iyo culuunta. Waa in aynu ku

qanacno in aanu jirin af kale oo aynu ku doorsan karno. Ujeeddadu ma aha in aynu kelidii isku koobno ee waa in aynu afafka kalena u baranno si buuxda.

2. Lahjaddii hore ee la rasmiyeeyey oo ahayd ta gobollada Dhexe ee Soomaaliya, taas oo lagu qotomiyey xuruufta haatan af Soomaaliga lagu qoro in aynu xoogga saarno. Lahjadaha kale waxa ay leeyihiin xuruuf iyo dhawaaqyo u gaar ah, qoraalkoodana laguma heshiin. Waa in aynu ku adkaysannaa in lahjadda hore, oo saldhig looga dhigay waxbarashada iyo hawlaha kale, in ay ahaato midda aynu adeegsanayno habraac ahaan. Waxba ku dheeraan maayo cawaaqib xumada ka dhalan karta haddii la waayo lahjad lagu hirto oo dadka midaysa, rasmina loo qoro.

3. Af Soomaaligu waa uu ka sal-ballaadhan yahay lahajadda loo doortay in wax lagu qoro. Ujeeddada loo xushay micnaheedu ma aha in af Soomaaliga lagu koobo ereyada ku jira lahjaddan oo keli ah ee waa furihii lagu gaadhi lahaa hodantooyada lahjadaha kale ee af Soomaaliga. Dhibaato iyo waxyeello kuma jiraan haddii barayaal Soomaali iyo shisheeyaba lihi ay ku dedaalaan in ay horumariyaan faraha, afka iyo dhaqamada ay ku dhisan yihiin lahjadaha kale ee af Soomaaligu. Mar walba waxa khasaare dhinac walba asiiba noqonaya haddii la siyaasadeeyo baadhista lahjadaha.

Haddii aynu ka liishaan iyo cabbir qaadanno xaqiiqadan kor ku xusan oo aynu ilayska ku daarro xaaladda dadka afka Soomaaliga ku hadlaa dhawrkii tobanle ee u dambeeyey ilaa maanta ku sugan yihiin, waxa inoo soo baxaya sawir kale oo aad u foolxun, murugona leh oo waayaha af Soomaaliga iyo nolosha ummaddiisa dul hoganaya (Dib u eeg Rifidda iyo Maydhaanka Afka ee buuggan).

Afka Cibrigu waxa uu ahaa af iilka qarkiisa jiifsaday bilowgii qarnigii 19-aad. Waxa uu ahaa af ku hadhay Kiniisadda Yuhuudda iyo Kitaabkooda. Afkaasi waxa uu ka baxay xilligaas adeegsigii maalinlaha ahaa. Suurtagal ma ahayn ayaa laga tibaax bixyey in afkaasi ereyo u helo "waan ku jeclahay" ama "milixdaas ii soo gudbi," iwm.!

Kolkii Yuhuud kala duwan oo kala af iyo dhaqamo geddisani ku bahoobeen qabsigii Falasdiin badhtamihii qarnigii hore, ayaa afkaasi mar kale hawada neefsaday oo soo noolaaday, maantana "rabitaan xooggan" ka dib waa af awood leh oo si walba u ciidaminaya, iskana dhex cabbira nolosha oo idil.

Afka Koornishka (*Cornish*) oo u muuqday af sii dhimanaya, ayaa indheergaradka iyo aqoonyahankiisu dib boodhka uga tumeen, waxaana Ingiriisku u aqoonsaday sannadkii 2002 inuu *Cornish*-ku ka mid yahay afafka ay ku hadlaan dadka laga tirada badan yahay ee Ingiriiska ku dhaqan. UNESCO-na waxa ay afkaas ku dartay afafka soo noolaaday sannadkii 2010.

Afka *Welsh* oo UK lagaga hadlo iyo afka Maawri (*Moari*) oo ka mid ah afafka New Zealand ka jira, ayaa luxudka iyo iilka ka soo hinqaday oo ifka neefsaday mar kale oo ciidamiyey dedaal dheer ka dib oo ay bulshooyinka u dhashay sameeyeen.

Tusmooyinkani waxa ay ifafaaleyaal togan u noqon karaan af Soomaaligu in uu gayllanka uu jiritaankiisa ugu jiro ku guulaysan karo. Waxse lama huraan ah in la qaado tallaabooyin muhiim ah oo aan la'aantood libtooyo la hawaysan karin, waxa ka mid ah in la abuuro:

- Machad afka lagu cilmibaadho oo ka dhexeeya

Shanta Soomaalidu degto, kaas oo ka shaqayn doona daraasaynta iyo kobcinta afka, dhismihiisa iyo xeerarkiisa, isla markaana diiwaan gelin doona ereyada dhintay ama sii dhimanaya, soona noolayn doona kuwaas dabargo'u haleelay iyo dabiibka kuwa iilka qarkiisa taagan, abuurina doono fursado lagu helo ereybixin cusub oo aaladaha casriga ah iyo nolosha la jaanqaada. Machad debeecaddan lihi waxa uu ka tallaabayaa soohdimaha siyaasadeed iyo isdiiddooyinkeeda, waxanu xoogga saarayaa wixii ay dhinacyadu ku midaysnaan karaan oo afku ugu horreeyo, waxanu dhinac iska dhigayaa isirrada murannadu ka oogan yihiin.

- Waxbarashada hoose ilaa jaamacadaha iyo maamulka xafiisyada Shanta Soomaaliyeed oo af Soomaaliga laga siiyo doorkiisa mudnaanta koowaad leh, ardaydana si hufan loo baro akhriska toolmoon iyo qoraalka tayada leh ee af Soomaaliga.
- Tayaynta qoraalka afka iyo fidinta awoodda ereygiisa dhigan, gaar ahaan wargeysyada, buugaagta iyo waraaqaha hawlaha iyo adeegyada xafiisyada.
- Dadka afka ku hadla oo lagu boorriyo qiimaha afkooda iyo hiddesidennimadiisa madhaafaannimo, lana bilaabo in lagu qoro dhaqanka iyo suugaanta Soomaalida ee hodanka ah sida gabayada, qaybaha kale ee maansada, halqabsiyada, halhaysyada, hal-ku-dhegyada, maahmaahda, hees-hawleedyada kala duwan, sheeko xariirta dhaqan iyo hiddaha, googaaleysiga ama cadalaysiga, iwm.
- Sida la ogsoon yahay horumarka iyo tayaynta afka

waxa dhaliya qoreyaasha, halabuurrada gabyaaga, suugaanleyda kale, warfidiyeennada, abwaannada dhaqanka iyo taariikhda, fannaaniinta, aqoonyannada indheergaradka ah iyo cilmibaadhayaasha. Sidaas awgeed haddii ay iskaashi ka yeeshaan daryeelka afka, iyada oo si togan looga faa'iidaysanayo ilaha warfaafineed iyo teknoolojiyada casriga ah, iwm., xoogna la saaro kobcinta ereybixinta, kaydinta ereyada adeegsigoodu dhimanayo—la arkee caynaano lagaga baaqan karo welwelka maanta jira ee xaaladda af Soomaaliga.

In buugaagta aqoonta iyo cilmiga ee afakka kale ku qoran ee ilbaxnimooyinka kale loo soo turjumo af Soomaali oo lagu qoro, si loo helo ereybixinta aqooneed iyo fikradaha dahsoon ama wixii cusub ee dunida ku soo kordha, afkuna aanu uga hadhin horumarka xawliga dheeraynaya ku socda ee teknoolojiyada casriga ah iyo cahdigan *Digital*-ka.

AYGARAD

Gabogabadii aan isku jalbeebinno, maansadan oo tilmaan ka bixinaysa hoos u dhaca ku yimi af Soomaaliga. Waxaa ku jira ereyo badan oo la ilaawey ama tasoobey oo ka baxay noloshii adeegsiga. Ereyga afeed waxa uu dhintaa marka loo baahan waayo in la adeegsado. Tixdan oo aynu isla eegi doonno inta erey ee ku jira ee aynaan inteenna badani suurayn karayn macnahoodu waa tusaale cad oo ka tibaaxo bixinaya welwelka iyo walbaahaarka aynu soo tilmaannay ee ku aaddan afka Soomaaliga iyo waayihiisa.

AF SOOMAALIGU MA BADBAADI KARAA?

Dhinaca kale maansadu waa dhoollatus af Soomaaligu u muujinayo afafka kale. Waxa tiriyey Yuusuf Cismaan Cabdalle (Shaacir), 21/11/2018, oo ku beegnayd maalinta afafka, waxa aanay tidhi:

Ururtiyo laxaha sare
Afagaalle Caliyow
Ninka adhaxda jiilaal
Eegaa ma ledi jirin

Anna oonka lahashada
Umalkiyo wisiisiga
Waxaan oodda dhacameed
Ashqaraar u kala guray
Oogadayda laacdiyo
Ubixii billaan jirey
Sidaan ugu abtirinlaa

Awinkiyo Aswaantiyo
Arahdiyo Argeegtiyo
Agedkiyo adeentida
Orrobkiyo arbeebiga
Abaajiga asool ka leh
Awsaaxa jiifiyo
Ilmadhuug kolay tahay
Ardaalkiyo amuumkiyo
Adamii tilmaannaa
Uusmiirka liitee
Nafta lagula eertiyo
Abqadiyo adaahida

Abxaddiyo Adarigii
Iyo aabigeedii
Alamaanku saarnaa
Agabaraha geedkiyo
Igmashada fartaagga leh
Olloggiyo ardaayada
Axdartiyo asaayaha
Awgiyo Ijaabada
Adurtii la odhan jirey

Agloolkiyo anfaaciga
Arooskiyo agliilkii
Ajuurada wadaadkii
Eeraanka dheeraa
Agtilaalki soocnaa
Ammihiyo Aboodiga
Axadhiyo akeekiga
Anfariirka jaantiyo
Aynfaadka yaabka leh
Arartiyo hal-hayskiyo
Ilma rogashadeedii

Ereyada tasoobiyo
Afku inuu agoon yahay
Aqoonyahan tilmaamiyo
Abwaan kaama qarinine
Kumaad eersanaysaa

Ayax guurey eel-reeb
Aragtida xidaarkiyo

AF SOOMAALIGU MA BADBAADI KARAA?

Wax la yidhi aftahankii
Aamus buu ku dhowyahay
Bayaxaw oddoroskii
Naaf-dhaladka eedee
Amin iyo god lays waa
Asa-oodan baa jira

Runta abasaxeediyo
Abaraaqa waayaha
Ab-ogaa warkiisiyo
Arnaa'uudka waydii
Ay-garadka sii raac
Eela-weynta naaxdiyo
Baydari ugaadhsaday
Ishinkeeda raacdee
Ohligaad jeclaydiyo
Okholaha halkiisii
Umal baa ka sara kacay
Aroortiyo aroorida
Ashkir inuu bariistiyo
Wax la yidhi adeeridu
Dhulka meel af-toolina
Kuma uunsi shidatoo
Aarmigu ma saacido

Waa agaali waranley
Iyo nugul abeereed
Carshintii Aloog iyo
Calow daranti Eexood
Alle waxay ka sugayaan

AFKA HOOYO WAA HODAN

Cirku inuu mar ooftiyo
Arligoo ku doogsada
Ukulidii dareenkiyo
Uubatays ha joogee
Yaa irdheeyey waayaha
Yaa agoolka saanyadey
Aydin kiisa laaciyo
Ijadiisi yaa luray

Arbe waa yaqaannaa
Halkuu oosha mariyoo
Oollimaad diraaceed
Udaweyne kuma furo
Aradkana hankaw daran
Garashada ab-guurtiyo
Agoon waa qofkii madhan

Indhaa aragti dooday
Ilkuhuna wax gooyaan
Aadmigu is qaadqaad
Isagaan abuurtiyo
Aayihiisa faallayn
Damaciisa iib gee
Hadba aag u sii gudub
Nin adduun majeertaa
Indheer-garato maahee
Iimaanki duug noqey
Asalkiina laga faan

Adduunyada af baa fura

AF SOOMAALIGU MA BADBAADI KARAA? 293

Aqoontana af baa qora
Dhaqankana af baa sida
Aasaarta duuggiyo
Taariikhda aadmiga
Afku udub dhexaadiyo
Aqalkooda weeyaan
Ummaddana hankeediyo
Ilbaxeeda weeyaan
Ubadkana asluubtiyo
Aayahooda weeyaan

Alif macallin baa dhigay
Iyo Awgi weynaa
Keenadiidna aashii
Aragtiyo far buu qoray
Galaal aynigiisii
Ummadduu wax uga tagey
Shire-gaab ammaan iyo
Ubax baa dulsaarnaa
Kaddaraa ogaalkay
Qoraal loogu iman jirey
Afrax inuu dedaaliyo
Weli orodki muu deyn
Gaarriyana astaamaha
Afka waa macnayn jirey

Arbayaasha qaar iyo
Akhyaartii badh baa maqan
Abaal lagu xasuustiyo
Tixdu waa abbaartood

Inta iilka jiiftana
Alle hawgu samafalo.

Erey-fur

1. *Urur*: xiddigo toddoba ah oo ka mid ah 28-ka god ee uu dayaxu maro, waana godka saddexaad.
2. *Laxo*: Isla xiddigahaas godkaas saddexaad ee dayaxu maro.
3. *Afagaalle*: waa xiddig, waana godka toddobaad ee dayaxu maro.
4. *Awin*: Waa afka Gabooyaha oo waa ninka.
5. *Aswaan*: Waa isla afkaas gabooyaha oo gabadh.
6. *Arah*: Waa socodka la galo marka maadha/cawska ama midhaha la doonto. Arah loo kala eg.
7. *Argeeg*: Geed qodax iyo laamo dhuudhuban yeesha oo laga qoran jirey weelka sida weysada iwm.
8. *Aged*: Dhagax macdaneed, faraqa hore ee dooggana dad baa u yaqaan.
9. *Adeenti*: Marka qofka socotada ah ee cidlada marayaa uu beel ama ool soo galo ee u arko raad ama bidhaan ama uu ci' maqlo ama uu haad duulaya arko dareenkaas ayaa la yidhaahdaa waxa aynu soo galnay adeenti.
10. *Orrob*: Fadhiga cayayaanka siiba kobbojaaga
11. *Arbeebi*: Badbaadin
12. *Abaaji*: Waa marka wax lumay ama tasoobey la tebo wakhti ka dib, gaar ahaan dadka xoolaha badan leh bay ku dhacdaa inta badan oo an hore u tebin dhawr neef oo ka lumay.

13. *Awsaax*: Waa maska gaboobey ee raqayaha ah.

14. *Ilmadhuug*: Waa baarqabka aan hasha rimman dhaafin, waxa uu gartaa baa la yidhaa in ilmaha uurka ku jiraa dhicis yahay.

15. *Ardaal*: Waa doqonka ama nacaska, qof aanu garaadkiisu ku filnayn.

16. *Amuume*: Qofka aan hadlin, cabbirina karin doonistiisa.

17. *Adami*: ninka ugaadhsada maroodiga, wiyisha iwm ee waxyaalaha qaaliga ah laga helo sida foolka maroodiga.

18. *Uus-miir*: marka biyo kale la waayo ee oon dartii hasha biyaha uurkeeda ku jira la miirto ee la cabbo.

19. *Abqo*: waa inta aannu qudhucu dhaameelka samayrin midhaha uu bixiyo.

20. *Adaahi*: Geed sal ballaadhan oo aan se caleen iyo hadh lahayn, waxtar badann aan lahayn.

21. *Abxad*: Weel harag laga samayn jirey oo wax lagu guran jirey intii aan sanduuqa ama shanduhu ina soo gelin.

22. *Adari*: Waa dheri cuntada lagu bislaysan jirey oo Herer kai man jirey.

23. *Aabi*: Kibir

24. *Alamaan*: Qori xabbad-keliyaale ah oo hub ahaanta loo adeegsan jirey.

25. *Agabar*: 1. Xaqul-qalin, hagarbi na loo aqoon jirey. 2. Tababarid.

26. *Ollogga*: Deris ama jiiraan.

27. *Axdar*: 1. Meel halis ama khatar ah. 2. Gar cadaawe aan jixinjix lahayn.

28. *Asaaye*: Godob, utin iwm.

29. *Ijaabo*: Aqbalaad, yeelid.

30. *Adur*: Shu'aysi, sharaysi.

31. *Aglool*: marka weelka qabada laga sameeyo ee gocoyada ah la xoolaynayo.

32. *Agliil*: Cuntada arooska la siiyo toddoba-baxa wixii ka horreeya.

33. *Ajuuro*: Mushqaayad, hanti la siiyo wadaadka xilliga meherka ama qof kale oo wax kuu qabtay.

34. *Eeraan*: Waa socod dheer.

35. *Agtilaal*: Waa qofka muranka badan ee wax kasta ka horyimaadda, agtilays na waa la yidhaahdaa oo waa ninka yaqaan-dhibaha ah

36. *Amme*: Waa xoorka lab.

37. *Axadh*: Waa marka arrin si wanaagsan loo lafoguro sal iyo baar, xoog u jilci oo calalina waa ay noqotaa.

38. *Akeeki*: Is yeelyeel iyo asaraar.

39. *Anfariir*: Baqdin argagax iyo yaab weheliyaan.

40. *Aynfaad*: Lur, hadimo ama dhibaato.

41. *Xidaar*: Ninka cilmi felegga iyo xiddigka yaqaan.

42. *Bayaxaw*: Waa Godka 16aad ee dayaxu maro. Soomaalidu waxa ay aqoonsan tahay in inanka habeenkaas dhashaa uu maalqabeen noqdo, halka inanta ay maalqabeennimadeeda uga nisbeeyaan hogga 20aad oo Mareego-dheer loo yaqaan, reerka ay gashaana uu hodan noqonayo.

43. *Naaf-dhalad*: Waa godadkaas dayaxu maro mid ka mid ah.

44. *Asa-oodan*: Qofka dabeecadda adag ee qafalka xun, maqaalufada iyo dad la socodkana aan lahayn.

45. *Abasax*: Qaalinta ama hasha marka uu sah awr qabto ama ay oggolaan xad-dhaaf ah ay awrka u muujiso,

asooliddu waa idaha, orgoodkuna waa riyaha.

46. *Abaraaq*: Barraaq ama fadhi aan habaysnayn.

47. *Ab-ogaa*: Dadka asal meel u degganaa. Dadku waa ab-ogaa iyo abaari keentay ayaa la odhan jirey.

48. *Arnaa'uud*: Waa af Turki, waana sarkaal.

49. *Aygarad*: Waxgarad feejig, fiiro dheerna oo aan la dagi karin.

50. *Eela-weyn*: Waa marka qaalmaha geelaha ahi ay saddex-jirka yihiin.

51. *Baydari*: Ugaadhsade, gabraarte.

52. *Ohli*: Weel yar oo sida joogga oo kale ahaa oo harag ka samaysnaa, waxna lagu qaadan jirin intii aannu jooggu ina soo gelin. Joog waa af Ingiriisi (jug).

53. *Okhole*: 1. Hadhuub harag ka samaysan oo geela lagu waraabin jirey 2. Geed weyn jirriddiisu dhexda ka dalooshu, tixda se waxa uu ugu jiraa hadhuubkaas geela lagu waraabin jirey.

54. *Ashkir*: Nooc fardaha ka mid ah.

55. *Adeeri*: Goodirka dheddig.

56. *Af-toolin*: Waa meel cabsi iyo col laga eegayo. Ugaadhu meesha baqdinta leh ma joogi karto oo waa ay ka qaxdaa.

57. *Agaali waranley*: Waa godka lixaad ee dayaxu maro.

58. *Carshin*: Tayo, gaar doogga.

59. *Aloog*: Buur ku taalla nawaaxida Boorame.

60. *Eexood*: Bariga Togdheer meel ku taalla

61. *Ukuli*: Hees loo qaadi jirey libaaxa marka laga baqayo

62. *Uubatays*: Qaylo, gaar ahaan ci'da waraabaha

63: *Irdhayn*: Cabdi, baqdin.

64. *Agool*: Uskagga madaxa aadmiga gala ee cad caddaanka yeesha sida toxobtu jidhka u gasho oo kale.

65. *Aydin*: Midab geelu yeesho oo kolba dhinax isu roga.
66. *Ijo*: 1.Waa madhaafaanka geela
67. *Udaweyne*: Waa doox weyn oo degmada Burco ku yaalla. Udo waa saxarada, gaar ahaan ta aadmiga.

ILAHA XIGASHADA BUUGGA

Xog ururin kala duwan oo buugga loo adeegsaday akhyaartani ii soo gudbisay gooro kala geddisan:
- Axmednuur Xasan, Copenhagen/Denmark 2015/2016,
- Jaamac Cumar Dubbe, London 2016,
- Xaaji Hoos, Birmingham 2017,
- Xasan Daahir Weedhsame, Hargeysa 2016,
- Xasan Macallin Maxamuud Cige, London 2015/2016,
- Rashiid Sh. Cabdillaahi Xaaji Axmed (Gadhweyne), Sheffield 2015/2016,
- Saleebaan Aadan Carrablow, London 2016,
- Cabdi Aadan Cabdalla "Ceelow", (London),
- Cabdixakiim Ismaaciil, Oslo 2017,
- Cumar Cali Cabdi, Oslo 2016,
- Faysal Aw Cabdi Cambalaash, Hargeysa 2017,
- Maxamed-dayib Jaamac (Faroole), Bristol 2015/2016,
- Mukhtaar Siciid Ibraahim, Vaxjo, Sweden 2016,
- Yuusuf Cismaan Cabdalle (Shaacir), 2017:

Axmed Faarax (Cali Idaajaa): Waraysi Somali Channel, 2012.
Axmed Faarax Cali (Idaajaa): Waraysi Laanta af Soomaaliga VOA, 2018.
Axmed Haybe (Dawlo): Taariikhda Qoraalka Far Soomaaliga, Ramaasnews.com, 2009.
Aw Jaamac Cumar Ciise: Video gaar ah oo lagaga duubey

Gaarisa, 2001.

Aw Jaamac Cumar Ciise: Waraysi BBC, Djibouti, 2003.

BBC.com: Cornish language no longer extinct, says UN, 07 Dec 2010, http://www.bbc.com/news/ukhttp://www.bbc.com/news/uk-england-cornwall-11935464england-cornwall-11935464 (waxa aan booqday markii iigu dambaysey 19.02.2017).

- Cabdalla Mansuur, Taariikhda iyo Luqadda Bulshada Soomaaliyeed.
- Cumar Aw Nuux: Waraysi Laanta Afsoomaaliga VOA, 2018.
- Sheekh Mustafe Xaaji Ismaaciil Haaruun, Muxaadiro: Luqadda Soomaaliga iyo ahmiyaddeeda, Nairobi 2017.
- Shariif Saalax Maxamed Cali: Halgankii loo Galay Qoridda Afsoomaaliga (1949 – 1972).
- Maxamed Baashe Xaaji Xasan, Guri Waa Haween, London 2006: Kartida Haweenka Soomaalida.
- Maxamed Baashe Xaaji Xasan, maqaallo ku soo baxay Jamhuuriya London, 2000 -2002 iyo baadhitaanno ka soo maax dillaacay barnaamijyada Baadisooc, Universal, HCTV iyo Star TV 2009, 2010, 2013, 2014, 2015, 2016, 2017.
- Maxamed Baashe Xaaji Xasan, Hal Ka Haleel, London 2005: Sooyaalka iyo Suugaanta Hadraawi.
- Maxamed Xaashi Dhamac (Gaarriye), casharro iyo cajelado duuban, Norway iyo Findland horraantii sannadihii 2010-naadkii, London 2000 iyo Netherland 1990-aad.
- Maxamuud Xaaji Ibraahim, Habka Soomaalidu Geela U Dhaqdo, Oslo 2004.

- Yuusuf Cabdalla Cismaan (Shaacir), xog waraysi gaar ah, Hargeysa Jan. 2017 iyo maansadiisa Ay-garad, Hargeysa Nov. 2018.
- Yuusuf Nuur Cismaan, Suugaantii Cismaan Yuusuf Keenadiid -Taariikhdii Far Soomaaliga, London 2018.

www.ingramcontent.com/pod-product-compliance
Lightning Source LLC
Chambersburg PA
CBHW020416010526
44118CB00010B/283